形体训练与形象塑造

付强 ◇ 主编

高等院校素质教育课程“十三五”规划教材

人民邮电出版社
北京

图书在版编目（CIP）数据

形体训练与形象塑造 / 付强主编. -- 北京 : 人民邮电出版社, 2017.6(2021.6重印)
高等院校素质教育课程“十三五”规划教材
ISBN 978-7-115-45432-4

Ⅰ. ①形… Ⅱ. ①付… Ⅲ. ①形体－健身运动－高等学校－教材 Ⅳ. ①G831.3

中国版本图书馆CIP数据核字(2017)第076093号

内容提要

当今社会，形象魅力已经成为一种核心竞争力。本书从职业人形象塑造的实际出发，介绍了形体训练及形象塑造的科学理念和有效方法。从形体动作训练、芭蕾训练、古典舞身韵训练、民族民间舞训练、交际舞训练、基本仪态训练、妆容形象塑造、服饰形象塑造、职业气质培养等方面做了较系统的阐述，每章后还提供了“拓展阅读”“思考与训练”等栏目，全书内容丰富、新颖、实用，图文并茂，示范性强，让学生学练结合，健身、健美、健心，打造自身的独特气质、塑造完美的个人形象。

为便于教学与参考，本书还提供了形体训练的相关视频、课件和教案等教学资源，可通过编辑 QQ：602983359 或微信：15652315123 索取。

本书可作为高职高专院校各专业学生“形体训练与形象塑造”课程的教材，同时也可以作为相关企业和机构的培训用书，还可作为各级各类企事业单位形体训练和形象塑造的学习与训练手册。

◆ 主　　编　付　强
责任编辑　万国清
责任印制　沈　蓉　焦志炜
◆ 人民邮电出版社出版发行　　北京市丰台区成寿寺路 11 号
邮编　100164　　电子邮件　315@ptpress.com.cn
网址　http://www.ptpress.com.cn
固安县铭成印刷有限公司印刷
◆ 开本：787×1092　1/16
印张：16　　2017 年 6 月第 1 版
字数：392 千字　　2021 年 6 月河北第 6 次印刷

定价：45.00 元

读者服务热线：(010)81055256　印装质量热线：(010)81055316
反盗版热线：(010)81055315
广告经营许可证：京东市监广登字20170147号

前　言

当今社会，形象魅力已经成为一种核心竞争力。著名形象设计公司英国 CMB 曾对 300 名金融公司决策人进行调查，结果显示，形象塑造是获得高职位的关键因素之一。据美国有关部门对成功职业人士进行的统计调查表明，在竞争激烈的职场，由个人出色的技术和专业水平带来的成功只占 15%，而另外 85%的成功人士，并不是他们比别人更聪明，也不是他们的工作比别人更努力，同时也不是他们毕业的学校比别人更有名望，而是他们在职场上的个人职业形象赢得了人们的信任、尊重，从而为他们和员工之间、同事之间、上下级之间以及客户之间逐步建立起了一种自信和相互信任、相互尊重的关系，这个职场上的关系最后为他们赢得了事业的成功。职业形象和个人的职业发展有着密切的关系。更有一项调查显示，有 76%的人根据外表判断人，60%的人认为外表和服装反映一个人的社会地位。形象直接影响到收入水平，那些更有形象魅力的人，通常收入比一般同事要高 14%。美国著名企业家理查德·班纳德斯说："我一直都很重视形象，我觉得我不管做什么事情，都要和形象相关联。在别人没有了解和接触你之前，只能通过形象来感觉。" 美国形象大师罗伯特·庞德表述得更为形象："这是一个两分钟的世界，一分钟展示给别人你是谁，另一分钟让他们喜欢你。"总之，良好的个人形象是必须塑造，而且是可以塑造的。

为了帮助大学生朋友们步入职场，成功地开启职业之门，打造良好的个人形象而编写了本书。本书是大连职业技术学院教材建设的最新成果。本书内容紧密结合职业人士形象塑造的实际，丰富、新颖、实用，尤其突出了形体训练的内容，充分发挥形体训练健身、健美、健心、打造独特气质、塑造完美形象的作用。本书内容分为 9 章，包括形体动作训练、芭蕾训练、古典舞身韵训练、民族民间舞训练、交际舞训练、基本仪态训练、妆容形象塑造、服饰形象塑造、职业气质培养。每章后面提供了"拓展阅读""思考与训练"等栏目，全书图文并茂，示范性强，让学生学练结合，不断提高形象塑造水平，塑造出良好的个人形象。

本书提供 PPT、教案教学视频等资料，可通过编辑 QQ602983359 或微信 15652315123 索取。

本书由付强任主编，苏家有、金磊、刘嫣茹任副主编。具体分工如下：付强编写第一至第六章；金磊、刘嫣茹编写第七章；苏家有编写第八章；金磊、张岩松编写第九章；张铭、王允、穆秀英、李健、赵静、刘世鹏编写第七章和第九章的思考与训练。本书的图片模特为王继唯、曹月、刘洋、贾紫雯、屈剑、赵祖迪、张楠，视频模特为王继唯、曹月、贾紫雯、郭鑫；苏家有等完成摄影、摄像及其后期制作工作。全书由付强、刘嫣茹统稿。

在本书的编写过程中，参考颇多，在此向各位原作者表示衷心的感谢！由于本书的编写是新的尝试，限于编写水平，不当之处在所难免，恳请读者批评指正，不吝赐教。

编　者

2017 年 3 月

目　　录

第一章　形体动作训练

言之不足，故嗟叹之。嗟叹之不足，故咏歌之。咏歌之不足，不知手之舞之足之蹈之也。

——《毛诗序》

形体动作训练是形体训练的基础，是在形体舞蹈表演之前最基本的训练，要想熟练地完成舞蹈动作，不仅要有理想化的形体和仪态，还需要有刻苦的练习、良好的肌肉能力以具备舞蹈动作所要求的协调、灵活、柔韧与节奏感。只有身体各部位肌肉的协调配合，才能把舞蹈表现得富有流畅性，充满激情与活力，达到形体美的目标要求。

【小知识 1-1】

形体训练常用术语

（1）主力腿。主力腿指动作过程中，或者形成姿态时，支撑身体重心的一条腿。它与动力腿的配合，对身体平衡以及动作姿态的优美有着重要作用。

（2）动力腿。动力腿指与主力腿相对而言，非重心支撑的一腿，可做各种屈伸、摆动等动作。

（3）身段。身段指在舞台表演或训练中，各种形体动作的统称。从最简单的比拟手势到复杂的武打技巧，如坐、卧、行、走、甩袖、亮相等都称为身段。

（4）造型。造型是塑造人物外部形象的艺术手段之一。人们将雕塑性强的动作姿态称为造型。

（5）亮相。亮相是指表演时在—个短促的停顿中所做的姿态，它也是戏曲表演中的一种程式动作。

（6）韵律。韵律是指在动作表演过程中，人体运动的自然规律造成欲左先右，欲纵先收，以及动与静、上与下、高与低、长与短等辩证的规律，形成了动作的韵律。

【小知识 1-2】

舞蹈中眼睛看的“点位”

舞蹈中的 1 点=钟表的 12 点

舞蹈中的 2 点=钟表的 1 点与 2 点之间（就是右上指向的 45 度）

舞蹈中的 3 点=钟表的 3 点

舞蹈中的 4 点=钟表的 4 点与 5 点之间（就是右下指向的 135 度）

舞蹈中的 5 点=钟表的 6 点

舞蹈中的 6 点=钟表的 7 点与 8 点之间（就是左下指向的 135 度）

舞蹈中的 7 点=钟表的 9 点

舞蹈中的 8 点=钟表的 10 点与 11 点之间（就是右下指向的 45 度）

第一节　身体各部位动作训练

一、知识介绍

身体各部位动作训练主要是以身体各部位为一个训练体系进行的规范训练。通过基本动作训练，可以增强各部位肌肉的力量，扩大关节活动范围，提高动作的灵活性和柔韧性；同时，还能促进身体的发育，预防和克服形体的畸形发展，以形成优美的体态。

二、训练指南

1. 头部动作

（1）低头

头向前低下，下颌用力向下，眼睛看地面（见图 1-1-1）。

（2）仰头

下颌用力向上，头向后仰起，颈部肌肉尽量向上拉长（见图 1-1-2）。

（3）倾头

头正直准备，头顶向左向右 45 度倾斜，视 1 点（见图 1-1-3）。

（4）转头

头正直准备，脸向左或向右 90 度水平转动，使鼻尖对左肩或右肩（见图 1-1-4）。

图 1-1-1

图 1-1-2

图 1-1-3

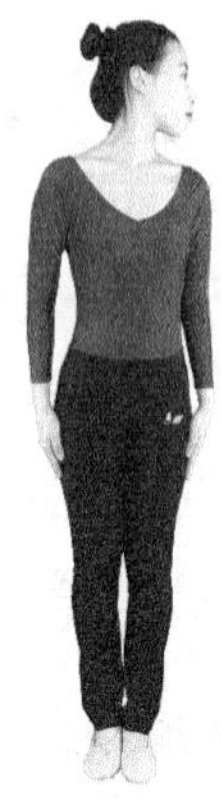

图 1-1-4

2. 肩部动作

（1）耸肩

① 单耸肩：一个肩向上抬起，另一个肩保持不动（见图 1-1-5）。

② 双耸肩：两个肩膀同时向上抬起，落下，抬起时颈部保持不动，不要往下使劲（见图 1-1-6）。

（2）转肩

两肩同时由前向后转动或同时由后向前转动（见图 1-1-7）。

图 1-1-5

图 1-1-6

图 1-1-7

3. 胸部动作

（1）含胸

两肩向前扣，胸部正中心开始向内缩，头稍低，两臂稍向前摆（见图 1-1-8）。

（2）挺胸

胸部向前挺起，两肩向后展开，抬头，双臂向后摆（见图 1-1-9）。

图 1-1-8

图 1-1-9

4. 腰部动作

（1）前弯腰

双腿直立并拢站好，身体尽量拉长往前弯腰，可做 90 度前弯腰（见图 1-1-10），也可做 180 度前弯腰（见图 1-1-11）。

（2）旁弯腰

大八字位站好，双臂在身体两侧下垂。动作时，右手上举掌心向内，胯部向右移动，上半身向左侧屈，然后还原（见图 1-1-12），也可做相反动作。

图 1-1-10

图 1-1-11

图 1-1-12

（3）后弯腰

① 跪立后弯腰。跪立姿势准备，两膝分开与肩同宽，双手臂上举，掌心向前。动作时，由双手开始带动头、颈、脊柱等关节向后弯曲，臀部向上顶起，双手最后落在两脚附近（见图 1-1-13），然后反向收回原位。

② 站立后弯腰。站立姿势准备，两膝分开与肩同宽，双手臂上举，掌心向前（见图 1-1-14）。动作时，由双手开始带动头、颈、脊柱、髋等关节向后弯曲，臀部向上顶起，双手最后着地（见图 1-1-15），然后反向收回原位。

图 1-1-13

图 1-1-14

图 1-1-15

5. 胯部动作

（1）摆胯

两腿打开与肩同宽，双手叉腰，胯部向左右摆动（见图 1-1-16）。

（2）转胯

两腿打开与肩同宽，双手叉腰，胯部向前或向后按照顺时针或逆时针方向最大幅度转动（见图 1-1-17）。

6. 手臂动作

（1）前后摆臂

双手臂伸直同时向前或向后水平摆动，做前后摆臂动作时会和含胸、腆胸动作一起完成

（见图 1-1-18 和图 1-1-19）。

图 1-1-16

图 1-1-17

（2）上下摆臂

双臂伸直一上，一下，由双手带动同时向后摆动，双臂上下位置交替进行（见图 1-1-20）。

图 1-1-18

图 1-1-19

图 1-1-20

7. 膝关节动作

（1）屈膝

双膝并拢向下弯曲（见图 1-1-21）。

（2）转膝

双腿并拢，双膝弯曲，以膝关节为轴转动（见图 1-1-22）。

8. 踝关节动作

（1）单踝转动

一脚全脚掌着地不动，另外一脚半脚掌着地，转动踝关节（见图 1-1-23）。

（2）双踝转动

双腿并拢屈膝，双手扶膝盖，转动膝盖同时带动双踝转动（见图 1-1-22）。

图 1-1-21

图 1-1-22

图 1-1-23

三、实操组合训练

准备位：正步位准备，双腿夹紧，身体挺直，收腹、挺胸、抬头，双手叉腰位，四指在腰前，拇指在腰后，视 1 点（见图 1-1-24）。

（预备拍）1～8 拍，保持准备位姿态。

（1×8 拍）1～2 拍，低头；3～4 拍，还原；5～6 拍，仰头；7～8 拍，还原。

（2×8 拍）1～2 拍，左倾头；3～4 拍，还原；5～6 拍，右倾头；7～8 拍，还原。

（3×8 拍）1～8 拍，逆时针转头。

（4×8 拍）1～8 拍，顺时针转头。

（5×8 拍）1～2 拍，双耸肩；3～4 拍，还原；5～6 拍，双耸肩；7～8 拍，还原。

（6×8 拍）1～2 拍，左肩单耸肩；3～4 拍，右肩单耸肩；5～6 拍，左肩单耸肩；7～8 拍，还原。

（7×8 拍）1～4 拍，向前转肩一周；5～8 拍，向前转肩一周。

（8×8 拍）1～4 拍，向后转肩一周；5～8 拍，向后转肩一周。

（9×8 拍）1～2 拍，左腿出大八字位，双手臂由叉腰位向前伸直快速向后水平打开后摆臂，挺胸（见图 1-1-25）；3～4 拍，双手臂从后向前水平摆臂，含胸（见图 1-1-26）；5～6 拍，挺胸双手臂后摆臂；7～8 拍，含胸双手臂前摆臂。

图 1-1-24

图 1-1-25

图 1-1-26

（10×8 拍）重复（9×8 拍）动作，最后收回双手叉腰位。

（11×8 拍）1～2 拍，左旁弯腰，左手叉腰位，右手伸直斜上方左摆臂，掌心向内（见图 1-1-27）；3～4 拍，还原；5～6 拍，左旁弯腰，右手斜上方左摆臂；7～8 拍，腰还原，双手臂相互转换（见图 1-1-28）。

（12×8 拍）1～2 拍，右旁弯腰，右手叉腰位，左手斜上方右摆臂，掌心向内（见图 1-1-29）；3～4 拍，还原；5～6 拍，右旁弯腰，左手斜上方左摆臂；7～8 拍，腰还原，双手臂收叉腰位。

图 1-1-27

图 1-1-28

图 1-1-29

（13×8 拍）1～8 拍，逆时针转胯一周。

（14×8 拍）1～8 拍，顺时针转胯一周，收回左脚，还原正步，双手收回身体两侧。

（15×8 拍）1～2 拍，双屈膝做蹲动作，双手扶着膝盖位置，视 1 点（见图 1-1-30），3～4 拍，还原；5～6 拍，双屈膝；7～8 拍，还原站姿。

（16×8 拍）1～4 拍，逆时针转膝一周（见图 1-1-31）；5～6 拍，顺时针转膝一周；7～8 拍，还原站姿。

图 1-1-30

图 1-1-31

第二节　地面素质训练

一、知识介绍

地面素质训练是指运用坐姿或卧姿进行的动作训练，因为地面动作所采用的身体姿态重心较低，所以较容易掌握动作要领，更有利于练习者掌握动作技能。通过地面素质训练，可以逐渐增强四肢和躯干的力量，有效培养练习者的软度和力度，培养动作的协调性和表现力，为进一步学习舞姿等动作奠定基础。

二、训练指南

1. 地面勾绷脚

（1）勾脚

① 双勾脚（即通常所指的“勾脚”）。坐在地面上，两腿向前直膝并拢，双脚尖贴紧同时向上勾起，脚跟用力向前（见图 1-2-1）。

② 勾开脚。在双勾脚的基础上两脚尖分别向外打开，脚跟靠拢，小脚趾尽量贴向地面（见图 1-2-2）。

（2）绷脚

① 开绷脚。在勾开脚的基础上两脚分别下压脚背到脚趾，两脚跟靠拢，两脚掌分开，小脚趾尽量贴向地面（见图 1-2-3）。

② 绷合脚（通常所指的“绷脚”）。在开绷脚基础上，两脚背向内旋转，两脚夹紧（见图 1-2-4）。

图 1-2-1

图 1-2-2

图 1-2-3

图 1-2-4

2. 地面吸腿、直腿和开胯

（1）单腿前吸腿、直腿

两腿直膝夹紧绷脚准备，一条腿不动，另一条腿为动力腿，膝关节弯曲向上抬起，脚掌贴紧地面向上吸，慢慢抬起脚跟，直到脚尖点地为止为“单腿前吸腿”（见图 1-2-5）；然后以膝关节为轴脚背带动向上提起，直到动力腿伸直 90 度为止为“单腿前吸腿直腿”（见图 1-2-6）。两腿可交替进行。

图 1-2-5

图 1-2-6

（2）单腿旁吸腿、直腿

两腿直膝夹紧绷脚准备，一条腿不动为主力腿，另一条腿为动力腿，脚背由绷合脚转成开绷脚，动力腿贴地面，膝关节弯曲，动力脚的脚尖贴着主力腿的内侧由下往上吸，直到动力脚的脚尖提至主力腿的膝关节内侧为止为“单腿旁吸腿”（见图 1-2-7）；然后以膝关节为轴，脚背带动向上直到动力腿伸直 90 度为止为“单腿旁吸腿直腿”（见图 1-2-8），两腿可交替进行。

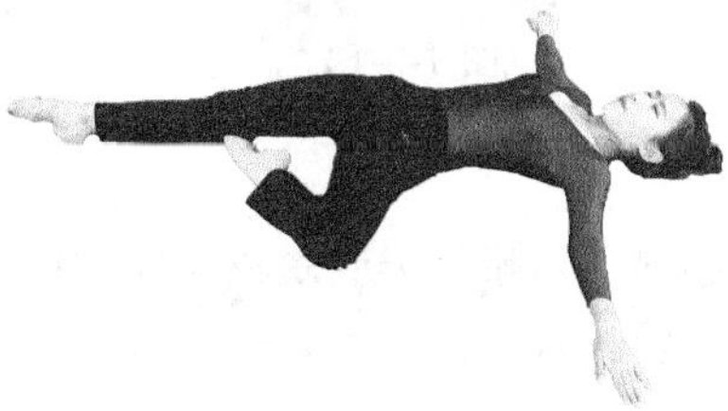

图 1-2-7

图 1-2-8

（3）双腿吸腿、直腿、开胯

两腿并拢直膝绷脚准备，膝关节弯曲向上抬起，两脚掌贴紧地面同时向上吸腿擦地，慢慢抬起脚跟，直到两脚尖点地为止为“双腿吸腿”（见图 1-2-9）；然后两腿脚背带动，以膝关节为轴小腿向上抬起，使腿和身体形成 90 度为“双腿前吸腿直腿”（见图 1-2-10）；在双腿吸腿动作基础上，两腿膝关节带动双腿向身体两侧分开，使两腿尽量分别贴紧地面为“双腿吸腿开胯”（见图 1-2-11）。

图 1-2-9

图 1-2-10

图 1-2-11

3. 地面压腿

（1）地面压前腿

坐在地面上，两腿直膝并拢绷脚，上身挺拔直立，双手臂在身体斜上方呈椭圆状（见图 1-2-12），运动时以腰为轴，两手臂带动上身快速下压，使上身贴近两腿来拉长腿部后面韧带（见图 1-2-13），然后抬起上身还原。

图 1-2-12

图 1-2-13

（2）地面压旁腿

蹲在地面上，一条腿屈膝全脚掌大八字外开不动为主力腿，另一条腿在体旁伸直绷脚，双手臂分别在主力腿两侧扶住地面，后背尽量挺拔不要驼背，视 1 点，随着节拍有规律地下压上身和胯部来拉长腿部内侧韧带（见图 1-2-14）。

（3）地面压后腿

蹲在地面上，一条腿屈膝全脚掌大八字外开不动为主力腿，另一条腿在身体后面伸直绷脚外开，双手臂分别在主力腿两侧扶住地面，后背尽量挺拔不要驼背，视 1 点，随着节拍有规律地下压上身和胯部来拉长腿部前面韧带（见图 1-2-15）。

图 1-2-14

图 1-2-15

4. 地面踢腿

（1）地面踢前腿

仰卧在地面上，一条腿直膝绷脚不动（见图 1-2-16），另一条腿直膝绷脚，脚背发力快速向上踢起 90 度以上，然后轻轻落下（见图 1-2-17）。

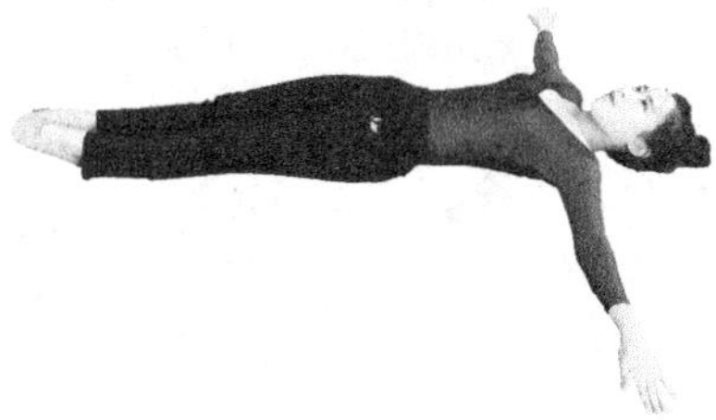

图 1-2-16

图 1-2-17

（2）地面踢旁腿

侧卧在地面上，一只手放在胸前扶地，另一只手伸直放在头部下面扶地，双腿直膝绷脚，面向 1 点准备，下面的腿不动，上面的腿绷脚直膝向旁踢起 90 度以上（见图 1-2-18），再轻轻落下。

（3）地面踢后腿

俯卧在地面上，两腿直膝并拢，两臂弯曲，小臂贴于地面支撑上身，上身尽量挺拔，抬头视 1 点准备，一条腿不动，紧贴地面。另一条腿由脚背发力向后上方踢起到最高点，踢腿时速度要快，踢腿时胯尽量保持不动，不要掀起（见图 1-2-19），落地要轻。

图 1-2-18

图 1-2-19

三、实操组合训练

准备位：坐地准备，双腿直膝夹紧绷脚，身体挺直，收腹、挺胸、抬头，两手臂在身体两侧伸直，手指尖点地，视 1 点（见图 1-2-20）。

（预备拍）1～8 拍，保持准备位姿态。

（1×8 拍）1～2 拍，双勾脚（见图 1-2-21）；3～4 拍，勾开脚（见图 1-2-22）；5～6 拍，开绷脚（见图 1-2-23）；7～8 拍，绷合脚（见图 1-2-24）。

图 1-2-20

图 1-2-21

图 1-2-22

图 1-2-23

图 1-2-24

（2×8 拍）1～4 拍，上身向后慢慢躺下仰卧，手慢慢打开和身体呈十字形（见图 1-2-25）；5～8 拍，保持上一姿态不动。

（3×8 拍）1～4 拍，双腿吸腿（见图 1-2-26）；5～8 拍，双腿直腿和身体呈 90 度（见图 1-2-27）。

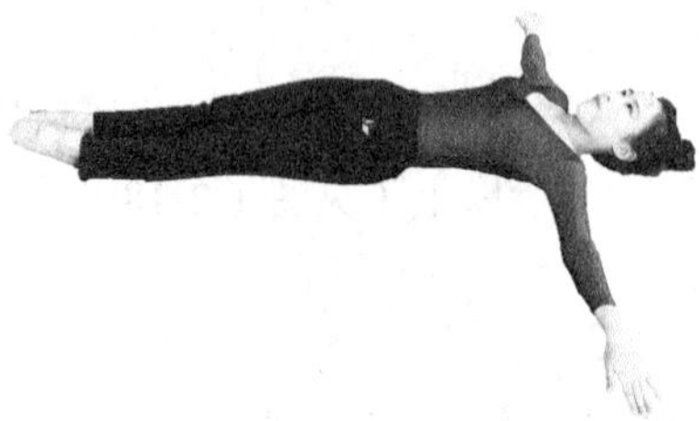

图 1-2-25

图 1-2-26

图 1-2-27

（4×8 拍）1～4 拍，双腿直腿收回，脚尖点地呈双吸腿状（见图 1-2-28）；5～8 拍，双脚尖擦地收回（见图 1-2-29）。

（5×8 拍）1～4 拍，双吸腿；5～8 拍，双吸腿开胯（见图 1-2-30）。

图 1-2-28

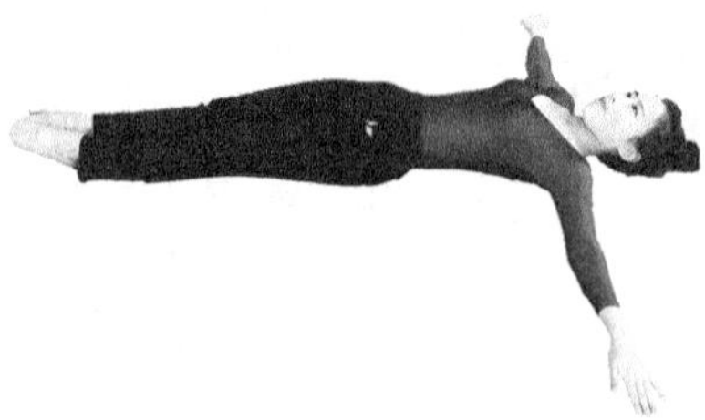

图 1-2-29

图 1-2-30

（6×8 拍）1～4 拍，开胯收回；5～8 拍，两脚尖擦地还原。

（7×8 拍）重复（9×8 拍）动作。

（8×8 拍）重复（10×8 拍）动作。

（9×8 拍）1 拍，左脚脚背带动左腿快速踢前腿，右腿绷脚贴紧地面不动；2～4 拍，左腿慢慢落下还原；5 拍，快速踢左前腿；6～8 拍，左腿慢慢落下还原。

（10×8 拍）1 拍，踢左前腿；2～4 拍，左腿慢慢还原；5～8 拍，身体由仰卧姿势向右转身为侧卧姿态，右手臂由旁向上举，左手臂由旁收回至胸前扶地（见图 1-2-31）。

（11×8 拍）1 拍，踢左旁腿，速度快，注意开度不要扣着胯，左脚背尽量朝向上面，右腿保持直膝绷脚不动；2～4 拍，左腿慢慢落下还原；5 拍，快速踢左旁腿；6～8 拍，左旁腿收回还原。

（12×8 拍）1 拍，踢左旁腿；2～4 拍，左旁腿慢慢落下还原；5～6 拍，由侧卧向右转身，俯卧；7～8 拍收回大臂，提起胸腰以上部位，抬头看 5 点方向（见图 1-2-32）。

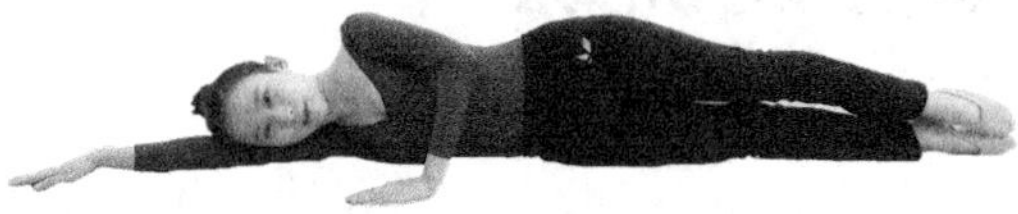

图 1-2-31

图 1-2-32

（13×8 拍）1 拍，踢左后腿，越高越好，不要掀胯，注意绷脚，右脚直膝绷脚，贴紧地面保持不动（见图 1-2-33）；2～4 拍，左后腿慢慢落下还原；5 拍，继续快速踢左后腿；6～8 拍，左后腿慢慢落下还原。

（14×8 拍）1 拍，踢左后腿，越高越好，不要掀胯，注意绷脚，右脚直膝绷脚，贴紧地面保持不动；2～4 拍，左后腿慢慢落下还原；5～6 拍，胸腰以上部位慢慢落下，双臂伸直；7～8 拍，身体向右转身 180 度为仰卧，臂由上举变为旁举（见图 1-2-34）。

图 1-2-33

图 1-2-34

（15×8 拍）1 拍，右脚脚背带动右腿快速踢前腿，左腿绷脚贴紧地面不动；2～4 拍，右腿慢慢落下还原；5 拍，快速踢右前腿；6～8 拍，右腿慢慢落下还原。

（16×8 拍）1 拍，踢右前腿；2～4 拍，右腿慢慢还原；5～8 拍，身体由仰卧姿势向左转身 90 度为侧卧姿态。

（17×8 拍）1 拍，踢右旁腿，速度快，注意开度不要扣着胯，右脚背尽量朝向上面，左腿保持直膝绷脚不动；2～4 拍，右腿慢慢落下还原；5 拍，快速踢右旁腿；6～8 拍，右旁腿收回还原。

（18×8 拍）1 拍，踢右旁腿；2～4 拍，右旁腿慢慢落下还原；5～6 拍，由侧卧向左转身 90 度为俯卧；7～8 拍收回大臂，小臂支撑，提起胸腰以上部位，抬头看 5 点方向。

（19×8 拍）1 拍，踢右后腿，越高越好，不要掀胯，注意绷脚，左脚直膝绷脚，贴紧地面保持不动；2～4 拍，右后腿慢慢落下还原；5 拍，继续快速踢右后腿；6～8 拍，右后腿慢慢落下还原。

（20×8 拍）1 拍，踢右后腿，越高越好，不要掀胯，注意绷脚，左脚直膝绷脚，贴紧地面保持不动；2～4 拍，右后腿慢慢落下还原；5～6 拍，胸腰以上部位慢慢落下，双臂伸直；7～8 拍，身体向左转身 180 度为仰卧，双臂由上举为旁举。

（结束拍）5～6 拍，起上身，两腿直膝、绷脚、夹紧、贴住地面不动，直背，挺胸，微抬头，视 1 点。7～8 拍，保持姿态不动，结束。

第三节　形体协调训练

一、知识介绍

协调是人体自我调节，准确且有控制的随意运动的一种能力。协调性是正常运动活动最重要的组成部分，也是体现运动控制的有力指标。通过形体协调训练，能够促使身体动作各方面更加协调，身体各个关节相互配合的能力增强，提高练习者的自我表现力、自信心和社会参与能力。

二、训练指南

1. *身体姿态*

（1）站姿

双脚并拢正步站好，双腿直膝夹紧，收腹，挺胸，双手自然下垂于身体两侧，两肩自然下压，颈部上提，下颌微微抬起，眼睛平视（见图 1-3-1）。

（2）蹲姿

双脚全脚掌着地同时并拢，屈膝，双手指尖扶地，身体重心位于正中，不要后倾，抬头，视 1 点（见图 1-3-2）。

（3）坐姿

坐在地面上，双腿伸直，绷脚，两手臂在身体两侧伸直，手指尖点地，视 1 点（见图 1-3-3）。

图 1-3-1

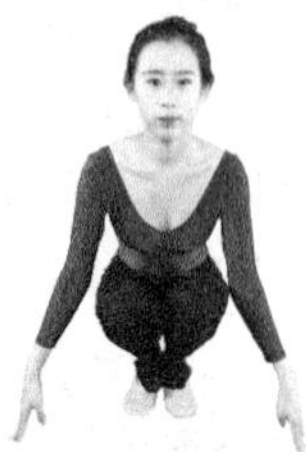

图 1-3-2

图 1-3-3

（4）卧姿

① 仰卧：躺在地面上，面部朝上，双腿伸直夹紧绷脚，两手臂在身体两侧伸直，身体呈十字形（见图 1-3-4）。

图 1-3-4

② 侧卧：侧身躺在地面上，面部朝前或朝后，双腿伸直夹紧绷脚，一只手臂在头的下方伸直，一只手臂屈臂放在胸前扶地（见图 1-3-5）。

③ 俯卧：面部朝下，平躺在地面上，两手臂向上伸直，双腿伸直夹紧绷脚（见图 1-3-6）。

图 1-3-5

图 1-3-6

2. 手臂姿态

（1）手臂侧平举

站姿准备，双手臂伸直在两肩的高度呈一条直线（见图 1-3-7）。

（2）手臂上平举

站姿准备，双手臂在头顶伸直，两臂贴近耳朵，掌心向内（见图 1-3-8）。

（3）手臂前平举

两腿站姿准备，上身挺直向前 90 度，双手臂伸直和身体呈一条直线，掌心向下，手指尖用力向前拉长身体（见图 1-3-9）。

图 1-3-7

图 1-3-8

图 1-3-9

3. 腰部肌肉协调训练

（1）腹肌训练

腹肌训练无需辅助人员。仰卧准备，微屈膝，双手握拳在身体前面呈屈臂状态（见图 1-3-10），起身时高度为 45 度，不要完全起来（见图 1-3-11）。

图 1-3-10

图 1-3-11

（2）侧肌训练

侧肌训练需要有辅助人员来帮助完成。侧卧准备，微屈膝（辅助人员压在练习者的小腿处），双手抱于头后，侧肌发力，起身时越高越好（见图 1-3-12）。

（3）背肌训练

背肌训练需要有辅助人员来帮助完成。俯卧准备，直膝（辅助人员压在练习者的小腿处），双手抱于头后，后背肌肉发力，上身向上抬起越高越好（见图 1-3-13）。

图 1-3-12

图 1-3-13

三、实操组合训练

1. 第一段组合

准备位：正步位准备，双腿夹紧，身体挺直，收腹、挺胸、微抬头，五指收紧放在裤线两侧，视 1 点（见图 1-3-14）。

（预备拍）1～8 拍，保持准备位姿态。

（1×8 拍）1～4 拍，手臂侧平举（见图 1-3-15）；5～8 拍，保持不动。

（2×8 拍）1～4 拍，手臂上平举（见图 1-3-16）；5～8 拍，保持不动。

图 1-3-14

图 1-3-15

图 1-3-16

（3×8 拍）1～4 拍，手臂前平举下前腰 90 度（见图 1-3-17）；5～8 拍，保持不动。

（4×8 拍）1～4 拍，站立下前腰 180 度；5～8 拍，保持不动（见图 1-3-18）。

图 1-3-17

图 1-3-18

（5×8 拍）上一动作保持不动。

（6×8 拍）1～4 拍，还原前平举下前腰 90 度；5～8 拍，保持不动。

（7×8 拍）1～4 拍，还原上平举；5～8 拍，保持不动。

（8×8 拍）1～4 拍，还原侧平举；5～8 拍，保持不动。

（9×8 拍）1～4 拍，还原站姿；5～8 拍，保持不动。

2. 第二段组合

（1×8 拍）1～4 拍，蹲姿（见图 1-3-19）；5～8 拍，坐姿（见图 1-3-20）。

（2×8 拍）保持不动。

（3×8 拍）1～2 拍双勾脚（见图 1-3-21）。

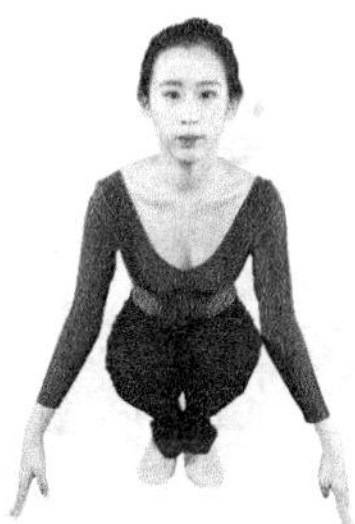

图 1-3-19

图 1-3-20

图 1-3-21

3～4 拍，勾开脚（见图 1-3-22）；

5～6 拍，开绷脚（见图 1-3-23）；

7～8 拍，绷合脚（见图 1-3-24）。

图 1-3-22

图 1-3-23

图 1-3-24

（4×8 拍）重复（3×8 拍）的动作。

（5×8 拍）仰卧在地面上，双手和身体呈十字状（见图 1-3-25）。

（6×8 拍）保持不动。

（7×8 拍）1～4 拍，双吸腿（见图 1-3-26）；5～8 拍，双腿直腿（见图 1-3-27）。

（8×8 拍）1～4 拍，还原双吸腿；5～8 拍，伸直双腿还原。

图 1-3-25

图 1-3-26

图 1-3-27

（9×8 拍）1～4 拍，左腿单腿吸前腿（见图 1-3-28）；5～8 拍，左腿直腿（见图 1-3-29）。

图 1-3-28

图 1-3-29

（10×8 拍）1～4 拍，还原单吸腿；5～8 拍，还原。

（11×8 拍）1～4 拍，单吸右前腿；5～8 拍，右腿上举伸直为右腿直腿。

（12×8 拍）1～4 拍，右腿还原单吸腿；5～6 拍，还原；7～8 拍，同时吸双腿，手由两侧收到身体前面握拳准备仰卧起坐准备状态（见图 1-3-30）。

3. 第三段组合

（1×8 拍）1～4 拍，仰卧起坐的起（见图 1-3-31）；5～8 拍，仰卧起坐的卧（见图 1-3-30）。

（2×8 拍）1～4 拍，仰卧起坐的起；5～8 拍，仰卧起坐的卧。

（3×8 拍）1～4 拍，仰卧起坐的起；5～8 拍，仰卧起坐的卧。

（4×8 拍）1～4 拍，仰卧起坐的起；5～8 拍，仰卧起坐的卧。

（5×8 拍）1～4 拍，仰卧起坐的起；5～8 拍，仰卧起坐的卧。

（6×8 拍）1～4 拍，仰卧起坐的起；5～6 拍，仰卧起坐的卧；7～8 拍，还原地面十字架状态。

结束动作：起上身，还原坐姿状态（见图 1-3-32）。

图 1-3-30

图 1-3-31

图 1-3-32

拓展阅读

一、形体训练的概念与内容

形体训练是对学生进行素质教育，培养其综合能力和塑造其优美体态的一门基础课程。通过以人体科学为基础的形体动作训练，可以改善学生形体动作的状态，提高灵活性和协调性，从而达到增强学生形体外在表现力与内在气质的相互融合，提高个人综合素质和综合能力。

1. 形体与形体训练的概念

（1）形体

形体即人身体的形态。如古人说："形体不蔽，精神不散，亦可以百数""七八，肝气衰，筋不能动，天癸竭，精少，肾脏衰，形体皆极"（《素问·上古天真论》）。我们可以给形体下这样一个定义：形体是指人在先天遗传变异和后天获得的基础上所表现出的身体形态上的相对稳定的特征，是包括人的表情、姿态和体型在内的人的外在形象的总和。形体是人体美的一种艺术表现形式，而艺术是指富有创造性的方式、方法。从一定意义上说，先天遗传对形体起着决定性的作用，同时形体与后天生活条件及科学训练也有密切关系。后天科学的形体训练，可以使个人的优点得到弘扬，不足得到改善，从而使形体变得更美。

形体由体格、体型和姿态三方面构成。体格指标包括人的高度（如身高、坐高等）、体重、围度（如胸围、腰围、臀围、臂围、腿围、颈围等）、宽度（如肩宽、骨盆宽度等）、长度（如上、下肢长度等）等。其中，身高主要反映骨骼生长发育情况；体重主要反映骨骼、肌肉、脂肪等重量的综合情况；胸围则反映胸廓的大小及胸部肌肉的生长发育状况。因而身高、体重及胸围被列为人体形态变化的三项基本指标。体型是指身体各部分的比例，如上、下身长的比例，肩宽与身高的比例，各种围度之间的比例等。形体是否美主要取决于骨骼组成与肌肉的状况，取决于身体各部分发展的均衡与整体的和谐，正如达·芬奇（Da Vinci）所说："美感完全建立在各部分之间神圣的比例上。"姿态是指人坐、立、行等各种基本活动的姿势。人体的姿势是通过脊柱弯曲的程度、四肢和手足以及头的部位等来体现的。姿势的正确、优美，不仅能衬托、体现人的整体美，还能反映一个人的气质与精神风貌。可以说，它是展示人的内在美的一个窗口。

可见，形体美是一种综合的美，它既包含了人体外表形状、轮廓的美，又包涵了人体在各种活动中表现出来的体态美。所谓形体美就是健壮体格、完美体形、优美姿态相互融合从而展现出来的和谐的整体美。这种美可以通过形体训练而获得。

（2）形体训练

形体训练是一个外来语，狭义上认为形体训练是形体美训练；广义上则认为只要是有形体动作的训练就可以叫做形体训练，这样各式各样的动作都可以称为形体训练，甚至某些服务行业的程式化动作，比如迎宾、礼仪姿势等，也被称为形体训练。一般情况下，我们用形体美训练来定义形体训练，这也符合大多数形体训练者的意愿。形体训练是一项比较优美、高雅的健身项目和艺术项目，它起源于芭蕾、舞蹈、体操等的基本功训练，主要通过舒展优美的舞蹈基础练习（以芭蕾为基础），结合古典舞、民族民间舞蹈进行综合训练，塑造人们优美的体态，培养高雅的气质，纠正生活中不正确的姿态。

所谓形体训练是以人体科学为基础的形体动作训练，是以改变练习者形体动作的原始状态、增强可塑性为目的的形体素质的基本训练，是以提高练习者形体的灵活性和艺术表现力为目的的形体技巧训练。它既注重外在美的训练，又注重内在美的情操培养。形体训练是一个有目的、有计划、有组织的教育过程，练习者在旋律优美的乐曲伴奏下，进行经常性形体艺术训练会使身心得到全面发展，不仅能获得健康美，还能获得体型美、姿态美和气质美，使形体更富有艺术魅力。

形体训练具有目的性、艺术性、多样性和舞蹈性等特点。

2. 形体训练的内容

形体训练包括形体素质训练、身体基本形态训练和形体综合训练。

（1）形体素质训练

形体素质训练具有高密度、低强度的特点，主要是训练形体的控制力和表现力，它包括身体力量、柔韧性、协调性、耐力和灵活性的训练。

身体素质训练的内容较多，但其中力量、柔韧性、协调性和灵活性是形体基本素质训练中最主要的内容，它们的好坏影响着身体形态的控制力和表现力的提高。因此，在形体艺术训练中，每个动作都和增强形体专项素质的能力有密切的关系，练习者尤其需要加强基本体质的训练，以利于良好身体形态的形成，从而达到形体训练的目的。

（2）身体基本形态训练

身体基本形态训练主要是指练习者在音乐伴奏下进行大量的徒手练习、地面练习和把杆练习，其目的是为了培养练习者的正确体态和完成动作的协调性、准确性，进一步改善身体形态的原始状态，逐步形成正确的站姿、坐姿、走姿及优雅的举止，提高形体动作的灵活性和表达能力。

（3）形体综合训练

形体综合训练主要是指练习者通过有节奏的形体动作作为主要练习手段，一般采用基本舞步、舞蹈组合、韵律操、健美操、体育舞蹈等多种项目进行练习。形体综合训练可提高练习者的有氧代谢能力，促进其身体全面均衡发展，提高节奏感、音乐表现力、形态表达能力，增强练习者的兴趣，陶冶情操，培养高雅的气质和风度，提高练习者对美的感受和欣赏能力，丰富其想象力和创造力，保持健美体形，促进优美体态的形成。

二、形体训练的基本要求

形体训练不仅具有健身、健美的作用，而且可以陶冶情操、美化心灵，培养热爱生活、乐观积极的品格，激发生活的自信心和进取心，形成豁达、乐观、开朗的良好心境，极大地促进身心的健康。在进行形体训练时要符合如下基本要求。

（1）做好准备

训练前必须做好准备活动，唤醒神经、肌肉与韧带。准备活动要安排轻松自如、由弱到强地适度练习，一般 10 ~ 15 分钟为宜。

训练时要穿有弹性的紧身服装或宽松的休闲服，穿体操鞋、舞蹈鞋或健身鞋，并保持整洁。

（2）合理安排

形体训练要遵循人体发展和适应环境的基本规律，根据练习者身体的实际情况来确定训练方法，有计划、有步骤地循序渐进，逐步提高，不能急于求成，更不能虎头蛇尾，要持之以恒，较完整地掌握形体训练的有关知识和方法。

一般来说合理的锻炼时间是每次 1~1.5 小时，每周至少练习两次。

参加形体训练还要有恰当的生理和心理负荷量。运动时达到最大心率的 70% ~ 80%效果最好，训练结束后要做调整。

在做器械练习时，要有专人指导和帮助，要注意训练的安全。

训练中和训练后要注意补充适当的水。同时要注意糖、脂肪、蛋白质、维生素、矿物质等饮食营养的合理搭配，以保证足够的营养和营养之间的平衡。

音乐选配的合适与否，直接影响形体训练的效果。形体训练的音乐要旋律优美，格调高雅，富于动感，符合形体动作特点，且易于被人理解和接受。

（3）全面锻炼

全面锻炼要求在训练时做到力量与速度、耐力、协调性、柔韧性等素质相结合，动力性练习与静力性练习相结合，大肌肉群和小肌肉群相结合，主动性运动部位与被动性运动部位相结合，负重练习与徒手练习相结合，全身训练与身体某部位的强化训练相结合，无氧运动与有氧运动相结合，呼吸与动作节奏相配合等，从而使全身肌肉群匀称，促进心肺功能改善和肌肉群的协调发展，使身体形态、机能等各种身体素质以及心理素质等诸方面都得到和谐的发展。

在全面锻炼的基础上，有目的、有意识地加强职业实用性形体训练，效果更佳。

思考与训练

1. 准确做出身体各部位的单一动作。
2. 熟练掌握身体各部位训练组合。
3. 准确完成地面勾绷脚和地面吸腿、直腿的单一动作。
4. 准确掌握地面压腿和踢腿的动作要领。
5. 熟练掌握地面素质训练组合。
6. 完成身体的四种姿态。
7. 准确完成三种手臂姿态。
8. 熟练掌握形体协调训练组合。
9. 什么是形体？什么是形体训练？
10. 形体训练有哪些特点？
11. 形体训练的内容有哪些？
12. 形体训练的作用是什么？
13. 进行形体训练应注意什么？
14. 作为一名职业技术学院的学生，进行形体训练有何意义？

第二章　芭蕾训练

舞蹈的美首先在于它是运动冲动的自由和有节奏的表现。

——（苏联芭蕾编导）扎哈罗夫

芭蕾起源于意大利，兴盛于法国和俄罗斯，有着“艺术皇冠上的明珠”之美誉。“芭蕾”一词本是法语“ballet”的音译，意为“跳”或“跳舞”。最初是欧洲的一种群众自娱或广场表演的舞蹈，在发展进程中形成了严格的规范和结构形式。现在芭蕾已经成为一门世界性的艺术，它不仅可以塑造人的外在形象，还可以升华人的内在气质。

芭蕾以其独特的舞蹈形式来展示人体优美的线条，动作流畅，舞姿多变，造型流动，技艺精湛。几百年来形成了一套规范、严谨、科学的芭蕾训练方法。芭蕾训练中常出现开、绷、直、立四个字，这四个字始终贯穿在芭蕾训练之中，所有的动作必须在开、绷、直、立的基础上完成，所以我们称之为芭蕾的基本元素。“开”是指髋关节向人体两侧外开，髋关节的打开，舒展了人体的线条，增加了人体下肢的表现能力。“绷”是指脚腕伸展，脚背上拱，脚心下窝，脚趾并拢，向远向下无限伸展。“直”是指人体重心的垂直。“立”是指人体每一个关节、肌肉都向上提，有无限提升感。芭蕾将身体美学表现得淋漓尽致，以至于对这种美的评判标准，一直延续至今。现在虽然人们已经不再穿足尖鞋紧身衣，但运用的还是芭蕾的训练体系，并将其融入塑造美的形体训练中。

芭蕾形体训练是一门基本能力的训练，是形体训练课程中最重要的部分之一，通过本章的学习，训练学生身体各部位肌肉的能力，增强直立感、协调性和肢体表现力，使之掌握芭蕾开、绷、直、立的审美特点，提升其原有的自然体态，获得必要的技术、技能和规范的动作，从而提高身体的基本素质。

第一节　芭蕾基础训练

一、知识介绍

芭蕾基础训练内容包括芭蕾的基本手型、手位和脚位等基础知识内容。

世界上各个流派的芭蕾在手位设置上不完全相同，这是因为各流派的表演风格的不同。这里介绍俄罗斯学派的七个手位，因为俄罗斯流派的手位在延伸舒展性上，在挺拔感觉上，比较突出，并且有助于稳定重心和帮助学习者收紧背部及立腰的作用。在我们的训练过程中利用这七个手位主要是训练手指末梢神经的感觉使得加强动作的美感以及延伸到生活、工作中的每一个细节。

芭蕾的脚位充分展示了芭蕾“开”的特点，是学习芭蕾的基础，芭蕾中脚的五种基本位置，是学生最早要学习的动作。不只是因为简单，而是芭蕾课堂上大部分动作都是以这五种位置之一作为开始和结束姿态。外开并非易事，但也并非可怕，它需要时间和坚持不懈的刻苦锻炼。有些人的自然开度好，以下的动作他就能很轻易地完成。有些人开度较差些，但多练习就会逐渐达到要求。

二、训练指南

芭蕾手的位置从一位到七位，两手臂始终要保持椭圆形，注意不要让手腕和肘关节下塌，手的七个位置运动路线要规范。熟练掌握手的七个位置之后，要头、手、身体各部位协调配合，要体会手位中的内在力量，尤其是后背肌群在动作中起到平稳、稳定的作用，要运用手的表现力来传情达意。

芭蕾脚位的开度要保持从大腿根、膝盖、脚腕、脚尖的上下一致。如果胯部不开，脚位可以站大八字或小八字，切忌某个局部开，某个局部关，造成上下扭曲而损伤。五位和三位站立要保持胯部正，不要因为某只脚在前，而一边的胯歪向前。胯不正的原因正是因为在前五位或前三位的脚没有伸直形成，所以五位和三位站立不但要伸直两膝，而且要夹紧大腿。

三、实操动作训练

1. 手型

手自然放松，中指、无名指和小指并拢，食指外开，拇指自然放松（见图 2-1-1）。

2. 手位

一位：从肩到手指尖在身体前呈椭圆形，手心朝上，两手相距约一只拳头左右，小指边离大腿约二寸距离（见图 2-1-2）。

二位：保持一位手状态，两手臂向上抬至手心与胃部平行部位（见图 2-1-3）。

三位：保持二位手状态，两手臂向上抬至头顶斜上方（见图 2-1-4）。

图 2-1-1

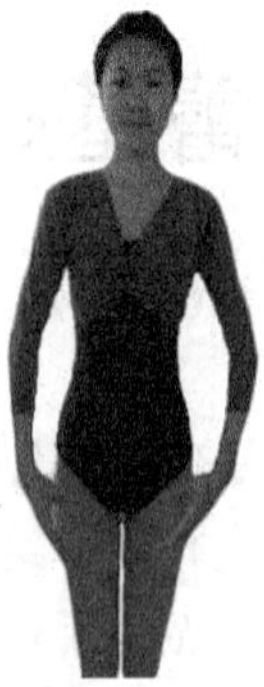
图 2-1-2

图 2-1-3

图 2-1-4

四位：一只手臂保留在三位，另一只手臂从三位回至二位（见图 2-1-5）。

五位：一只手臂仍保持在三位，二位手臂向旁打开（见图 2-1-6）。

六位：打开到旁的手不动，三位手下到二位（见图 2-1-7）。

七位：打开到旁的手仍不动，二位手打开到旁呈七位（见图 2-1-8）。

图 2-1-5

图 2-1-6

图 2-1-7

图 2-1-8

3. 脚位

一位：两脚脚后跟相靠，两脚脚尖向外打开呈一字形（见图 2-1-9）。

二位：在一位的基础上，两脚脚后跟分开，相距约一只脚的距离（见图 2-1-10）。

三位：保持在二位的基础上，一只脚的脚后跟向另一只脚的脚心靠拢（见图 2-1-11 和图 2-1-12）。

图 2-1-9

图 2-1-10

图 2-1-11

图 2-1-12

四位：保持两脚尖外开状，一只脚在另一只脚的正前方或正后方，形成两条平行线（见图 2-1-13 和图 2-1-14）。

五位：在四位的基础上，两脚合拢并紧（见图 2-1-15 和图 2-1-16）。

图 2-1-13

图 2-1-14

图 2-1-15

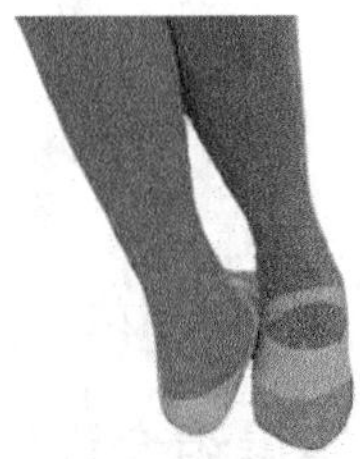

图 2-1-16

第二节　擦地训练

一、知识介绍

擦地是芭蕾舞基础培训入门的最基础的动作之一。正因为它简单易做，所以被列入基训的最初几个动作，但这个动作要认真地做起来，又并非像看着那么容易，它的内涵贯穿“开、绷、直、立”全部真谛。擦地可以在一位和五位脚的位置上向前、向旁、向后方向做。擦地主要通过擦地绷脚背，立脚趾，整条腿向远处、向下延伸，伸展整条腿的肌肉，然后收回。通过擦出收回的不断运动来锻炼腿部力量，尤其是踝关节和脚趾的力量。

二、训练指南

1. *向前擦地*

右脚用脚跟内侧的力量向前顶出。脚尖擦着地并渐渐把脚背绷直，使脚尖在正前方点地（脚尖是指二脚趾尖的外侧着地），在不许出胯的限制下，尽量把擦出的脚尖伸向最远端并与支撑腿的脚跟保持一条直线。收回时靠脚尖先收的力量，擦着地倒着擦出的顺序收回动作腿，站好五位或一位（见图 2-2-1）。

2. *向旁擦地*

右脚用脚背正中间的力量向旁推出，脚尖擦着地面在不出胯的限制下，把脚尖伸向最远端（脚尖是指大脚趾和二脚趾的尖端），与支撑腿的脚保持一条水平横线。收回时靠内收的力量，倒着擦出的顺序收回动作腿，站好五位或一位（见图 2-2-2）。

3. *向后擦地*

右脚用脚尖先向后渐渐绷起脚背，在不出胯不掀胯的限制下，把脚尖伸向最远端（脚尖是指大脚趾尖的内侧），与支撑腿的脚跟保持一条直线。收回时靠脚跟先回的力量，倒着擦出的顺序收回动作腿，站好五位或一位（见图 2-2-3）。

图 2-2-1

图 2-2-2

图 2-2-3

三、实操组合训练

组合共 8 个 8 拍，左脚为主力脚，右脚为动力脚，完成组合 8 个 8 拍动作，然后可反面右脚为主力脚，左脚为动力脚重复一次组合动作。

准备位：五位站立，左脚在后为主力脚，右脚在前为动力脚，左手扶把，右手一位手准备（见图 2-2-4）。

（预备拍）1～4 拍，准备位站好不动；5～6 拍，右手由一位抬至二位，头随手动（见图 2-2-5）；7～8 拍，右手从二位至七位，头随手动（见图 2-2-6）。

图 2-2-4

图 2-2-5

图 2-2-6

（1×8 拍）1～2 拍，右脚向前擦出（见图 2-2-7）；3～4 拍，右脚收回，还原（见图 2-2-8）；5～6 拍，右脚向前擦出；7～8 拍，右脚收回，还原。

（2×8 拍）重复（1×8 拍）动作。

（3×8 拍）1～2 拍，右脚向旁擦出，同时头从看旁转回看正前方（见图 2-2-9）；3～4 拍，右脚收回左脚后面五位（见图 2-2-10）；5～6 拍，右脚从后五位向旁擦出（见图 2-2-11）；7～8 拍，右脚收回左脚前面五位（见图 2-2-12）。

图 2-2-7

图 2-2-8

图 2-2-9

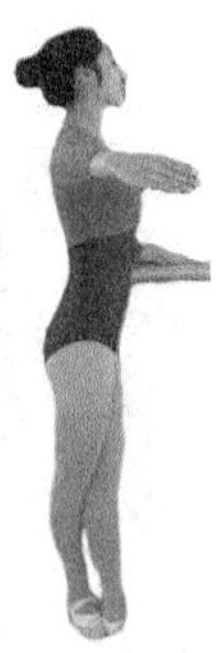

图 2-2-10

图 2-2-11

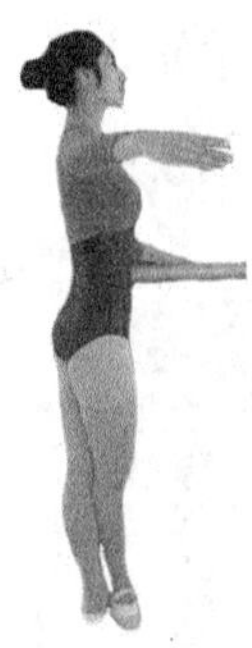

图 2-2-12

（4×8 拍）1～2 拍，右脚从前五位向旁擦出（见图 2-2-13）；3～4 拍，右脚由绷脚脚尖点地落脚跟为全脚掌着地，注意这时身体重心还是在主力腿左腿上，不要把身体重心移到两腿之间，更不要压胯（见图 2-2-14）；5～6 拍，右脚提起脚跟为绷脚点地状态（见图 2-2-15）；7～8 拍，右脚收回左脚后面五位，同时头转向正前方（见图 2-2-16）。

图 2-2-13

图 2-2-14

图 2-2-15

图 2-2-16

（5×8 拍）1～2 拍，右脚向后擦出，同时头从看正前方向斜前方倾头，看斜后方（见图 2-2-17）；3～4 拍，右脚收回还原五位（见图 2-2-18）；5～6 拍，右脚向后擦出（见图 2-2-19）；7～8 拍，右脚收回还原五位（见图 2-2-20）。

图 2-2-17

图 2-2-18

图 2-2-19

图 2-2-20

（6×8 拍）重复（5×8 拍）动作。

（7×8 拍）1～2 拍，右脚从后五位向旁擦出，头由倾头还原看正前方（见图 2-2-21）；3～4 拍，右脚收回左脚前面还原五位（见图 2-2-22）；5～6 拍，右脚向旁擦出（见图 2-2-23）；7～8 拍，右脚收回左脚后面五位（见图 2-2-24）。

图 2-2-21

图 2-2-22

图 2-2-23

图 2-2-24

（8×8 拍）1～2 拍，右脚从后五位向旁擦出（见图 2-2-25）；3～4 拍，右脚由绷脚脚尖点地落脚跟为全脚掌着地，注意这时身体重心还是在主力腿左腿上，不要把身体重心移到两腿之间，更不要压胯（见图 2-2-26）；5～6 拍，右脚提起脚跟为绷脚点地状态（见图 2-2-27）。

图 2-2-25

图 2-2-26

图 2-2-27

7～8 拍，右脚收回左脚前面五位（见图 2-2-28）。

（结束拍）5～6 拍，右手七位手呼吸提腕（见图 2-2-29）；7～8 拍，右手七位手收回一位（见图 2-2-30）。

图 2-2-28

图 2-2-29

图 2-2-30

第三节　蹲的训练

一、知识介绍

蹲分为半蹲和全蹲，蹲在脚的五个位置上都可以做。蹲主要是通过膝关节在不同的脚位上做各种不同节奏的快和慢的半蹲和全蹲，蹲的训练是锻炼膝关节的柔韧性和腿部的肌肉。蹲是芭蕾形体训练中重要的一部分，通过蹲的训练能使训练者轻松地腾空而起，轻盈地落，腿部屈伸有力，富有弹性。

二、训练指南

1. 半蹲的做法

一位站立，保持人体的基本形态，两膝逐渐下蹲，蹲到脚腕与脚背有挤压感，跟腱略有一点紧张的位置为半蹲。

2. 全蹲的做法

在半蹲的基础上，继续往下蹲，一位脚、三位脚、四位脚和五位脚的脚跟可以略抬起一点，只有二位脚不允许脚后跟抬起，慢慢蹲到底，臀部不能坐在脚后跟上，保持开度和后背挺直。起来时先落下脚跟，再慢慢站起来。

三、实操组合训练

组合共 8 个 8 拍，左脚为主力脚，右脚为动力脚，完成组合 8 个 8 拍动作，然后可反面右脚为主力脚，左脚为动力脚重复一次组合动作。

准备位：一位站立，左手扶把，右手一位手准备（见图 2-3-1）。

（预备拍）1～4 拍，准备位站好不动；5～6 拍，右手由一位抬至二位，头随着手动（见图 2-3-2）；7～8 拍，右手从二位至七位，头随着手动（见图 2-3-3）。

图 2-3-1

图 2-3-2

图 2-3-3

（1×8 拍）1～4 拍，一位半蹲，同时右手由七位收回二位（见图 2-3-4）；5～8 拍，还原，慢慢由一位半蹲提起，同时右手由二位打开至七位，头随手动看旁（见图 2-3-5）。

（2×8 拍）1～4 拍，由一位右脚向旁擦出，头不动还是看旁；5～8 拍，右脚跟下压为全脚掌着地，身体重心由左脚移到两脚之间呈二位脚，头从旁转回正前方（见图 2-3-6）。

图 2-3-4

图 2-3-5

图 2-3-6

（3×8 拍）1～4 拍，二位半蹲，右手由七位收回二位，头随手动（见图 2-3-7）；5～8 拍，还原，慢慢由二位半蹲提起，同时右手由二位打开至七位，头随手动，看旁。

（4×8 拍）1～4 拍，身体重心由两脚之间移回左脚上，右脚提起脚跟呈脚尖点地绷脚状态；5～8 拍，右脚收回左脚前面五位脚（见图 2-3-8）。

（5×8 拍）1～4 拍，五位半蹲，同时右手由七位收回二位，头随手动（见图 2-3-9）；5～8 拍，还原，慢慢由五位半蹲提起，同时右手由二位打开至七位，头随手动（见图 2-3-10）。

图 2-3-7

图 2-3-8

图 2-3-9

（6×8 拍）1～4 拍，右脚向前擦地，头不动，还是看旁（见图 2-3-11）；5～8 拍，右脚落脚跟，身体重心由后移至两脚中间呈四位脚，头由旁转向正前方（见图 2-3-12）。

图 2-3-10

图 2-3-11

图 2-3-12

（7×8 拍）1～4 拍，四位半蹲，同时右手由七位收回二位，头随手动（见图 2-3-13）；5～8 拍，还原，慢慢由四位半蹲提起，同时右手由二位打开至七位，头随手动，看旁（见图 2-3-14）。

（8×8 拍）1～4 拍，移重心回左脚上，右脚脚跟提起，绷脚，脚尖点地，头不动还是看旁（见图 2-3-15）；5～8 拍，收回右脚呈五位脚，头由旁转向正前方（见图 2-3-16）。

图 2-3-13

图 2-3-14

图 2-3-15

（结束拍）1～4 拍，右手七位手提手腕，呼吸（见图 2-3-17）；5～8 拍，右手七位手收回一位结束（见图 2-3-18）。

图 2-3-16

图 2-3-17

图 2-3-18

第四节　小踢腿训练

一、知识介绍

小踢腿是在擦地基础上向空中有控制地踢起，特点是急速、有爆发力，可以锻炼腿部肌肉，提高动作的速度和控制力及后背力量。

二、训练指南

1. 小踢腿前踢

向前擦地，脚尖离地 25 度停住，落地经脚尖点地收回，以五位为例（见图 2-4-1）。

2. 小踢腿旁踢

向旁擦地，脚尖离地 25 度停住，落地经脚尖点地收回，以五位为例（见图 2-4-2）。

3. 小踢腿后踢

向后擦地，脚尖离地 25 度停住，落地经脚尖点地收回，以五位为例（见图 2-4-3）。

图 2-4-1

图 2-4-2

图 2-4-3

三、实操组合训练

组合共 8 个 8 拍，左脚为主力脚，右脚为动力脚，完成组合 8 个 8 拍动作，然后可反面右脚为主力脚，左脚为动力脚重复一次组合动作。

准备位：五位站立，左手扶把，右手一位手准备（见图 2-4-4）。

（预备拍）1～4 拍，准备位站好不动；5～6 拍，右手由一位抬至二位，头随着手动（见图 2-4-5）；7～8 拍，右手从二位至七位，头随着手动（见图 2-4-6）。

图 2-4-4

图 2-4-5

图 2-4-6

（1×8 拍）1 拍，动力脚右脚向前擦地，绷脚，脚尖点地，注意外开（见图 2-4-7）；2 拍，动力腿右腿快速向上抬起，右脚离地，抬至 25 度（见图 2-4-8）；3 拍，动力腿右腿落下，右脚脚尖点地，然后右腿快速向上抬起，右脚离地，抬至 25 度；4～6 拍，重复第 3 拍动作；7 拍，动力腿右腿落下，右脚脚尖点地；8 拍，动力脚收回前五位，同时头转向前方（见图 2-4-9）。

图 2-4-7

图 2-4-8

图 2-4-9

（2×8 拍）1 拍，动力脚右脚向旁擦地，绷脚，脚尖点地，注意外开（见图 2-4-10）；2 拍，动力腿右腿快速向上抬起，右脚离地，抬至 25 度（见图 2-4-11）；3 拍，动力腿右腿落下，右脚脚尖点地，然后右腿快速向上抬起，右脚离地，抬至 25 度；4～6 拍，重复第 3 拍动作；7 拍，动力腿右腿落下，右脚脚尖点地；8 拍，动力脚收回左脚后面呈后五位（见图 2-4-12）。

（3×8 拍）1 拍，动力脚右脚向后擦地，绷脚，脚尖点地，注意外开，头前倾收下颚，看斜后方，（见图 2-4-13）；2 拍，动力腿右腿快速向上抬起，右脚离地，抬至 25 度（见图 2-4-14）；3 拍，动力腿右腿落下，右脚脚尖点地，然后右腿快速向上抬起，右脚离地，抬至 25 度；4～6 拍，重复第 3 拍动作；7 拍，动力腿右腿落下，右脚脚尖点地；8 拍，动力脚收回左脚后面呈后五位，同时头转向前方（见图 2-4-15）。

图 2-4-10

图 2-4-11

图 2-4-12

图 2-4-13

图 2-4-14

图 2-4-15

（4×8 拍）1 拍，动力脚右脚从后五位向旁擦出，绷脚，脚尖点地，注意外开（见图 2-4-16）；2 拍，动力腿右腿快速向上抬起，右脚离地，抬至 25 度（见图 2-4-17）；3 拍，动力腿右腿落下，右脚脚尖点地，然后右腿快速向上抬起，右脚离地，抬至 25 度；4～6 拍，重复第 3 拍动作；7 拍，动力腿右腿落下，右脚脚尖点地；8 拍，动力脚右脚收回左脚前面呈前五位（见图 2-4-18）。

图 2-4-16

图 2-4-17

图 2-4-18

（5×8 拍）1～2 拍，动力脚右脚向前小踢腿，右腿快速向上抬起，右脚离地，抬至 25 度，快速转头，看旁（见图 2-4-19）；3 拍，动力腿右腿落下，右脚脚尖点地，然后右腿快速向上抬起，右脚离地，抬至 25 度；4～6 拍，重复第 3 拍动作；7～8 拍，动力脚收回前五位，同时头转向前方（见图 2-4-20）。

图 2-4-19

图 2-4-20

（6×8 拍）1～2 拍，动力腿右腿向旁小踢腿，快速向上抬起，右脚离地，抬至 25 度，注意外开，头不动，看正前方（见图 2-4-21）；3 拍，动力腿右腿落下，右脚脚尖点地，然后右腿快速向上抬起，右脚离地，抬至 25 度；4～6 拍，重复第 3 拍动作；7～8 拍，动力脚收回左脚后面呈后五位（见图 2-4-22）。

图 2-4-21

图 2-4-22

（7×8 拍）1～2 拍，动力腿右腿向后小踢腿，快速向上抬起，右脚离地，抬至 25 度，注意外开，头前倾，收下颏，看斜后方（见图 2-4-23）；3 拍，动力腿右腿落下，右脚脚尖点地，然后右腿快速向上抬起，右脚离地，抬至 25 度；4～6 拍，重复第 3 拍动作；7～8 拍，动力脚收回左脚后面呈后五位，同时头转向前方（见图 2-4-24）。

图 2-4-23

图 2-4-24

（8×8 拍）1～2 拍，动力腿右腿由后五位向旁小踢腿，快速向上抬起，右脚离地，抬至 25 度，注意外开，头不动，看正前方（见图 2-4-25）；3 拍，动力腿右腿落下，右脚脚尖点地，然后右腿快速向上抬起，右脚离地，抬至 25 度；4～6 拍，重复第 3 拍动作；7～8 拍，动力脚收回左脚前面呈前五位（见图 2-4-26）。

图 2-4-25

图 2-4-26

（结束拍）1～4 拍，右手七位手提手腕，呼吸（见图 2-4-27）；5～8 拍，右手七位手收回一位结束（见图 2-4-28）。

图 2-4-27

图 2-4-28

拓展阅读

一、人体形体美的标准

著名国画大师刘海粟曾说过："人体美乃美中之至美。"确实，世间一切美好的东西太多，但创造万物的人体是最美的。爱美之心，人皆有之，社会需要美，人类更需要美。人体美是人们追求的目标之一，不朽的传世之作"维纳斯""大卫""掷铁饼者"等留给人们极深的印象，其根本原因是这些作品体现了人体美。我们认为：人体美是健、力、美三者的有机结合。它包含了肌肉、骨骼的发育情况，机体的完善程度和人体的外形美以及人的精神气质。形体美的标准包括以下几个方面。

1. 肌肉发达、健壮有力

在人类学家、艺术家和体育家的眼里，骨骼发育正常，身体各部分之间比例适宜匀称，肌肉发达，体魄健壮是人体美的重要因素。正常的脊柱弯屈度形成一个端庄的上体姿势，加上一个前后较扁、前壁短后壁长的圆锥形的胸廓，大小适中而扁平的骨盆以及长短比例适中的上下肢骨，就构成一副匀称而协调的身材雏形。但仅有副匀称而协调的骨架还不能显示出形体的优美，还需要有发达、健壮的肌肉。肌肉是运动器官，它们在神经系统的支配下，在循环系统和其他系统的密切配合下，起着保护、支持和运动的作用。人的全身肌肉约 500 余块，重量约占体重的 40%。健美的形体、健壮的体魄和发达的肌肉密切相关。发达的颈肌及胸锁乳突肌能使人的颈部挺直，强壮有力；发达的胸大肌（含胸小肌）能使人的胸部变得坚实、健美；发达的肱二头肌和肱三头肌能使人的上肢线条鲜明、粗壮有力；发达的三角肌能使肩膀变得宽阔起来，再加上发达的背阔肌，就会使人体呈美丽的“V”字形。骶棘肌是脊柱两侧的最长肌肉，它的发达能固定脊柱，使人的上体挺直；发达的腹肌有利于缩小人的腰围；发达的臀肌和有力的下肢肌（股四头肌、股二头肌、小腿三头肌）能固定人的下肢，支持全身，构成健美的曲线。总之，发达而有弹性的肌肉是力量的源泉，是美的象征。

2. 体型匀称、线条鲜明

体型有不同分类，一般把体型分成胖型、肌型（或运动型）和瘦型三类。

（1）胖型：其特点是上（肩宽、胸围）下（腰围、臀围）一般粗，躯干像个“圆水桶”，腰围很大。腰两侧下垂，腹部松软脂肪很厚，肚脐很深，胸部的脂肪多而下坠，颈部短而粗，体重往往超过标准体重 30%～50%。

（2）肌型（运动型）：其特点是肩宽、背阔、腰细、臀小且上翘，上体呈“V”字形，腹壁肌肉垒块明显、四肢匀称、肌肉发达、无双下巴，颈部强壮有力，体重在标准体重±5%范围内。

（3）瘦型：其特点与胖型相反。上下都细、肩窄、平胸、腰细四肢细长、脂肪极少、肌肉消瘦，胸腹部可见肋骨，背部可见肩胛骨，体重小于标准体重 25%～35%。

女性和男性在体型分类上大体相同，但由于女性有其自身的特点，强调身体比例匀称，线条流畅，整个体型呈曲线形。如女性的骨盆通常比男性要大，所以，躯干一般呈上小、下大的正三角形。女性的脂肪普遍比男性多 5%左右，而肌肉发达程度及肌力只能达到同级男性的 75%～80%。因此，女性肌型（运动型）体型的特点是躯干呈三角形（少数为倒三角形），四肢匀称、肌肉圆滑、胸部丰满、腰细臀圆、颈长腹平。从侧面看，运动型的女性的胸、腰、臀富于曲线美。

胖型的女性躯干多为上下一般粗（或上小下大）的水桶型，胸厚、腰粗、臀部大而宽、腹壁脂肪厚，即使仰卧在床上，腹部隆起高度仍超过胸高，颈部普遍短粗，四肢多为上粗下细。

瘦型的女性和胖型相反，胸部扁平、四肢干瘦、不丰满、无线条。

3. 精神饱满、坚韧不拔

精神饱满的外在表现是皮肤美、容貌美、姿态美、动作美，其内在表现则是朝气蓬勃、勇敢顽强、坚韧不拔。

（1）皮肤美。皮肤是健康状况的镜子，是人体美的重要表征。“红光满面”、气色好的人才有精神。

（2）容貌美。容貌美常常是人们见面时的第一感觉。它是指由面部骨架（脸型）、眼睛、眉毛、耳朵、鼻梁和口唇共同构成的一种美丽、丰富而生动的面部形象。根据人们对女性美的审美实践，眼大眸明，眼皮双褶，口唇红润，牙齿皓白整齐，鼻子竖直，颈脖颀长，耳廓分明等都是女性容貌美的特征。而男子的容貌美，有别于女性秀美、妩媚的审美特征。在现代女性眼中，以方圆脸型、五官端正、浓眉大眼、明亮有神、前额宽广、鼻梁端正、嘴型大小适度的男性为美。

（3）姿态端正，动作洒脱。优美的姿态和洒脱的动作，既符合人体解剖学和生理学的规律，又给人以美的印象。我们中华民族有悠久的文明历史，很重视自己的一举一动，要求坐有坐相、走有走相、站有站相、卧有卧相、吃有吃相。总之，衣食住行均应有规矩，讲究文明礼貌。

（4）勇敢顽强，坚韧不拔。古希腊人很崇尚力量和勇敢无畏的精神，并把这种精神称为“奥林匹克精神”。我国优秀的体育运动员，他们的形体普遍是健美的，他们的身手是矫健的，他们的成绩是惊人的，他们在赛场上的拼搏精神更是人们崇敬的，正如中国女垒姑娘们说的那样：“掉皮、掉肉、不掉队，顽强拼搏争胜利。”他们为了祖国的荣誉拼搏，这种美出自心灵深处。他们的健美英姿和勇敢无畏的精神在中国人民和世界人民心中留下了极深的印象。他们是形体美和内在美的代表。

二、形体测量与衡量指数

形体健美在很大程度上取决于身体各部位体围的尺寸和相互间的比例。

身高主要反映人体骨骼的发育程度。体重是反映人体发育状况的重量指标。胸围反映胸廓的大小和胸部肌肉与乳房的发育情况，是人体厚度和宽度最有代表性的测量值，也是身体发育状况的重要指标。腰围反映一个人的腰背健壮程度和脂肪状况。上臂围反映一个人肱三头肌和肱二头肌的发达程度。大腿围反映一个人股四头肌及股后肌群的发育状况。臀围反映一个人髋部骨骼和肌肉的发育情况。

1. 测量方法

准备一条软尺，把全身主要的地方正确地测量出来，加以记录，判断自己的形体。

（1）身高，体重：身高和体重在一日之内就有微妙的变化，故要在早晨起床后，身体还没活动之前测量为宜，尤其是体重，饭前饭后差别很大。

（2）胸围：测量时，身体直立，两臂自然下垂。皮尺前面放在乳头上缘，皮尺后面置于肩胛骨下角处。先测安静时的胸围，再测深吸气时的胸围，最后测深呼气时的胸围。一般成人呼吸差为 6 ~ 8 厘米，经常参加锻炼者的呼吸差可达 10 厘米以上。呼吸差可反映呼吸器官的功能。测量未成年女性胸围时，应将皮尺水平放在肩胛骨下角，前方放在乳峰上。测量时不要耸肩，呼气时不要弯腰。

（3）腰围：测量时，身体直立，呼吸保持平稳，两臂自然下垂，不要收腹，皮尺水平放在髋骨上、肋骨下最窄的部位（腰最细的部位）。

（4）臀围：测量时，两腿并拢直立，两臂自然下垂，皮尺水平放在前面的耻骨联合处。

（5）臂围：手臂与手腕是比较纤细的部分，基本上而言，上臂围是肘至肩部最粗的部位，比颈围下巴抬起颈部细长的状态细 4.5 厘米是最理想的。

（6）颈围：测量时，身体直立，测量颈的中部最细处。

2. 形体美的衡量指数

女性形体美衡量指数与男性形体美衡量指数有所区别，具体如下。

（1）女性形体美衡量指数

标准体重计算公式为：[身高（厘米）−100]×0.85（千克）。

上下身比例：以肚脐为界，上下身比例应为5:8，符合“黄金分割”定律。

胸围应为身高的1/2。

腰围的标准围度比胸围小20厘米。

臀围应较胸围大4厘米。

大腿围应较腰围小10厘米。

小腿围应较大腿围小20厘米。

足颈围应小于小腿围10厘米。

手腕围应较足颈围小5厘米。

颈围应等于小腿围。

肩宽即两肩峰之间的距离，应等于胸围的1/2减去4厘米。

（2）男性形体美衡量指数

标准体重计算公式为：[身高（厘米）−100]×0.9（千克）。

身体的中心点应在股骨大转子顶部。

向两侧平伸两臂，两手中指尖的距离应等于身高。

肩宽应等于身高的1/4。

胸围应等于身高的1/2加5厘米。

腰围应较胸围小15厘米。

髋围应等于身高的1/2。

大腿围应较腰围小22.5厘米。

小腿围应较大腿围小18厘米。

足颈围应较小腿围小12厘米。

手腕围应较足颈围小5厘米。

上臂围等于大腿围的1/2。

颈围应等于小腿围。

思考与训练

1. 熟练掌握芭蕾手形的正确做法。
2. 练习芭蕾七个手位的正确做法，重点是芭蕾三位手和七位手的动作准确性。
3. 练习芭蕾五个脚位的正确做法，重点是芭蕾四位脚的动作准确性。
4. 练习五位向前、旁、后擦地。

5. 熟练掌握芭蕾擦地组合。
6. 练习芭蕾半蹲的五个位置。
7. 练习芭蕾全蹲的五个位置。
8. 熟练掌握芭蕾蹲组合。
9. 练习芭蕾向前、向旁、向后三个方向的小踢腿。
10. 熟练掌握芭蕾小踢腿组合。
11. 人体形体美的标准时什么？
12. 怎样进行形体测量？
13. 女性形体美衡量指数与男性形体美衡量指数各有哪些？

第三章　古典舞身韵训练

舞蹈是有节拍的步调，就像诗歌是有韵律的文体一样。

——【英】培根

中国古典舞（Chinese classical dance）起源于中国古代，历史悠久，博大精深，它融合了许多武术、戏曲中的动作和造型，特别注重眼睛在表演中的作用，强调呼吸的配合，富有韵律感和造型感，以及独有的东方式的刚柔并济的美感，令人陶醉。中国古典舞主要包括身韵、身法和技巧。身韵是中国古典舞的内涵，产生于20世纪80年代初的身韵训练，经过三十多年的实践，已逐渐为中外舞蹈界和学术界所认识。

"身韵"，"身"指身法，指中国古典舞的外部表现技法；"韵"即韵律，指中国古典舞的内在气韵。身韵训练法是训练身法与陶冶神韵的方法。身韵要求表演者的动作必须遵循"三圆"（平圆、立圆、八字圆）动作轨迹和"动、静""点、线"互含的审美原则，这一点集中体现了古典舞民族性的"形""神"统一的艺术特征。

本章以训练学生的气息、韵律和肢体表现为目的，对培养学生的节奏感、协调性、灵活性、柔韧性、优美感和动作的表现力有积极的作用。

第一节　元素训练

一、知识介绍

中国古典舞身韵元素训练讲的是"起于心，发于腰，形于体"，即由心意带动呼吸，由呼吸去支配腰部，通过腰部和中轴运动而带动躯干的整体运动，它是贯穿中国古典舞身韵最基本的要求。以腰为轴的动律元素是身韵动作的基本技法。

中国古典舞身韵元素训练部分包括提、沉、冲、靠等基本元素训练，要求的训练姿态为盘坐。盘坐的基本形态为臀部着地，双脚盘于身前，开胯，后背自然直立，肩部和胸部放松，手腕搭在膝盖上，双肘放松，肘尖下垂（见图3-1-1）。

二、训练指南

提：在自然盘坐的身体全部放松垂下的基础上深呼吸，感觉气息从尾椎骨沿脊柱到胸椎，再到颈椎一节一节慢慢直立，头、眼也随着气息带动提起，感觉头顶往上延伸，眼神从虚最后到实停止（见图3-1-1）。

沉：在坐的姿态上呼气使气息下沉，呼气从腹部开始，经胃、胸、颈、头一节一节弯曲至气息完全吐尽，头逐渐松弛下来，眼睛随着沉放松（见图 3-1-2）。

冲：在提的过程中，由腰椎推动肋骨、胸大肌、肩胛骨和腮骨向 2 点或 8 点方向冲出（见图 3-1-3 和图 3-1-4）。

靠：在沉的过程中，用后侧背带动上身向 4 点或 6 点方向靠，感觉佝胸前肋往里收，后背肌拉长，头、颈部略向下梗，目视 2 点或 8 点（见图 3-1-5 和图 3-1-6）。

图 3-1-1

图 3-1-2

图 3-1-3

图 3-1-4

图 3-1-5

图 3-1-6

三、实操组合训练

这里我们提供一组“提沉冲靠组合”训练，具体如下。

准备姿态：面对 1 点，右脚在上的盘坐位准备，双手扶膝，双肩下沉，目视 1 点。

（预备拍）5～6 拍，保持准备姿态不动；7～8 拍，“沉”。

（1×8 拍）1～4 拍，“提”；5～8 拍，“沉”。

（2×8 拍）1～2 拍，“提”；3～4 拍，“沉”；5 拍，快“提”；6～7 拍，保持不动；8 拍，直立状态微微吸气，为下一步的“沉”做准备。

（3×8 拍）1～4 拍，“沉”；5～8 拍，“提”。

（4×8 拍）1～2 拍，“沉”；3～4 拍，“提”5 拍，小幅度的“沉，提”；6 拍，保持直立不动；7～8 拍，“沉”。

（5×8 拍）1～2 拍，“提”；3～4 拍，向 2 点方向“冲”，（身体前倾，将腮顶向 2 点，目视 2 点，后背拔直）；5～6 拍，保持“冲”的姿态不动；7 拍，还原为“提”的状态；8 拍，“沉”。

（6×8 拍）1～2 拍，“提”；3～4 拍，向 6 点方向“靠”，（身体佝胸前肋往里收，将腮顶向 6 点，目视 8 点，）；5～6 拍，保持“靠”的姿态不动；7 拍，还原为“提”的状态；8 拍，

"沉"。

（7×8 拍）1～2 拍，"提"；3～4 拍，向 8 点方向"冲"，（身体前倾，将腮顶向 8 点，目视 8 点，后背拔直）；5～6 拍，保持"冲"的姿态不动；7 拍，还原为"提"的状态；8 拍，"沉"。

（8×8 拍）1～2 拍，"提"；3～4 拍，向 4 点方向"靠"，（身体佝胸前肋往里收，将腮顶向 4 点，目视 2 点，）；5～6 拍，保持"靠"的姿态不动；7 拍，还原为"提"的状态；8 拍，"沉"。

（结束拍）5～8 拍，身体慢慢"提"，目视 1 点。

第二节　中间训练

一、知识介绍

古典舞身韵的中间训练主要介绍古典舞的手形、手位以及手臂的基本动作与姿态。手形姿态要注意欲摊先按、欲推先端、欲按先提等；指势要注意欲指先活腕、指引身心随等；臂动要注意晃手身移、欲左先右等。

二、训练指南

1. 手型

（1）掌

① 兰花掌（女掌）：五指挺直，虎口收紧，拇指向中指靠拢（见图 3-2-1）。

② 虎口掌（男掌）：五指挺直，虎口张开，拇指根向掌心用力（见图 3-2-2）。

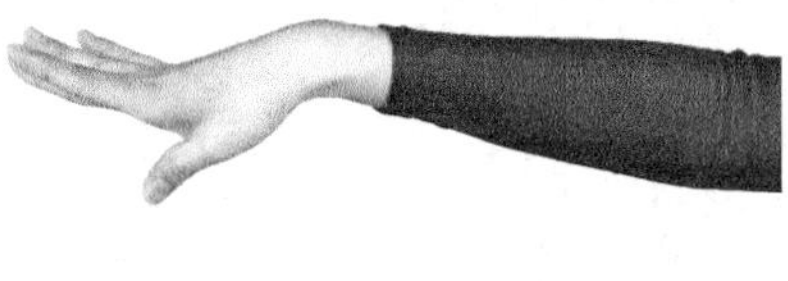

图 3-2-1

图 3-2-2

（2）拳

① 虚拳（女拳）：五指向掌心弯曲，握成空心拳，拇指内屈相接于食指和中指之间（见图 3-2-3）。

② 实拳（男拳）：五指向掌心弯曲，握成实心拳，拇指内屈紧贴中指（见图 3-2-4）。

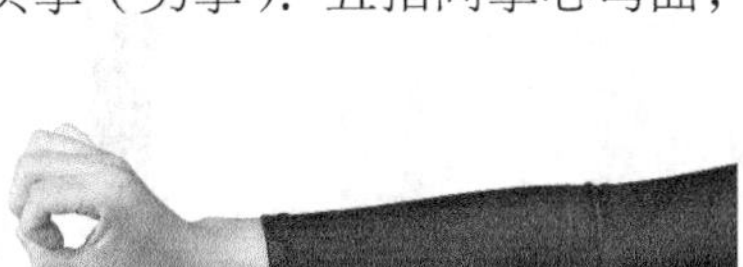

图 3-2-3

图 3-2-4

2. 手位

（1）山膀位

手臂成最大的弧状，平抬于体侧与肩膀平行。小臂呈下滑弧线，掌心对外扣腕手指向前上方，着力点在兰花指中指关节。沉肩、松肘、手臂肩关节到指尖往远伸（见图 3-2-5）。

（2）按掌位

手臂呈下滑弧状，在胃前压腕，兰花指掌心朝外，手与胸保持 25cm 左右的距离（见图 3-2-6）。

图 3-2-5

图 3-2-6

（3）托掌位

手臂成最大的弧状托于头的斜上方，掌心向上，沉肩、肘尖打开向旁（见图 3-2-7）。

（4）扬掌位

手臂举至头侧斜上方，手心朝上，整个手臂在斜上方 45 度（见图 3-2-8）。

（5）提襟位

手臂成弧形，握拳提于跨旁，虎口对向胯骨，手腕微扣，掌心对下（见图 3-2-9）。

图 3-2-7

图 3-2-8

图 3-2-9

3. 手臂基本动作

（1）撩掌

手腕带动手臂，由下向上撩起（见图 3-2-10）。

（2）切掌

掌心向内，手臂由头上方向下方切，手型似刀状（见图 3-2-11）。

（3）推掌

掌心向外，由体前向旁或其他方向推（见图 3-2-12）。

图 3-2-10

图 3-2-11

图 3-2-12

（4）端掌

掌心向上，手臂由下方端掌至胸前（见图 3-2-13 左手动作）。

（5）双晃手

双臂与肩同宽，以腕为轴，腕主动，由旁下向上划弧线，手指向下，掌心向里；向下划弧线，指尖向上，掌心向外；路线要圆、连贯。幅度有大小之分（见图 3-2-14）。

（6）小五花

以右手为例，先双手在胸前手背相对，手腕相靠，以腕为轴，然后右手在上向内环绕，左手在下向外环绕，成掌心相对在胸前，继续转动，至左手在上。连续动作时，要连贯、圆滑、灵巧（见图 3-2-15）。

图 3-2-13

图 3-2-14

图 3-2-15

4. 手臂基本姿态

（1）单山膀

身体对 2 点，左丁字步，双手背手准备。动作时，右手沿体侧上撩于体侧与肩膀平行，手臂成长弧状，小臂内旋，掌心向外，手臂到指尖向远延伸；目视 1 点（见图 3-2-16）。

（2）双山膀

要求同“单山膀”，双手先后进行（见图 3-2-17）。

（3）双托掌

身体对着 2 点，左丁字位，双手背手准备。动作时，双手从体侧上撩，经头上交叉盖手继续侧上撩至双托位，目视 1 点（见图 3-2-18）。

图 3-2-16

图 3-2-17

图 3-2-18

（4）顺风旗

以右手为例，身体对 2 点，左丁字位，双手背手准备。动作时，双手撩掌至右手托掌位，左手在山膀位，目视 8 点（见图 3-2-19）。

（5）斜托掌

以右手为例，身体对 8 点，左丁字位，双手背手准备。动作时，双手经分掌至右手扬掌位，左手山膀位掌心向上，目视 8 点（见图 3-2-20）。

（6）山膀按掌

以右手为例，身体对 2 点，左丁字位，双手背手准备。动作时，右、左手交替由外向里晃手至右山膀左按掌，目视 1 点（见图 3-2-21）。

图 3-2-19

图 3-2-20

图 3-2-21

三、实操组合训练

准备姿态：左丁字位 1 点站好，身体对 2 点，头转向 8 点，双手背手准备，目视 8 点（见图 3-2-22）。

（预备拍）5～7 拍，保持准备姿态不动；8 拍，吐气，头转向 2 点斜下方，眼睛看右手起手方向（见图 3-2-23）。

（1×8 拍）1～4 拍，右手撩掌至斜上方 45 度，手心朝下，眼随手动，同时吸气（见图 3-2-24）；5 拍，右手手腕翻转方向，弹指亮相，头也从 2 点转到 8 点（见图 3-2-25）；6～7 拍，保持不动；8 拍，呼吸，提腕同时翻转手腕，头从 8 点转回 2 点（见图 3-2-26）。

图 3-2-22

图 3-2-23

图 3-2-24

图 3-2-25

图 3-2-26

（2×8 拍）1～2 拍，右手掌心朝下顺着体侧压腕至胯旁，眼随手动（见图 3-2-27）；3～4 拍，右手体前撩掌至胸前按掌位，同时吸气（见图 3-2-28）；5 拍，右手弹指亮相，弹指瞬间眼睛要从手的位置快速转向 8 点（见图 3-2-29）；6～7 拍，保持不动；8 拍，吸气提腕，头由 8 点转向 2 点（见图 3-2-30）。

（3×8 拍）1～4 拍，右手翻掌，由手腕带动手臂撩掌，由下向上撩起至托掌位的高度（见图 3-2-31 和图 3-2-32）；5 拍，压腕至托掌位亮相（见图 3-2-33），目视 8 点；6～7 拍，保持不动；8 拍，吸气提腕并翻转手腕至手心朝着内侧（为下一拍切掌做准备），头由 8 点转向 2

点（见图 3-2-34）。

图 3-2-27

图 3-2-28

图 3-2-29

图 3-2-30

图 3-2-31

图 3-2-32

图 3-2-33

图 3-2-34

（4×8 拍）1～2 拍，右手掌心向内切掌，由头上切到胸前位置，眼随手动（见图 3-2-35）；3 拍，翻转手腕至手心朝外推掌至 3 点，眼随手动（见图 3-2-36）；4 拍，右手往前面提腕，吸气（见图 3-2-37）；5～8 拍，往后压腕亮相至单山膀位，同时头由 3 点慢慢转向 8 点亮相（见图 3-2-38）。

图 3-2-35

图 3-2-36

图 3-2-37

图 3-2-38

（5×8 拍）1～2 拍，左手快速由体后经旁撩掌至托掌位的高度（见图 3-2-39 和图 3-2-40），这时手心朝外，右手保持单山膀不动；3～4 拍，左手翻转手腕切掌至胸前（见图 3-2-41），眼随手动；5 拍，左手推掌至 7 点山膀位置，眼随着左手动（见图 3-2-42）；6 拍，双手提腕，头快速转向 2 点（见图 3-2-43）；7～8 拍，双手同时压腕至双山膀位，头由 2 点转向 8 点，亮相（见图 3-2-44）。

图 3-2-39

图 3-2-40

图 3-2-41

图 3-2-42

图 3-2-43

图 3-2-44

（6×8 拍）1～2 拍，左手保持山膀位不动，右手由山膀位提腕撩掌至托掌位的高度，手背朝内，头由 8 点转向 2 点（见图 3-2-45）；3～4 拍，右手在胸前划立圆再回至托掌位的高度位置，眼随手动（见图 3-2-46 和图 3-2-47）；5 拍，右手压腕，头由 2 点转向 8 点亮相，和左手形成顺风旗位（见图 3-2-48）；6～8 拍，保持顺风旗位不动。

（7×8 拍）1～2 拍，右手经上弧线到达 3 点山膀位，同时左手走下弧线端掌至胸前，头由 8 点转向 2 点（见图 3-2-49）；3～4 拍，右手不动，左手翻转手腕至按掌位，和右手形成山膀按掌位，头由 8 点转向 2 点，向 8 点方向“冲”，身体微微前倾，目视 8 点，后背拔直（见图 3-2-50）；5～8 拍，两手右手在上，左手在下，在胸前完成一个小五花至右手在下，左手在上，身体跟着手微微转动，眼随手动（见图 3-2-51 和图 3-2-52）。

图 3-2-45

图 3-2-46

图 3-2-47

图 3-2-48

图 3-2-49

图 3-2-50

图 3-2-51

图 3-2-52

（8×8 拍）1～2 拍，右手提腕由下往 4 点上撩手至斜托掌高度，左手压腕往 8 点下方推掌（见图 3-2-53、图 3-2-54）；3～4 拍，身体向 4 点方向靠（这时注意身体拔直），双手腕同时翻腕形成斜托掌位，头由 2 点转向 8 点亮相（见图 3-2-55）；5 拍，身体由 4 点还原直立，双手同时翻转手腕至托掌位，头由 8 点转向 2 点（见图 3-2-56）；6～7 拍，双手在胸前交叉划立圆再回到双托掌位置，头由 2 点中的位置到 2 点下再回到 2 点中的位置（见图 3-2-57、图 3-2-58、图 3-2-59）；8 拍，弹指亮相，头由 2 点转向 8 点（见图 3-2-60）。

图 3-2-53

图 3-2-54

图 3-2-55

图 3-2-56

图 3-2-57

图 3-2-58

图 3-2-59

图 3-2-60

（结束拍）5～6 拍，提气，双手提腕，翻转手腕胸前交叉划半圆至胯的两旁，头从 8 点转向 2 点，然后低头看 2 点下方（见图 3-2-61、图 3-2-62）；7 拍，提襟位置双手提腕，头由 2 点下方转向 3 点（见图 3-2-63）；8 拍，双手压腕提襟位亮相，头由 3 点转向 8 点（见图 3-2-64）。

图 3-2-61

图 3-2-62

图 3-2-63

图 3-2-64

拓展阅读

一、形体训练的呼吸方法

1. 呼吸的作用和方式

生命离不开呼吸这一不断交替的运动，呼吸直接影响生命的活力。人的生命力来源于身体的能量，能量通过呼吸来吸收，渗透到人体的每个细胞，使细胞不断更新，恢复活力。呼吸习惯和呼吸方式既可以增加也可以减少人体的能量储备。

呼吸方式与我们的感情和心态有着密切的联系。比如，呼吸平稳而有控制就不会觉得焦躁不安，反过来如果呼吸急促、快慢不均，心情就很难平静。有意识地控制呼吸可以抑制情绪的波动，与姿势练习结合起来有助于动作的流畅，并能集中注意力。有意识的呼吸也可以单独进行。其实，不管在什么情况下，都可以有意识地让自己的呼吸更均匀、平稳和更深入一些。但是要记住，虽然呼吸深入能够有效增加体内能量，但并不是说呼吸得越深越好。

2. 呼吸练习基本要求

（1）除非有特殊情况，一般用鼻呼吸，嘴唇微闭。

（2）每次吸气和呼气都要舒缓、深入并均匀。

（3）呼气时间比吸气时间稍长，这样有利于放松，呼吸练习中常常用到这一点。

（4）练习开始和结束时都要配合呼吸，动作之间的衔接也要配合呼吸。

（5）呼吸的次数可以用来计算做某一姿势的时间。

（6）练习时，若想加快练习速度，也要加快呼吸，但注意呼吸要配合动作之间的衔接。正确的姿势要求正确的呼吸，这样才能保证呼吸顺畅，使横膈膜尽量运动到最大限度。在一次完整的深呼吸过程中，横膈膜的上升和下降运动会刺激淋巴系统，起到去除体内毒素的作用，有加强免疫系统的功能。

3. 局部型呼吸

局部型呼吸有助于增加肺活量，同时使身体平静。局部型呼吸可以作为胸腹式呼吸的前导。方式如下：吸气至肺下部，将手指平放在肚脐两侧，两手的肘关节落在地板上。呼吸三次，让手指感觉腹部的起伏。吸气至肺上部，将手指平放在锁骨下方。吸气时，感到胸部上方轻轻升起。两肩放松，不要抬升或拉紧双肩。吸气至肺中部，将手指平放在胸腔两侧。呼吸三次，感觉吸气时胸腔向两旁扩张，呼气时放松。

4. 胸腹式呼吸

手臂平放在身体两侧，掌心向上或向下。吸气一次，先将空气吸入下腹部，然后到胸腔，最后进入胸部上方。呼气放松。

二、形体训练中的音乐选择

音乐是动作的灵魂。形体训练就是学生在音乐伴奏下进行的各种练习。充分调动音乐的各种艺术表现功能来为形体教学服务，能使形体动作的编排具有明确的目的性，能鲜明地表现各类动作的性质和风格特点。形体训练的过程离不开音乐，只有将动作和音乐有机地结合起来，才能赋予动作以生命和美感，没有音乐，就会失去其光彩和美的魅力。音乐选配的合适与否，直接影响训练的效果。因此，在形体训练的教学中，音乐的选择也是一门艺术。

1. 选择的音乐应该旋律优美，格调高雅，富于动感

形体训练是一个有计划、有目的的教育过程，它不仅是人体的动态造型运动，更要在美的音乐旋律的感受下，引导人们去塑造美、表现美、创造美。各个方面都体现出一个“美”字，那么从音乐的角度来讲，旋律的选择也应该强调“美”。音乐应强调优美动听且格调高雅，富于表现力，这样更能激起学生内心的兴奋，启发她们内存的美感，有效地调动学生学习的积极性和主动性，使她们能随着乐曲的旋律把形体动作完成得更准确、更优美，从而达到训

练的目的。

2. 选择的音乐应该易于被学生理解与接受

对于初学者，应该选择她们较为熟悉，节奏适中且又相对简单、清晰的乐段或乐曲，如一些具有民族风格的抒情曲或现代乐曲等，可以催人向上，有利于身心健康，学生喜闻乐见，易于接受。这个阶段不适合速度太快、太激烈或节奏太复杂的乐曲，如果她们找不到音乐的感觉，就不可能更好地展现形体动作。有一定基础后就可以选择结构较为复杂、速度稍快的乐曲，使她们在练习中进一步掌握动作并体会所要表现的情绪和风格。另外，在学生能够理解的基础上，应不断更新形体课堂的音乐，从而产生一种新鲜感，同时也促使学生了解和熟悉多种不同风格的节奏和旋律,这将对学生在形体训练中完成动作起到潜移默化的积极作用。

3. 选择的音乐应该符合形体动作的特点

音乐和动作的风格特点要相吻合，不同种类的动作应选用不同旋律的音乐。每首乐曲有它的旋律节奏和风格特点，可体现各种情绪和不同的强、弱、快、慢节奏，各种动作组合也有其个性特点，有大、小、快、慢的不同律动。特点各异的动作可以体现不同的情感和不同的风格。这样在教学中，通过生动形象的语言描绘和悦耳动听的音乐欣赏，学生就会加深对动作的理解，从而能够尽情自如地表现动作，抒发出细腻的艺术情感，自觉地进入美的意境，使动作更加优美。

音乐给动作以灵魂,使之更富有韵律感和节奏感。音乐对于提高形体教学是有帮助的，它促进了形体教学的进步和提高。因此，我们应该让音乐发挥最大的艺术表现功能来为形体训练服务。

思考与训练

1. 准确掌握元素训练内容的单一动作“提、沉、冲、靠”。
2. 在舞蹈动作中准确地运用气息。
3. 熟练表演古典舞身韵元素训练的提沉冲靠组合。
4. 准确地掌握古典舞的手形与手位。
5. 准确地掌握古典舞的手臂基本动作。
6. 准确地掌握古典舞的手臂基本姿态。
7. 熟练地表演古典舞身韵的手位组合内容。
8. 形体训练中有哪些呼吸方法?
9. 形体训练中如何进行音乐选择?

第四章　民族民间舞训练

美人舞如莲花旋，世人有眼应未见。

——【唐】岑参

中国是一个多民族的国家，每一个民族都有着各自独特的地域风俗文化。中国民族民间舞是一种文化现象，是劳动人民在长期历史进程中集体创造，并不断积累、发展、传承的一种艺术门类。它具有鲜明的民族性和地域性，表现了本民族的文化传统和审美习惯。

学习民族民间舞有助于学习者兴趣爱好的培养、艺术修养的养成、优雅气质的塑造。很多舞蹈爱好者跳着我国传统的民族民间舞蹈，不仅改善了自己的形体和气质，拥有了自信而乐观的心态，同时更加了解和热爱我们的祖国和传统文化。

第一节　汉族东北秧歌训练

一、知识介绍

汉族的民间舞蹈秧歌，又称扭秧歌，它是农民在插秧时的一种歌咏活动，起源于农业生产劳动，是我国人民喜闻乐见、具有代表性的一种民间舞蹈，主要流行于我国北方广大地区。秧歌又因所跳地区的不同，有着不同的称谓和风格样式。东北秧歌因动作的特点突出，手巾花种类丰富，在秧歌当中有着非常重要的训练作用，下面就介绍东北秧歌的基本内容和组合训练。

二、训练指南

1. 基本体态

（1）正步位

身体直立，重心前倾面向 1 点，视 1 点，要求颈立、背直，腿部夹紧（见图 4-1-1）。

（2）叉腰位

双手握手绢，放在两侧腰位，双肘略向前（见图 4-1-2）。

2. 基本动律

（1）提压韵

正步位，双手叉腰位准备。腰部为轴，身体以肋带动胸腰交替提压，形成上半身的左右摆动，用呼吸带动上身动律，重拍在下。

图 4-1-1

图 4-1-2

（2）划圆韵

正步位，双手叉腰位准备。腰部为轴，左右两肩交替划 8 字，重拍在下。

（3）前后韵

正步位，双手叉腰位准备。肘关节带动腰和头有节奏、干净、利索地向前或向后摆动，要求有停顿，视 1 点，同时，压脚跟随动。

3. 屈伸

（1）快屈慢直

膝关节快速屈膝，有韧性地慢慢直膝，重拍在下。

（2）慢屈快直

膝关节的屈伸要有内在的柔韧性，音乐重拍重心向下，双膝快直，以示动作的艮、俏特点。

4. 基本舞步

（1）前踢步

正步位，双手叉腰位准备。经屈膝，重心移至主力腿，动力腿保持脚型经擦地快速向前踢出（见图 4-1-3），快回，脚跟虚落回正步位。

（2）旁踢步

正步位，双手叉腰位准备。经屈膝，重心移至主力腿，动力腿保持脚型，经擦地向旁上翻起（见图 4-1-4），经上弧线，脚跟、脚掌、脚趾依次落地收回。

（3）后踢步

正步位，双手叉腰位准备。双膝快速下沉，动力腿略勾脚，脚跟快速后踢（见图 4-1-5），虚落回正步位。经快屈快直屈伸，带动后踢步，快出、快回、稳落，慢移重心，重拍可在上在下。

5. 手巾花

（1）里腕花

掌心向上，由指尖带动手腕，由外向里转腕、提腕，让手绢花像“花朵”一样，手绢的八角飞起来，然后绕到手上，慢压腕（见图 4-1-6）。

图 4-1-3

图 4-1-4

图 4-1-5

（2）里片花

拇指带动手腕由外向内转腕，手绢紧贴小臂上、下划平圆，重拍在里（见图 4-1-7）。

（3）外片花

食指带动手腕由里向外转腕，手绢紧贴小臂上、下划平圆，重拍在外（见图 4-1-8）。

图 4-1-6

图 4-1-7

图 4-1-8

（4）单臂花

单手在胸前和体旁交替做里腕花（见图 4-1-9、图 4-1-10）。

图 4-1-9

图 4-1-10

（5）双臂花

一手在胸前做里腕花，另一只手在体旁做里腕花，两手交替变化（见图 4-1-11、图 4-1-12）。

图 4-1-11

图 4-1-12

（6）交替花

① 小交替花：双手在胸前交替做里腕花（见图 4-1-13、图 4-1-14）。

图 4-1-13

图 4-1-14

② 大交替花：双手在头上交替做里腕花（见图 4-1-15、图 4-1-16）。

图 4-1-15

图 4-1-16

（7）蝴蝶花

第一拍双手交叉按掌位做里腕花（见图 4-1-17）；第二拍双手经下弧线至身体两侧做腕花（见图 4-1-18）。

图 4-1-17

图 4-1-18

（8）蚌壳花

第一拍双手盖手由外向内至肩前里腕花，手心向下（见图 4-1-19）；第二拍双分手至头上碎绕花打开再到身体两侧，手心向上（见图 4-1-20）。

图 4-1-19

图 4-1-20

（9）扁担花

双臂交替在身体一前一后同时做里腕花，似挑扁担上下要有颤动（见图 4-1-21）。

（10）顶转花

食指顶手绢中心，使手绢平面向里旋转（见图 4-1-22）。

（11）立转花

拇指、食指、中指捏手绢外沿给力，使手绢立面向里旋转（见图 4-1-23）。

（12）出手花

与里片花握巾方法相同，拇指给力向远处抛出（见图 4-1-24）。

图 4-1-21

图 4-1-22

图 4-1-23

图 4-1-24

三、实操组合训练

准备姿态：正步站好，身体前倾，双手握手巾花叉腰位准备，目视 1 点（见图 4-1-25）。

（预备拍）1～4 拍，保持准备姿态不动；5～6 拍，双手甩巾 2、8 点（见图 4-1-26）；7-8 拍，双手从 2、8 点里腕花收回叉腰位（见图 4-1-27）。

图 4-1-25

图 4-1-26

图 4-1-27

（1×8 拍）后踢步双叉腰动作构成。

1 拍，双手叉腰位保持不动，目视 1 点；

2 拍，左腿后踢步，两腿屈膝，左脚抬起，身体配合划圆动律（见图 4-1-28）；

3 拍，左腿后踢步还原，两腿直膝，左脚落地，身体配合划圆动律；

4 拍，右脚后踢步，身体配合划圆动律；

5 拍，右脚后踢步还原，两腿直膝，右脚落地；

6～7 拍，左腿后踢步和直膝还原各一次；

8 拍，右腿后踢步，两腿屈膝，抬起右脚。

（2×8 拍+2 拍）1 拍，右腿后踢步还原，两腿直膝，右脚落地；

2～3 拍，左脚后踢步和还原各一次；

4～5 拍，右脚后踢步和还原各一次；

6～7 拍，左脚后踢步和还原各一次；

8+1 拍，右脚后踢步和直膝还原各一次；

8+2 拍，正步站好，叉腰位，身体前倾，不动，为下一舞步做准备。

（3×8 拍）前踢步双臂花构成。1～2 拍，左脚前踢步，左手臂在体旁，右手臂在胸前做双臂花，目视 1 点（见图 4-1-29）；

图 4-1-28

图 4-1-29

3～4 拍，右脚前踢步，右手臂在体旁，左手臂在胸前做双臂花，目视 1 点；

5～6 拍，左脚前踢步，双臂花；

7～8 拍，右脚前踢步，双臂花。

（4×8 拍）重复（3×8 拍）舞蹈动作。

（5×8 拍）重复（3×8 拍）舞蹈动作。

（6×8 拍）由原地屈膝和蝴蝶花动作构成。1～2 拍，身体由 1 点转向 8 点屈膝，双手 8 点交叉做蝴蝶花第一拍动作（见图 4-1-30）；

3～4 拍，身体由 8 点转向 2 点屈膝，左手臂 8 点，右手臂 4 点做蝴蝶花第二拍动作（见图 4-1-31）；

5～8 拍，重复（1～4）拍舞蹈动作。

图 4-1-30

图 4-1-31

（7×8 拍）重复（6×8 拍）舞蹈动作。

（8×8 拍）由旁点步位交替花和正步位屈膝小交替花动作构成。1～2 拍，左脚往左迈出一步呈大八字位，身体重心全部移到左腿上，右脚脚尖点地，右手在头的斜上方和左手在身体斜后方做大交替花（见图 4-1-32）；

3～4 拍，身体重心移到右腿上，右脚全脚掌着地，左脚脚尖点地，左手在头的斜上方和右手在身体斜后方做大交替花（见图 4-1-33）；

5～6 拍，收回左脚为正步，两腿同时屈膝，右手先起做胸前小交替花，身体做提压韵动律（见图 4-1-34）；

7～8 拍，重复一次正步位屈膝小交替花（见图 4-1-35）。

图 4-1-32

图 4-1-33

图 4-1-34

图 4-1-35

（9×8 拍）重复（8×8 拍）舞蹈动作。

（10×8 拍）由旁点步双臂花和后跳踢步扁担花动作构成。1～2 拍，7 点上步，左脚全脚掌着地，身体重心在左腿上，右脚在左脚内侧半脚掌着地，两腿屈膝，双手在体前做双臂花，目视 8 点斜上方（见图 4-1-36）；

3～4 拍，右脚 3 点一步，全脚掌着地，身体重心跟着移到右腿上，左脚原地脚尖点地，左手胸前，右手体旁斜上方双臂花，目视 8 点斜下方（见图 4-1-37）；

5～8 拍，后跳踢步，左脚先上步，左右交替并逆时针旋转一圈，注意第 5 拍留头，双手臂做扁担花，右手先体前腕花（见图 4-1-38、图 4-1-39、图 4-1-40、图 4-1-41）。

图 4-1-36

图 4-1-37

图 4-1-38

图 4-1-39

图 4-1-40

图 4-1-41

（11×8 拍）重复（10×8 拍）舞蹈动作。

（12×8 拍）重复（10×8 拍）舞蹈动作。

（13×8 拍+4 拍）由前踢步蚌壳花动作构成。1～2 拍，左脚前踢步，两手臂做蚌壳花第一拍动作，双手盖手由外向内至肩前里腕花，身体拧身对着 8 点，目视 8 点斜上方（见图 4-1-42）；

3～4 拍，右脚前踢步，两手臂做蚌壳花第二拍动作双分手至头上碎绕花打开再到身体两侧，手心向上，身体拧身对着 2 点，目视 2 点斜上方（见图 4-1-43）；

5～8 拍，重复 1～4 拍动作；+4 拍，重复 1～4 拍动作。

（14×8 拍） 由踏步双顶转花动作构成。1～8 拍，两脚由正步位左脚向后踏步半脚掌着地，右脚在前不动，身体重心在前，双手做顶转花（见图 4-1-44）。

（结束拍）5～8 拍 抓住手绢还原叉腰位，由踏步收回左脚位呈小八字位，目视 1 点（见图 4-1-45）。

图 4-1-42

图 4-1-43

图 4-1-44

图 4-1-45

第二节　藏族舞蹈训练

一、知识介绍

藏族人民世代生活在我国西部雪域高原上，有着悠久的历史，创造出了灿烂的民族文化。藏族舞蹈发展至今，已然成为我国民族民间舞蹈中极为杰出、最具民族特色的民间舞蹈之一，深受广大舞蹈爱好者的喜爱。

藏族舞蹈的主要表演形式之一是“谐”，别名“弦子”，是因为拉弦乐器伴奏而得名。它盛行于巴塘、昌都、青海一代，是藏族舞中最普遍、最繁盛的艺术表演形式，也是藏族人民生活中不可缺少的一种自娱性歌舞。

“弦子”舞姿优美，刚柔并兼，旋律欢快流畅，节奏鲜明开朗，曲调大都高亢嘹亮，粗犷豪放，丰富多彩。它的舞蹈形式是男女各站成半圆圈围成圆形，由男生先唱女生随唱，按照顺时针转圆圈的舞蹈。开始时舞蹈速度缓慢，随内容发展而加快，以急速旋转的舞步进入高潮。

“弦子”的主要形式表现在三个方面：一是以迎宾、相会为内容，相互欢迎感谢、相互赞美的迎宾舞和相会舞；二是以尊敬长辈、热爱家乡、团结友爱为内容的赞颂歌舞；三是表达青年男女间充满爱慕之情和纯洁真挚友谊的舞蹈形式。

二、训练指南

1. 基本体态

坐懈胯。上身松弛略前倾，注意身体前倾的同时要保持后背的挺直。膝部松弛，有规律地颤动和屈伸，形成下身主动，上身被动，自下而上，欲动先屈的特点。

2. 基本手型

五指自然并拢（见图 4-2-1）。

3. 基本手位

（1）扶胯

两手手掌扶于胯上，手指贴胯，注意腕下压于胯上（见图 4-2-2）。

（2）单背袖

一只手扶胯，另一只手屈肘 90 度于肩上，手心向前（见图 4-2-3）。

图 4-2-1

图 4-2-2

图 4-2-3

（3）旁展单背袖

一只手屈肘 90 度于肩上，手心向前。一手肩旁略下方自然直臂（见图 4-2-4）。

（4）旁展单提袖

一只手头上方提袖，手心向下，一手侧旁略下方自然直臂（见图 4-2-5）。

（5）前后手

一只手屈臂于体前，另一只手屈臂于体后，手心向内（见图 4-2-6）。

图 4-2-4

图 4-2-5

图 4-2-6

（6）双手礼

重心置于左腿屈膝，右腿直膝右斜前 45 度脚跟点地，上身前倾，头略低，双手手心向上摊于体侧肩稍下，如双手捧哈达状（见图 4-2-7）。

(7) 单手礼

重心置于左腿半屈膝，右腿直膝右斜前 45 度脚跟点地，上身右倾，右臂摊向右斜前，左手按于体前（见图 4-2-8）。

图 4-2-7

图 4-2-8

4. 基本脚位

(1) 正步位

两脚并拢（见图 4-2-9）。

(2) 小八字位

两脚跟并拢，两脚掌分开，两脚尖分别在 2 点和 8 点位置（见图 4-2-10）。

(3) 丁字靠步

站丁字步，前脚勾脚，脚跟着地（见图 4-2-11）。

(4) 旁点步

小八字位，一脚脚掌旁点地，略屈膝（见图 4-2-12）。

图 4-2-9

图 4-2-10

图 4-2-11

图 4-2-12

5. 袖基本动作

(1) 撩袖

手带动臂由下向上或胸前撩袖，力量送至指尖（见图 4-2-13）。

(2) 甩袖

两臂先弯曲，然后向前平、侧旁甩出，手心向下，力量送至指尖（见图 4-2-14）。

（3）摆袖

手带动臂做前、后、左、右的单摆或交替摆袖动作（见图 4-2-15）。

图 4-2-13

图 4-2-14

图 4-2-15

（4）抛袖

双手平抬于胸前，手心向下，抬至头顶，用小臂将袖抛出（见图 4-2-16）。

6. 弦子基本舞步

（1）平步

两拍完成，两手扶胯正步，左坐懈胯准备。第 1 拍，右脚全脚掌向前或原地迈步，身体向右划上弧线后右坐懈胯，同时屈伸一次（见图 4-2-17），第 2 拍做与第一拍相反的动作（见图 4-2-18）。

图 4-2-16

图 4-2-17

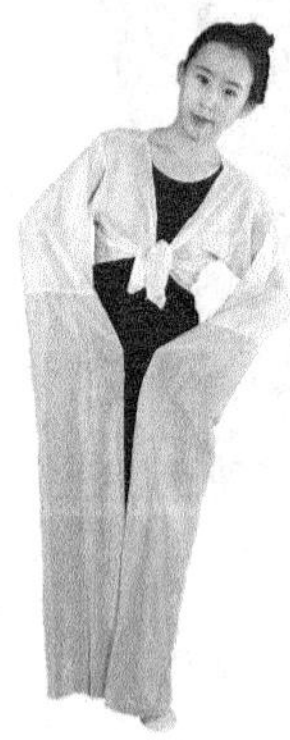

图 4-2-18

（2）单靠

两拍完成，两手扶胯正步，左坐懈胯准备。动作时，第 1 拍右脚向旁迈步，同时双腿屈伸一次，右坐懈胯。第 2 拍，左脚勾脚落至右前丁字靠步位，同时双腿屈伸一次，两腿交替做（见图 4-2-19）。

（3）单撩

两拍完成，两手扶胯正步准备。第 1 拍，左脚向前迈步，然后右腿吸抬小腿。第 2 拍，右脚向前撩 25 度，然后左腿屈膝同时右小腿回到吸抬位置（见图 4-2-20）。

图 4-2-19

图 4-2-20

（4）长靠（三步一靠）

四拍完成，两手扶胯正步准备。右起横步三步，身体随脚步慢慢转向 2 点，第四步左脚靠步，同时身体转向 8 点（见图 4-2-21、图 4-2-22、图 4-2-23、图 4-2-24）。

图 4-2-21

图 4-2-22

图 4-2-23

图 4-2-24

（5）三步一撩

四拍完成，两手扶胯正步准备。第 1～3 拍，左腿向前或向旁走平步三步，第 4 拍，右脚前撩（见图 4-2-25、图 4-2-26、图 4-2-27、图 4-2-28）。

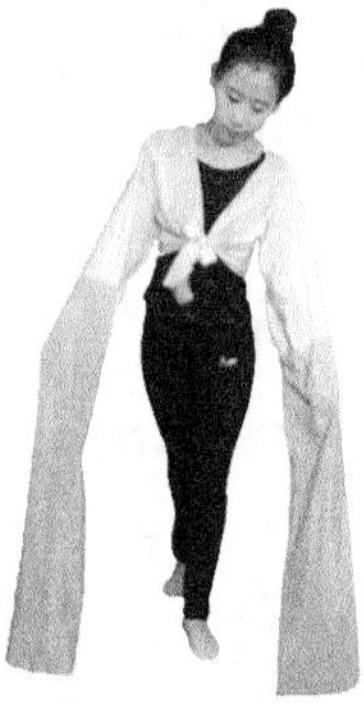
图 4-2-25

图 4-2-26

图 4-2-27

图 4-2-28

三、实操组合训练

准备姿态：正步站好，站姿准备，目视 1 点（见图 4-2-29）。

（预备拍）1×8 拍，保持准备姿态不动。

（预备拍）2×8 拍，1～4 拍，脚下保持准备姿态不动，双手从身体两侧沿着 2、8 点起手到达胯部（见图 4-2-30）；

5～7 拍，肘关节弯曲，由掌带动扶胯（见图 4-2-31）；

8 拍，保持上一动作基本体态不动，双腿屈膝（见图 4-2-32）。

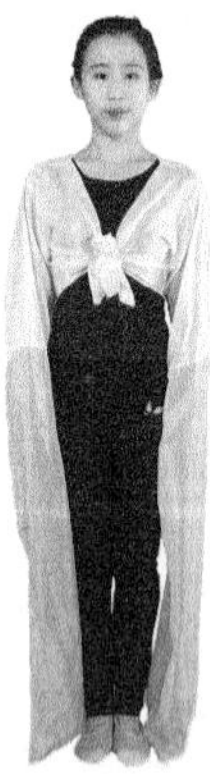
图 4-2-29

图 4-2-30

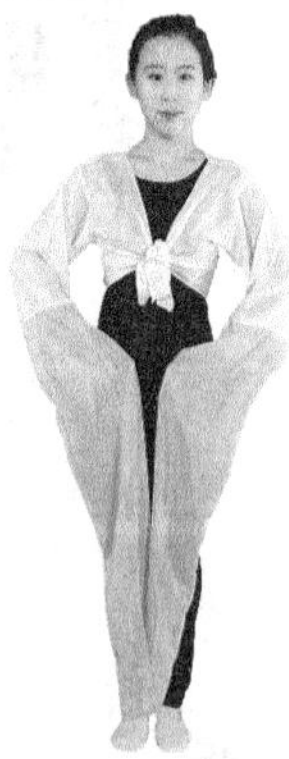
图 4-2-31

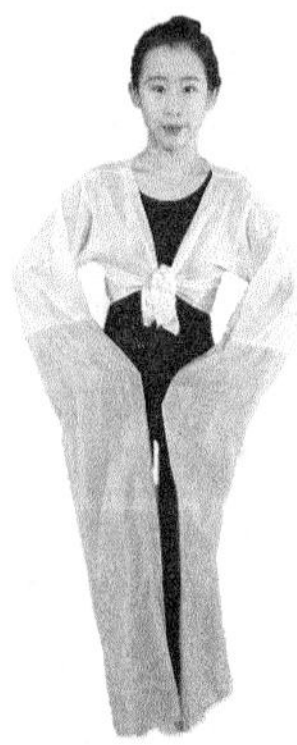
图 4-2-32

（1×8 拍）原地屈膝动律构成。1 拍，双手扶胯保持不动，有弹性地直膝，目视 1 点（见图 4-2-33）；

2 拍，快速屈膝（见图 4-2-34）；

3～8 拍，重复 1～2 拍动作，膝关节松弛，有弹性、有规律地颤动和屈伸，并形成下身主动，上身被动，自下而上，欲动先屈的特点。

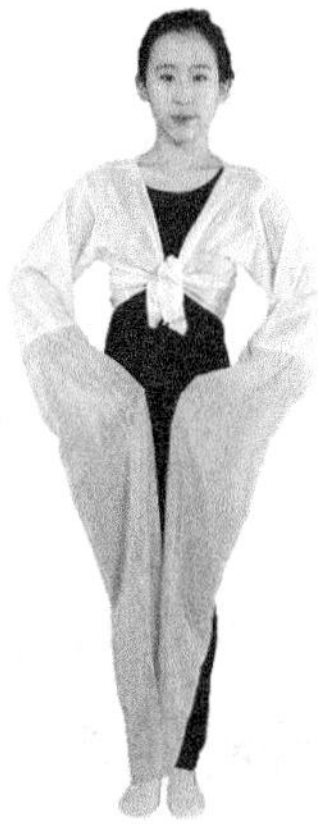

图 4-2-33

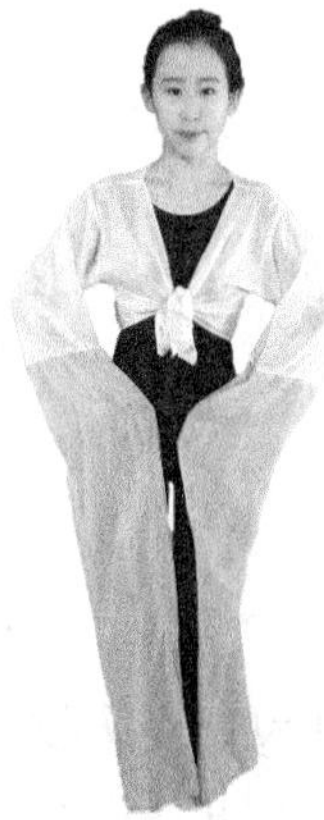

图 4-2-34

（2×8 拍）重复（1×8 拍）动作。

（3×8 拍）平步前进步扶胯构成。1～2 拍，双手扶胯，平步左脚向前一步，身体随着做晃身动律向左晃身，目视 1 点（见图 4-2-35）；

3～4 拍，双手扶胯，平步右脚向前一步，身体随着做晃身动律向右晃身（见图 4-2-36）；

5～8 拍，重复 1～4 拍动作。

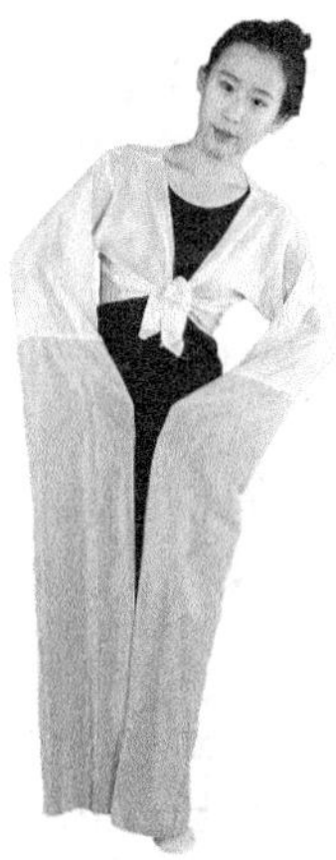

图 4-2-35

图 4-2-36

（4×8 拍）平步后退步扶胯构成。1～2 拍，双手扶胯，平步左脚向后退一步，身体随着做晃身动律向左晃身，目视 1 点（见图 4-2-37）；

3～4 拍，双手扶胯，平步右脚向后退一步，身体随着做晃身动律向右晃身（见图 4-2-38）；

5～8 拍，重复 1～4 拍动作。

（5×8 拍）单靠步扶胯构成。1～2 拍，左脚向左迈出，全脚掌着地，右脚原地半脚掌着地，完成单靠步的第一步，双手扶胯，目视 1 点（见图 4-2-39）；

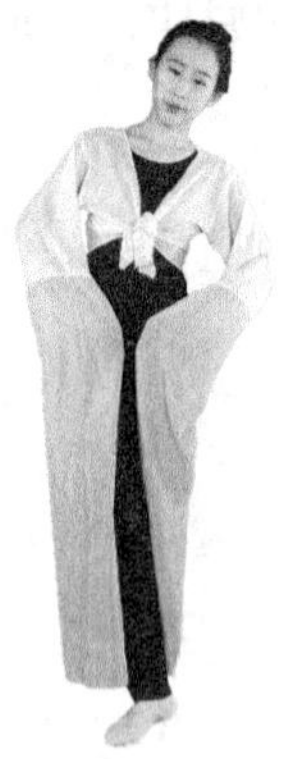

图 4-2-37

图 4-2-38

图 4-2-39

3～4 拍，左脚不动，右脚收回左脚内侧半脚掌着地，完成单靠步的第二步，双手扶胯不动，目视 2 点斜上方（见图 4-2-40）；

5～6 拍，右脚向右迈出，全脚掌着地，身体重心在右脚上，左脚原地半脚掌着地，完成单靠步的第一步，双手扶胯不动，目视 1 点（见图 4-2-41）；

7～8 拍，右脚不动，左脚收回右脚内侧半脚掌着地，完成单靠步的第二步，双手扶胯不动，目视 8 点斜上方（见图 4-2-42）。

图 4-2-40

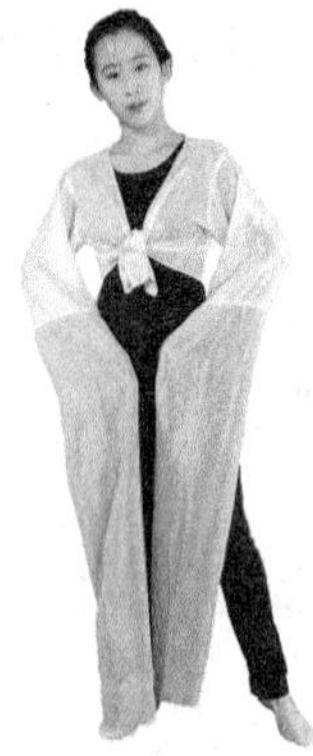

图 4-2-41

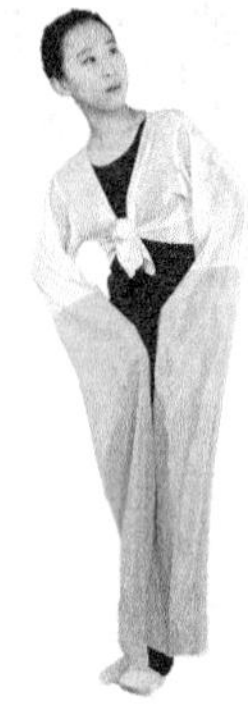

图 4-2-42

（6×8 拍）重复（5×8 拍）动作。

（7×8 拍）单靠步撩袖构成。1～2 拍，左腿向左全脚掌迈出一步形成大八字脚位，身体重心在两脚之间，双手由扶胯经下弧线往两侧打开做甩袖动作（见图 4-2-43）；

3～4 拍，右脚脚跟在左脚中间落地完成一个完整的单靠步，身体重心落到左边，身体做 6 点“靠”动作，左手不动，右手向身体 2 点斜上方做撩袖动作，眼随手动（见图 4-2-44）；

5～6 拍，右脚向右全脚掌迈出一步形成大八字脚位，身体重心在两脚之间，左手不动，右手由斜上方撩手直接伸直落回肩膀的高度翻转手腕，目视 1 点（见图 4-2-43）；

7～8 拍，左脚跟在右脚中间落地完成一个完整的单靠步，身体重心落到右边，身体做 4 点“靠”动作，右手不动，左手向身体 8 点斜上方做撩袖动作，眼随手动（见图 4-2-45）。

（8×8 拍）重复（7×8 拍）动作。

图 4-2-43

图 4-2-44

图 4-2-45

（9×8 拍）左右单撩步扶胯构成。1～2 拍左腿向左全脚掌迈出一步形成大八字脚位，身体重心在两脚之间，双手由扶胯经下弧线往两侧打开做甩袖动作，目视 1 点（见图 4-2-46）；

3～4 拍，右脚向 8 点做撩步，身体重心落到左边，左手不动，右手向身体 2 点斜上方做撩袖动作，目视 1 点（见图 4-2-47）；

5～6 拍，右脚向右迈出一步形成大八字脚位，身体重心在两脚之间，左手不动，右手由斜上方撩手直接伸直落回肩膀的高度翻转手腕，目视 1 点（见图 4-2-46）；

7～8 拍，右脚向 2 点方向撩步，身体重心落到左边，左手不动，右手向身体 2 点斜上方做撩袖动作，目视 1 点（见图 4-2-48）。

图 4-2-46

图 4-2-47

图 4-2-48

（10×8 拍）重复（9×8 拍）动作。

（11×8 拍）左右踏点平移手摆袖动作构成。1～4 拍，左脚先出，全脚掌着地，右脚跟随半脚掌点在左脚内侧，双手臂由右前方 2 点摆袖到 8 点，水平移动，目视 1 点（见图 4-2-49）。

5～8 拍右脚先出，左脚跟随，向 2 点完成一个单撩步；双手臂由左前方 8 点摆袖到 2 点，水平移动；目视 1 点（见图 4-2-50）。

图 4-2-49

图 4-2-50

（12×8 拍）三步一撩平移手摆袖构成。1～4 拍，左脚先出，右脚跟随，向左边方向 1 拍一步完成一个完整的三步一撩，双手臂由右前方 2 点摆袖到 8 点，水平移动；目视 1 点（见图 4-2-51）。

5～8 拍，右脚先出，左脚跟随，向右边方向 1 拍一步完成一个完整的三步一撩，双手臂由左前方 8 点摆袖到 2 点，水平移动，目视 1 点（见图 4-2-52）。

图 4-2-51

图 4-2-52

（13×8 拍）扶胯后退撩步构成。1～2 拍，双手扶胯，1 拍先往后退左全脚，2 拍时撩右脚，完成一个单撩步，目视 1 点（见图 4-2-53）；

3～4 拍，双手扶胯，1 拍先往后退右全脚，2 拍时撩左脚，完成一个单撩步（见图 4-2-54）；

5～8 拍重复 1～4 拍动作。

（14×8 拍）重复（13×8 拍）动作。

（15×8 拍）三步一撩、三步一点和撩袖甩袖构成。1～4 拍，左脚开始往前方三步一撩（见图 4-2-55、图 4-2-56、图 4-2-57、图 4-2-58），双手手心朝上由下往上撩袖；眼睛随着头由下而上抬起，头微微扬起，眼睛停在 1 点水平位置。

5～8 拍，右脚开始往后方三步一点，双手手心朝上，由上往下至身体两侧斜下方甩袖，眼睛随着头由上而下低下，眼睛停在地面位置（见图 4-2-59、图 4-2-60、图 4-2-61、图 4-2-62）。

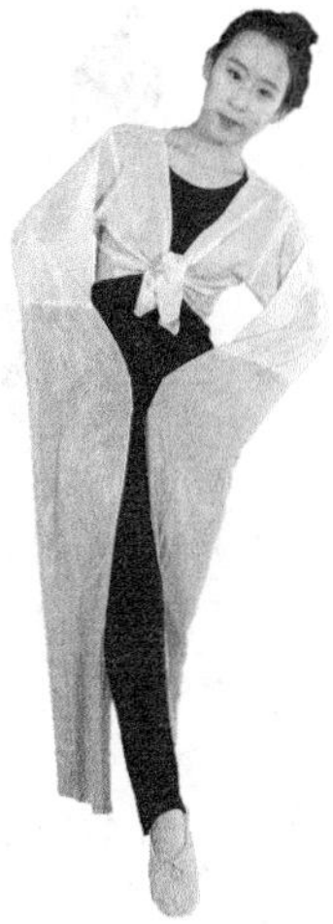

图 4-2-53

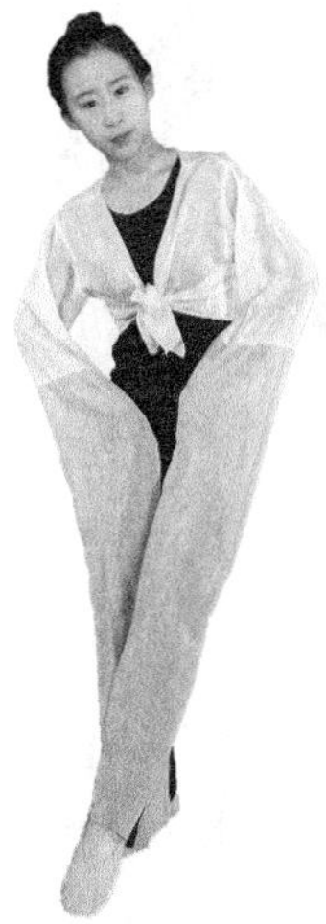

图 4-2-54

图 4-2-55

图 4-2-56

图 4-2-57

图 4-2-58

图 4-2-59

图 4-2-60

图 4-2-61

图 4-2-62

（16×8 拍）重复（15×8 拍）动作。

（17×8 拍）三步一靠抛袖和多个水袖动作构成。1～2 拍，左脚起步向左做三步一靠基本舞步的第一步，双手第一拍时从胸前往身体两侧抛出水袖，使水袖成一条直线，目视 1 点（见图 4-2-63）；

3～4 拍，右脚上步完成三步一靠的第二步，双手按顺时针方向转动，目视 1 点（见图 4-2-64）；

5～6 拍，左脚上步完成三步一靠的第三步，双手按照顺时针的轨迹继续转动，目视 1 点（见图 4-2-65）；

7～8 拍，转身，右脚完成三步一靠的第四步，双手按照顺时针方向继续转动，最后停在右手在上的旁展单提袖位上，头向 2 点斜上方仰头，目视 2 点斜上方（见图 4-2-66）。

图 4-2-63

图 4-2-64

（18×8 拍）三步一靠抛袖和多个水袖动作构成。1～2 拍，右脚起步向右做三步一靠步伐的第一步，双手第一拍时从旁展单提袖位置收回胸前，往身体两侧抛出水袖，使水袖成一条直线，目视 1 点（见图 4-2-67）。

3～4 拍，左脚上步完成三步一靠的第二步，双手按逆时针方向转动，目视 1 点（见图 4-2-68）。

图 4-2-65

图 4-2-66

图 4-2-67

图 4-2-68

5～6 拍，右脚上步完成三步一靠的第三步，双手按照逆时针的轨迹继续转动，目视 1 点（见图 4-2-69）。

7～8 拍，转身，左脚完成三步一靠的第四步，双手按照逆时针方向继续转动，最后停在左手在上的旁展单提袖位上，头向 8 点斜上方仰头，目视 8 点斜上方（见图 4-2-70）。

图 4-2-69

图 4-2-70

（19×8 拍）重复（17×8 拍）动作。

（20×8 拍）重复（18×8 拍）动作。

（21×8 拍）斜线三步一撩、三步一点和多个水袖动作构成。1 拍，左脚起步向 8 点做三步一撩步伐的第一步，第一拍时左手从旁展单提袖位上翻转手腕再从胸前经下划线往 8 点撩袖，右手不动，目视 8 点下方（见图 4-2-71）。

2 拍，右脚往 8 点继续上步完成三步一撩的第二步，双手按顺时针方向转动，目视 8 点（见图 4-2-72）。

3 拍，左脚上步完成三步一撩的第三步，双手按照顺时针的轨迹继续转动，目视 8 点（见图 4-2-73）。

4 拍，转身，右脚完成三步一撩的第四步，8 点撩右脚，双手按照顺时针方向继续转动，右手臂在体前 8 点上方撩袖，左手在体后 4 点下方，头向 8 点斜上方仰头，目视 8 点斜上方（见图 4-2-74）。

图 4-2-71

图 4-2-72

图 4-2-73

图 4-2-74

5 拍，右脚起步向 4 点方向做三步一点步伐的第一步，双手逆时针方向转动，目视 8 点下方（见图 4-2-75）。

6 拍，左脚退步完成三步一点的第二步，双手按逆时针方向继续转动，目视 8 点斜下方（见图 4-2-76）。

7 拍，右脚退步完成三步一靠的第三步，双手按照逆时针的轨迹继续转动，目视 8 点下方（见图 4-2-77）;

8 拍，转身，左脚完成三步一点的第四步，双手到达左手端掌和右手山膀手位，目视 8 点下方（见图 4-2-78）。

（22×8 拍）重复（21×8 拍）动作。

（23×8 拍）平步旁展单提袖构成。1～8 拍，左脚向 8 点沿着逆时针 1 拍一步上步走平步一圈，共八步；双手保持左手在上的旁展单提袖手位不动（见图 4-2-79、图 4-2-80、图 4-2-81、图 4-2-82、图 4-2-83）。

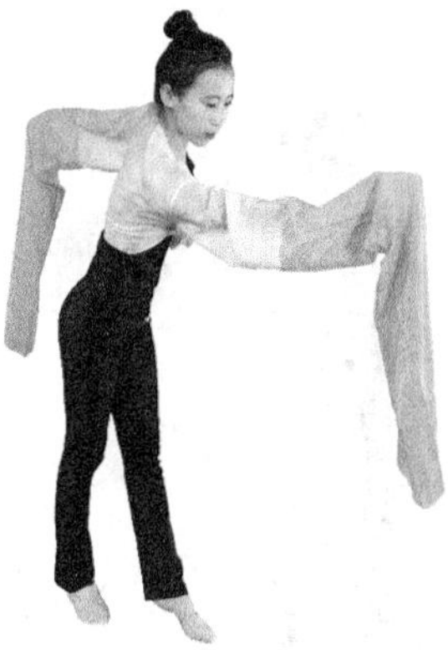

图 4-2-75

图 4-2-76

图 4-2-77

图 4-2-78

图 4-2-79

图 4-2-80

图 4-2-81

图 4-2-82

图 4-2-83

（24×8 拍）平步旁展单提袖构成。1～8 拍，右脚向 2 点沿着顺时针 1 拍一步上步走平步一圈，共八步；双手保持右手在上的旁展单提袖手位不动（见图 4-2-84、图 4-2-85、图 4-2-86、图 4-2-87、图 4-2-88）。

图 4-2-84

图 4-2-85

图 4-2-86

图 4-2-87

图 4-2-88

（结束拍 1×8 拍）1～4 拍，双手礼，左脚出 8 点（见图 4-2-89）；

5～8 拍，身体慢慢“提”（见图 4-2-90），双手提腕呼吸收回，目视 1 点结束（见图 4-2-91）。

图 4-2-89

图 4-2-90

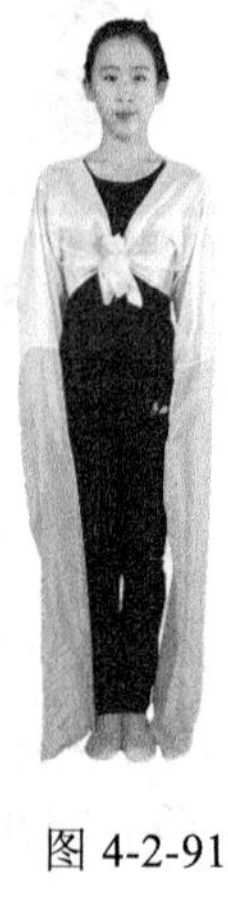

图 4-2-91

第三节　蒙古族舞蹈训练

一、知识介绍

蒙古族是一个能歌善舞的民族，蒙古族人民世代生活在辽阔的大草原上，从事狩猎游牧的劳动生活。蒙古族舞蹈产生于民间，其特点是节奏明快、热情奔放、语汇新颖、风格独特。

蒙古族舞蹈动作多以抖肩、翻腕来表现蒙古族姑娘欢快优美、热情开朗的性格。男子的舞姿造型挺拔豪迈，步伐轻捷洒脱，表现出蒙古族男性剽悍英武、刚劲有力之美。其最鲜明的特点就是节奏明快，舞步轻捷，在一挥手、一扬鞭、一跳跃之间洋溢着蒙古人的淳朴、热情、勇敢、粗犷和剽悍，表现了他们开朗豁达的性格和豪放英武的气质，具有强烈的民族特色。

通过蒙古族舞蹈的训练，了解少数民族舞蹈的文化和审美特征，掌握蒙古族舞蹈的形态动律，能够解放肢体，提高学习者形体动作的表现力，使学习者从外在舞蹈动作模仿转变到内心的传情达意，达到训练目的。

二、训练指南

1. 基本手型

（1）平手：四肢并拢伸直，拇指旁开，五个手指在同一平面上（见图 4-3-1）。

（2）勒马手：握空心拳，拇指弯曲按于食指第一关节处（见图 4-3-2）。

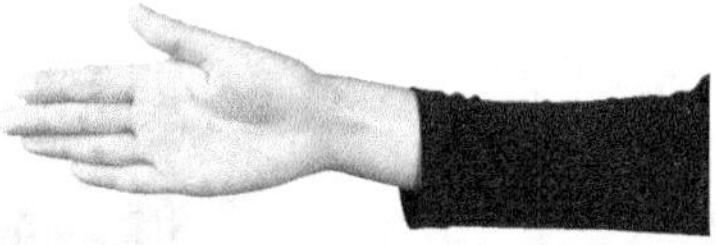

图 4-3-1

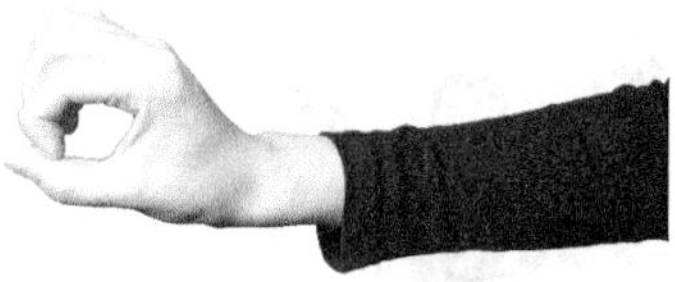

图 4-3-2

（3）持鞭手：握空心拳，食指伸直作鞭（见图 4-3-3）。

（4）叉腰手：四指握实拳，拇指打开，虎口叉于腰间，手背向上（见图 4-3-4）。

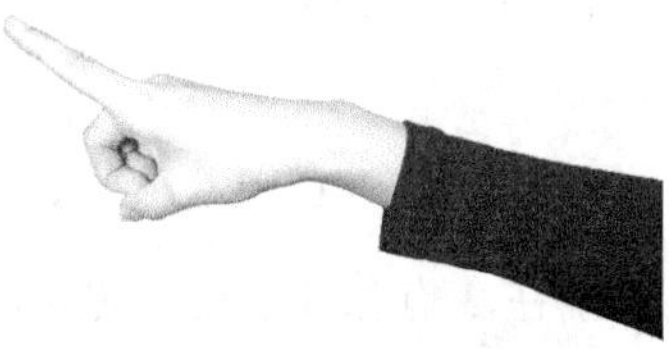

图 4-3-3

图 4-3-4

2. 基本手位

（1）一位：两手于小腹前平伸，肘略弯曲，掌心向下，手指斜对（见图 4-3-5）。

（2）二位：两臂于体侧斜下方平伸，掌心向下（见图 4-3-6）。

（3）三位：两臂侧平举，掌心向下（见图 4-3-7）。

图 4-3-5

图 4-3-6

图 4-3-7

（4）四位：两臂斜上举，掌心向下（见图 4-3-8）。

（5）五位：两臂于胯侧按掌，指尖相对（见图 4-3-9）。

（6）六位：两臂屈臂，大臂抬平，手指点肩（见图 4-3-10）。

图 4-3-8

图 4-3-9

图 4-3-10

（7）七位：两手叉腰手，四指握实拳，拇指打开，虎口叉于腰间，手背向上（见图 4-3-11）。

（8）八位：两臂于体后按掌，臂成弧形，两肩后夹（见图 4-3-12）。

3. 基本脚位

（1）八字位

① 小八字位：两脚跟并拢，两脚掌分开，两脚尖分别在 2 点和 8 点位置（见图 4-3-13）。

② 大八字位：在小八字位的基础上，两脚跟分开（见图 4-3-14）。

图 4-3-11

图 4-3-12

图 4-3-13

（2）点步位

① 小点步位：在小八字位的基础上，一只脚脚尖前点地，膝关节朝前或外旋并微屈膝，后面主力腿伸直（见图 4-3-15）。

② 中点步位：在小点步位的基础上，主力腿屈膝，动力腿伸直并脚尖点地，上身尽量保持直立（见图 4-3-16）。

③ 大点步位：在中点步位的基础上，主力腿屈膝幅度更大，动力腿最大幅度延伸，身体重心后靠（见图 4-3-17）。

图 4-3-14

图 4-3-15

图 4-3-16

（3）踏步位

① 小踏步位：在小八字位的基础上，一只脚向后退一步并且半脚掌点地屈膝，身体重心在前腿上（见图 4-3-18）。

② 中踏步位：在小踏步位的基础上，身体向后靠，重心在后脚掌上，两腿膝关节相靠，略蹲（见图 4-3-19）。

③ 大踏步位：在小踏步位的基础上，前面的主力腿半蹲，身体前倾，后腿伸直（见图 4-3-20）。

（4）马点步位

在正步位的基础上，一脚脚跟抬起（见图 4-3-21）。

图 4-3-17

图 4-3-18

图 4-3-19

图 4-3-20

图 4-3-21

4. 上肢动作

（1）硬腕

① 单手提压腕：单手手腕有弹性地上提下压（见图 4-3-22、图 4-3-23）。

图 4-3-22

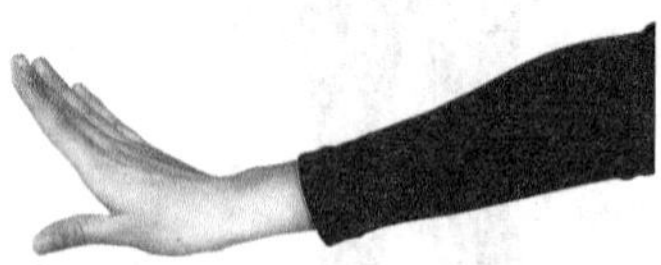

图 4-3-23

② 双手同时提压腕：双手手腕同时有弹性地上提下压（见图 4-3-24、图 4-3-25）。

图 4-3-24

图 4-3-25

③ 双手交替提压腕：两手在同一节拍，一手提腕，一手压腕，两手交替完成（见图 4-3-26、图 4-3-27）。

图 4-3-26

图 4-3-27

（2）柔腕

手腕上下柔韧地慢节奏地提压。

（3）柔臂

左手提腕于四位，右手压腕于右斜下方，然后相反，交替进行。

5. 肩部动作

（1）硬肩：七位准备，右肩向前同时左肩向后，交替进行，完成硬肩时要有棱角、有弹性、有顿挫感（见图 4-3-28、图 4-3-29）。硬肩有单硬肩和双硬肩之分，一个肩动一次为单硬肩，一个肩动两次为双硬肩。

（2）耸肩：七位准备，肩向上抬有韧性地提起，然后放下。可单肩、双肩或交替做，重拍向上（见图 4-3-30）。

图 4-3-28

图 4-3-29

图 4-3-30

（3）笑肩：双肩微上提，快速落下，2 拍做 3 次，第 1 拍做 2 次快的，第 2 拍做 1 次慢的。

6. 手臂动作

（1）扬鞭：右手持鞭，由下经前往上举，身体略后倾（见图 4-3-31）。

（2）甩鞭：右手持鞭，由上经前向后甩鞭，身体前倾（见图 4-3-32）。

图 4-3-31

图 4-3-32

7. 基本舞步

（1）平步：一拍一步，小八字步，手七位准备。重心上提，脚跟微抬，双膝微屈，双脚交替进行。

（2）踏踮步：两拍一步，右小踏步，手七位准备。第一拍，右脚向前踏地，双腿屈膝，左脚自然离地，重心上移；第二拍，左脚落地，同时双腿直膝，右脚离地。

（3）错步：两拍一步，小八字步，手七位准备。第一拍左脚前迈，形成踏步；第二拍前半拍右脚脚掌往前拖地跟上左脚脚跟处，第二拍后半拍左脚再往前迈一步；错步时身体的重心始终都在前面的脚上。

（4）跟步：小八字步，手七位准备。右脚向左前方迈一步，左脚迅速跟上成左后踏步。

（5）碎步：正步，手三位准备。脚跟发力向前走，步子起得低，小而快，双手可做柔臂。也可脚尖踮起走碎步。

（6）迂回步：四拍一步，手七位准备。右脚起向前或右走三步平步，然后左倾左转身至后或左，换左脚走。

三、实操组合训练

本组合训练在《草原晨曲》音乐声中进行。

1. 第一段组合

准备姿态：面对 1 点，右脚在前的小踏步，双手七位准备，双肩下沉，目视 1 点（见图 4-3-33）。

（预备拍）1～7 拍，保持准备姿态不动；8 拍，左脚半脚掌抬起，同时双膝下沉（见图 4-3-34）。

（1×8 拍）踏踮步、七位手和耸肩动作构成。1 拍，左脚半脚掌踮步，同时右脚离地，双膝伸直，重心上提，两肩耸起（见图 4-3-35）。

2 拍，右脚全脚掌踏地，同时左脚抬起，双膝屈膝，重心下落，两肩落回（见图 4-3-36）。

3～8 拍，重复 1～2 拍动作。

图 4-3-33

图 4-3-34

图 4-3-35

图 4-3-36

（2×8 拍）同（1×8）动作。

（3×8 拍）同（1×8）动作。

（4×8 拍+2 拍同（1×8）动作+（1～2 拍动作）。

（5×8 拍）错步和硬手动作构成。1～2 拍，左脚上前错步，双手在 7 点同时提压腕各一次，左手在体旁，右手在胸前，头左倾，目视 1 点（见图 4-3-37）；

3～4 拍，右脚上前错步，双手在 3 点同时提压腕各一次，右手在体旁，左手在胸前，头右倾，目视 1 点（见图 4-3-38）；

5～6 拍，左脚向 8 点方向做弓箭步，身体前倾，双手打开成一条斜线，左手在 8 点下方，右手在 4 点上方，同时提压腕各一次，目视 8 点下方（见图 4-3-39）；

7 拍，左脚退中踏步，重心在右脚上，上身做 4 点靠，双手保持斜线再完成一次提腕，目视 8 点上方（见图 4-3-40）；

8 拍，左脚踏步落脚跟，身体重心落在两脚中间偏后的位置上，为下一步上右脚做好准备，双手压腕的同时收回双臂在身体两侧。

图 4-3-37

图 4-3-38

图 4-3-39

图 4-3-40

（6×8 拍）同（5×8 拍）动作相反。

（7×8 拍）跟步和硬手动作构成。1～2 拍，右脚向斜后方 4 点全脚跳出，左脚马上做跟步跳至右脚内侧半脚掌点地，两腿同时屈膝，双手同时向 2 点平行提压腕各一次；头随身体做右倾，然后还原，目视 1 点（见图 4-3-41）。

3～4 拍，左脚向斜后方 6 点全脚跳出，右脚马上做跟步跳至左脚内侧半脚掌点地，两腿同时屈膝，双手同时向 8 点平行提压腕各一次；头随身体做左倾，然后还原，目视 1 点（见图 4-3-42）。

5～8 拍，右脚向斜后方 4 点全脚跳出，左脚马上做跟步跳至右脚内侧半脚掌点地，两腿同时屈膝，双手 2 点一拍一次双手提压腕两次，手臂在最后一拍时收，头也是一拍倾头一拍还原交替进行，目视 1 点。

图 4-3-41

图 4-3-42

（8×8 拍+2 拍）同（7×8 拍）动作相反，最后+2 拍，再多加一次 8 点提压腕和倾头还原动作。

（9×8 拍）平步、点步和手位变换提压腕动作构成。1 拍，平步 1 点上右脚全脚掌着地，身体重心在前，左脚半脚掌着地，双腿直膝，四位手提腕，头右倾，目视 1 点（见图 4-3-43）。

2 拍，平步 1 点上左脚全脚掌着地，同时左腿屈膝，右脚半脚掌着地，同时右腿屈膝，二位手伸直手臂压腕，头左倾（见图 4-3-44）。

3 拍，平步 1 点上右脚全脚掌着地，同时右腿直膝，身体重心在前，三位手提腕，头右倾，目视 1 点（见图 4-3-45）。

图 4-3-43

图 4-3-44

图 4-3-45

4 拍，双腿屈膝，同时左脚离地，三位手压腕（见图 4-3-46）。

5 拍，左脚尖 2 点前点地，双膝伸直，右手 2 点斜上方和左手 6 点斜下方成一条斜线同时提腕，身体向 6 点靠，头随着身体左倾，目视 2 点上方（见图 4-3-47）。

6 拍，双腿屈膝，同时左脚抬起，身体重心全部在右脚上，双手同时压腕并且收两手臂于两腿旁（见图 4-3-48）。

图 4-3-46

图 4-3-47

图 4-3-48

7 拍，双腿直膝同时左脚尖向后 6 点点地，身体重心由 6 点移到 2 点，左手 8 点上方，右手 4 点下方，同时提腕一次（见图 4-3-49）。

8 拍，两腿同时屈膝并抬起左脚，双手同时压腕并收两臂于身体两侧（见图 4-3-50）。

图 4-3-49

图 4-3-50

（10×8 拍）平步、点步和手位变换提压腕动作构成。1 拍，往后退左脚，两腿直膝，身体重心同时落到左脚上，右脚脚跟离地，脚尖点地，形成点步；双手体前交叉到四位手提腕，头随身体左倾头，目视 1 点（见图 4-3-51）。

2 拍，右脚往后退一步屈膝全脚掌着地，左脚半脚掌屈膝点地，双手臂做二位手，手臂伸直压腕，头随身体右倾头（见图 4-3-52）。

3 拍，左脚全脚掌往后退一步直膝支撑身体重心，右脚绷脚，脚尖点地，双手臂做三位手双提腕，头随身体左倾，视 1 点（见图 4-3-53）。

图 4-3-51

图 4-3-52

图 4-3-53

4 拍，左腿屈膝，右脚离开地面，双手做三位手同时压腕，头正，视 1 点（见图 4-3-54）。

5 拍，两腿同时直膝，右脚绷脚上步 8 点点地，重心在左脚上，身体做 4 点靠，左手臂在 8 点斜上方，右手臂在 4 点斜下方，同时提腕，眼睛跟着头看 8 点斜上方（见图 4-3-55）。

图 4-3-54

图 4-3-55

图 4-3-56

6 拍，两腿屈膝，右脚离开地面，左脚支撑身体重心，身体由靠还原正直，双手臂收回身体两侧并同时压腕（见图 4-3-56）。

7 拍，两腿同时直膝，右脚向 4 点点地，身体重心在前面的左腿上，两手臂同时提腕，右手在 2 点斜上方，左手在 6 点斜下方，身体前倾；眼睛随着头看 2 点斜上方（见图 4-3-57）。

8 拍，两腿屈膝，右脚离开地面，重心在左脚上，身体由前倾还原正直，双手臂收回身体两侧斜下方同时压腕，视 1 点（见图 4-3-58）。

（11×8 拍）踏步和硬肩动作构成。1 拍，右脚上步 8 点全脚掌着地，同时左脚脚跟离地，形成踏步；双腿屈膝，两膝前后夹紧；双手七位手，做硬肩，右肩起范儿（见图 4-3-59），1 拍时左肩出，目视 1 点。

图 4-3-57

图 4-3-58

图 4-3-59

2～8 拍，手位脚位不变，硬肩 1 拍一次，交替进行。

（12×8 拍+2 拍）点步和笑肩动作构成。1～2 拍，由右脚在前的踏步移动身体重心向后变为大点步位，2 拍完成一组笑肩（见图 4-3-60）。

5～8 拍，重复 1～2 拍动作；最后+2 拍再完成一组笑肩。

（13×8 拍）碎步和柔臂动作构成。1～4 拍，碎步右脚先起步往 2 点移动，柔臂右手臂由手腕带动逐渐提起，左手臂由手腕带动压腕逐渐下压（见图 4-3-61）。

5～8 拍，碎步左脚先起步往 8 点移动，柔臂左手臂由手腕带动逐渐提起，右手臂由手腕带动压腕逐渐下压（见图 4-3-62）。

图 4-3-60

图 4-3-61

图 4-3-62

（14×8 拍）碎步和柔臂动作构成。1～4 拍，转身 5 点碎步右脚先起步往 6 点移动，柔臂右手臂由手腕带动逐渐提起，左手臂由手腕带动压腕逐渐下压（见图 4-3-63）。

5～6 拍，碎步左脚先起步往 4 点移动，柔臂左手臂由手腕带动逐渐提起，右手臂由手腕带动压腕逐渐下压（见图 4-3-64）。

7～8 拍，转身 1 点碎步右脚先起步往 2 点移动，柔臂右手臂由手腕带动逐渐提起，左手臂由手腕带动压腕逐渐下压（见图 4-3-65）。

图 4-3-63

图 4-3-64

图 4-3-65

2. 第二段组合

（1×8 拍）重复组合第一段（5×8 拍）错步和硬手动作。

（2×8 拍）重复组合第一段（6×8 拍）反面错步和硬手动作。

（3×8 拍）重复组合第一段（7×8 拍）跟步和硬手动作。

（4×8 拍+2 拍）重复组合第一段（8×8 拍+2 拍）反面跟步和硬手动作。

（5×8 拍）重复组合第一段（9×8 拍）前进平步、点步和手位变换提压腕动作。

（6×8 拍）重复组合第一段（10×8 拍）后退平步、点步和手位变换提压腕动作构成。

（7×8 拍）重复组合第一段（11×8 拍）踏步和硬肩动作。

（8×8 拍+2 拍）点步、笑肩和转身造型动作构成。1～4 拍，右脚在前的大点步，完成两组笑肩动作；

5～8 拍+2 拍，身体重心由左脚移动到右脚上，同时左转身至 5 点呈左脚在前的点步位，身体的重心在右脚上，两手臂二位手心朝上准备（见图 4-3-66）。

（结束拍 1×8 拍）1～6 拍，点步不动，上身碎抖肩，仰头看 5 点斜上方。

7 拍，右转身小踏步两腿屈膝，双手握拳，大拇指相对，目视 1 点（见图 4-3-67）。

8 拍，两腿直膝，抬头，收回七位手结束（见图 4-3-68）。

图 4-3-66

图 4-3-67

图 4-3-68

拓展阅读

一、形体训练中的合理营养

"民以食为天"，食物是人们赖以生存的最重要的条件。人们通过饮食获取营养，维持生命活动。营养对人体的影响是巨大的，大致可以归纳为以下两个方面：一是当营养物质不能满足身体需要时，会造成营养不良并引起营养缺乏症；二是当身体摄取的营养物质比例不合理或营养过剩时，也同样有碍于健康，甚至导致疾病的发生，因此合理的营养对训练者来说至关重要。

所谓合理营养是指膳食中应该含有人体所需要的各种营养素，摄入体内的食物易被消化、吸收，并能促进食欲，对机体无害。食物中对机体有生理功效的成分称为营养素。构成机体组织的营养素有几十种，概括为七大类——糖、脂肪、蛋白质、水、矿物质、维生素和食物纤维。合理的营养是维持人体生命活动的物质基础，人体的生长发育受遗传、营养、运动、环境和疾病等许多因素的影响，而营养是重要因素之一。因为营养素是构成机体的物质保证。合理营养不仅能够增进健康，也可作为防治疾病的手段。营养缺乏不仅使人衰弱，而且可引起营养缺乏病。

美国的统计资料表明，妇女的癌症60%与营养有关，男子的癌症40%与营养有关。而适量的某些营养素（如维生素A、维生素C等）则有一定的抗癌作用。另外，营养不良，会导致机体抵抗力下降，容易感染疾病。营养还对机体的应激状态和伤病后的康复有重要影响，良好的营养能提高机体的应激能力，促进康复。

营养还可以从神经和体液两个方面影响人体机能。生理机能的体液调节是靠人体的激素、酶、矿物质和维生素等完成的。其中的矿物质与维生素须直接从食物中摄取，而激素与酶则需要蛋白质、脂肪、矿物质、维生素等营养素参与合成，这些营养素也需要从食物中摄取。所以，营养的好坏对体液调节的物质基础有直接影响。如蛋白质的质量优劣，可影响血液比重和肝脏中酶的活性，脂肪可影响雌性激素，高蛋白膳食和维生素C可促进肾上腺功能等。因此合理营养的要求是必须符合个体生长发育和生理状况等特点，含有人体所需要的各种营养成分，且含量适当，不缺乏，也不过多，全面满足身体的需要，能维持正常的生理功能，促进生长发育和健康。这种膳食称为"平衡膳食"。摄取食物是人的本能，而合理摄取食物则是科学。应做到科学地利用食物，充分发挥食物的营养作用，达到合理的营养要求。

二、形体训练中的膳食平衡

（1）学会计算每日需要摄入的热量，做到"收支"平衡，保持体重，警惕肥胖。具体方法是：首先根据一天的活动内容详细记录全天的能量消耗数值；然后计算出每日摄入能量的数值，计算出两者之差。

（2）每日饮食中三大营养成分所提供热量的最佳比例为：50%的热量应来自碳水化合物（如谷物的淀粉），20%应来自蛋白质，30%应来自脂肪。

（3）一日三餐的时间要准时，掌握早餐饱、午餐好、晚餐少的进食原则。

（4）食物要多样化。

（5）参加耐力性的持续运动时，因运动量较大，可适当补充一些碳水化合物食品，而一般健身运动只需多加一杯低糖饮料即可。

（6）在烹调中尽量少用热油炒、炸等，坚持食物的低盐（每日 10g 以内）和清淡。

（7）饮酒适度。饮酒会刺激代谢，增进食欲，易使人增胖，所以饮酒要适度。

思考与训练

1. 准确掌握东北秧歌基本体态与基本动律的正确做法。
2. 准确掌握东北秧歌基本舞步的做法。
3. 准确掌握东北秧歌 13 种手巾花的正确做法。
4. 熟练掌握东北秧歌舞蹈训练组合。
5. 准确掌握藏族舞蹈的基本手位与脚位的做法。
6. 准确掌握藏族舞蹈的各种水袖的做法。
7. 准确掌握藏族弦子基本舞步的做法。
8. 熟练掌握藏族舞蹈训练组合。
9. 准确掌握蒙古族舞蹈的手型与手位。
10. 准确掌握蒙古族舞蹈的基本脚位与基本舞步的做法。
11. 准确掌握蒙古族舞蹈肩的做法。
12. 熟练掌握蒙古族舞蹈训练组合。
13. 怎样做到形体训练中的合理营养与膳食平衡？

第五章　交谊舞训练

舞蹈运用不同于自然界的独特语言来表现人体的美。人类所有有意识的艺术活动最初都是从发现人体的自然美开始的。

——（美国舞蹈家）邓肯

交谊舞是起源于西方的国际性的社交舞蹈，最早起源于欧洲，是在古老民间舞蹈的基础上发展演变而成。自 16、17 世纪起，交谊舞在欧洲各国成为一种普遍的社交活动，故有“世界语言”之称。到 20 世纪 20 年代以后，交谊舞在世界各地风行起来，所以又称它为“国际舞”。

交谊舞一般分为两大类。一类是摩登舞（modern dance），包括：华尔兹（waltz）（俗称慢三步）、维也纳华尔兹（viennese）（俗称快三步）、布鲁斯（blues）（俗称慢四步）、狐步（fox trot）（俗称中四步）、快步（quick step）（俗称快四步）、探戈（tango）、吉特巴（jitterbug）（俗称水兵舞）。另一类是拉丁舞（latin Dance），包括：伦巴舞（rumba）、恰恰舞（cha-cha）、牛仔舞（jive）和桑巴舞（samba）。

在交谊舞训练的过程中，优美的舞姿不仅使人的身体得到极大的放松，优雅的音乐曲调也使人的精神得到极大的满足，更能起到练习形体、放松精神和提升自身的仪态和气质的作用。长期进行交谊舞训练的人走路姿势特别端正、风雅，因为在舞蹈中就包含了挺胸收腹的姿势，走起路来当然与众不同。现代人对美有进一步的追求，追求形体美、内在美、气质美，那学跳交谊舞不得不说是一种最佳的选择。

第一节　华尔兹舞训练

一、知识介绍

交谊舞慢三步舞又称华尔兹舞（waltz），舞曲旋律优美抒情，节奏为 3/4 的中慢板，每分钟 28 ~ 30 小节。每小节三拍为一组舞步，每拍一步，第一拍为重拍，三步一起伏循环。通过膝、踝、足底、跟掌趾的动作，结合身体的升降、倾斜、摆荡，带动舞步移动，使舞步起伏连绵，舞姿华丽典雅，华尔兹舞以舞中“皇后”而著称。它多以旋转为主配合其他舞步花样，舞姿起伏回旋和舒展，高雅流畅。

华尔兹舞训练通过膝、踝、足底、跟掌趾的动作，很好地提高了身体下肢关节的灵活度，增强了下肢肌肉的力量，通过身体升降、倾斜、摆荡等肢体动作很好地锻炼了练习者的身体协调能力，通过上身的挺胸、收腰、提臀的姿态练习，提升了训练者的形体美，增强了自信心。

二、训练指南

1. 身体姿态

（1）男子姿态

直立，两脚并拢，挺胸立腰，收腹微提臀，两膝自然放松；头部自然挺直，目光从女伴右肩方向看出（见图 5-1-1、图 5-1-2、图 5-1-3）。

（2）女子姿态

直立，两脚并拢，挺胸立腰，收腹微提臀，两膝自然放松；紧腰向后上方打开胸腰；头部略微向左斜，目光从男伴右肩方向看出（见图 5-1-1、图 5-1-2、图 5-1-3）。

2. 握姿

（1）男子握姿

左手与女伴右手掌心相握，虎口向上，前臂与大臂的夹角为 135 度左右，高度与女伴右耳峰水平相平；右手五指并拢，轻轻置于女伴左肩胛骨下端，前臂与大臂夹角为 75 度左右（见图 5-1-1、图 5-1-2、图 5-1-3）。

（2）女子握姿

右手与男伴左手掌心相握，轻轻挂在男伴左手虎口上；左手与男伴右肩袖处轻轻搁置，用虎口轻轻贴在男伴三角肌（见图 5-1-1、图 5-1-2、图 5-1-3）。

图 5-1-1

图 5-1-2

图 5-1-3

3. 基本舞步

（1）进退步

舞步结构是由前进或后退构成第一步，结合身体的上下起伏来完成舞步动作。

（1×3 拍）1 拍，男：左脚向前直线迈一大步，全脚掌着地，双膝弯曲（见图 5-1-4）；女：右脚向后直线退一大步，全脚掌着地，双膝弯曲（见图 5-1-4）。

2 拍，男：右脚上步左脚旁，同时双脚立半脚掌，重心上提（见图 5-1-5）；女：左脚退到右脚旁，同时双脚立半脚掌，重心上提（见图 5-1-5）。

3 拍，男：左脚掌原地踏一步，同时双脚落脚跟，全脚掌着地（见图 5-1-6）；女：右脚掌原地踏一步，同时双脚落脚跟，全脚掌着地（见图 5-1-6）。

图 5-1-4

图 5-1-5

图 5-1-6

（2×3 拍）1 拍，男：右脚向后直线退一大步，全脚掌着地，双膝弯曲（见图 5-1-7）；女：左脚向前直线迈一大步，全脚掌着地，双膝弯曲（见图 5-1-7）。

2 拍，男：左脚退到右脚旁，同时双脚立半脚掌，重心上提（见图 5-1-8）；女：右脚上步左脚旁，同时双脚立半脚掌，重心上提（见图 5-1-8）。

3 拍，男：右脚掌原地踏一步，同时双脚落脚跟，全脚掌着地（见图 5-1-9）；女：左脚掌原地踏一步，同时双脚落脚跟，全脚掌着地（见图 5-1-9）。

图 5-1-7

图 5-1-8

图 5-1-9

（2）方形步

舞步结构是由前进（或后退）、横移、并脚三步构成一个基本旋回，两组舞步行进路线是一个正方形。

（1×3 拍）1 拍，男：左脚向前直线迈一大步，全脚掌着地，双膝弯曲（见图 5-1-10）；

女：右脚向后直线退一大步，全脚掌着地，双膝弯曲（见图 5-1-10）。

2 拍，男：右脚涮过左脚旁，横移一步打开，双脚立半脚掌，重心上提（见图 5-1-11）；女：左脚涮过右脚旁，横移一步打开，双脚立半脚掌，重心上提（见图 5-1-11）。

3 拍，男：左脚收到右脚旁落两脚重心，双脚全脚掌着地，恢复并步（见图 5-1-12）；女：右脚收到左脚旁落两脚重心，双脚全脚掌着地，恢复并步（见图 5-1-12）。

图 5-1-10

图 5-1-11

图 5-1-12

（2×3 拍）1 拍，男：右脚向后直线退一大步，全脚掌着地，双膝弯曲（见图 5-1-13）；女：左脚向前直线迈一大步，全脚掌着地，双膝弯曲（见图 5-1-13）。

2 拍，男：左脚涮过右脚旁，横移一步打开，双脚立半脚掌，重心上提（见图 5-1-14）；女：右脚涮过左脚旁，横移一步打开，双脚立半脚掌，重心上提（见图 5-1-14）。

3 拍，男：右脚收到左脚旁落两脚重心，双脚全脚掌着地，恢复并步（见图 5-1-15）；女：左脚收到右脚旁落两脚重心，双脚全脚掌着地，恢复并步（见图 5-1-15）。

图 5-1-13

图 5-1-14

图 5-1-15

（3）之字步

舞步结构是由前进（或后退）拧身斜线上步（或后退）45 度，然后结合横移、并脚三步构成一个基本旋回，舞步行进路线好似“之”字。

（1×3 拍）1 拍，男：左脚向右斜前 45 度方向迈一大步，双膝弯曲（见图 5-1-16）；女：右脚向左斜后 45 度方向退一大步，双膝弯曲，头向左转（见图 5-1-16）。

2 拍，男：右脚涮过左脚旁，横移一步打开，双脚立半脚掌，重心上提（见图 5-1-17）；女：左脚涮过右脚旁，横移一步打开，双脚立半脚掌，重心上提（见图 5-1-17）。

3 拍，男：左脚收到右脚旁落两脚重心，双脚全脚掌着地，恢复并步（见图 5-1-18）；女：右脚收到左脚旁落两脚重心，双脚全脚掌着地，恢复并步（见图 5-1-18）。

图 5-1-16

图 5-1-17

图 5-1-18

（2×3 拍）1 拍，男：右脚向左斜前 45 度方向迈一大步，双膝弯曲（见图 5-1-19）；女：左脚向右斜后 45 度方向退一大步，双膝弯曲，头向右转（见图 5-1-19）。

2 拍，男：左脚涮过右脚旁，横移一步打开，双脚立半脚掌，重心上提（见图 5-1-20）；女：右脚涮过左脚旁，横移一步打开，双脚立半脚掌，重心上提（见图 5-1-20）。

3 拍，男：右脚收到左脚旁落两脚重心，双脚全脚掌着地，恢复并步（见图 5-1-21）；女：左脚收到右脚旁落两脚重心，双脚全脚掌着地，恢复并步（见图 5-1-21）。

图 5-1-19

图 5-1-20

图 5-1-21

（4）90 度旋转

舞步结构是由前进（或后退），然后结合左转身 90 度横移、并脚三步构成一个基本旋回。

（1×3 拍）1 拍，男：左脚向前直线迈一大步，双膝弯曲（见图 5-1-22）；女：右脚向后直线退一大步，双膝弯曲（见图 5-1-22）。

2 拍，男：右脚涮过左脚，身体向左转 90 度，横移打开，两脚立半脚掌，重心上提（见图 5-1-23）；女：左脚涮过右脚，身体向左转 90 度，横移打开，两脚立半脚掌，重心上提（见

图 5-1-23）。

3 拍，男：左脚收到右脚旁并拢落脚跟，两脚全脚掌着地，恢复并步（见图 5-1-24）；女：右脚收到左脚旁并拢落脚跟，两脚全脚掌着地，恢复并步（见图 5-1-24）。

图 5-1-22

图 5-1-23

图 5-1-24

三、实操组合训练

本组合由四组基本舞步连接构成，具体连接顺序如下。

准备姿态：男女相对而站，正步站好，挺胸、抬头、收腹（见图 5-1-25）。

（预备拍 1×3 拍）准备姿态，男女舞伴相对而站，保持不动。

（预备拍 2×3 拍）准备姿态，男女舞伴相对而站，保持不动。

（预备拍 3×3 拍）男女舞伴起手，持握（见图 5-1-26）。

（预备拍 4×3 拍）保持上一舞姿不动。

1. 第一组舞步（舞步进退步）

图 5-1-25

图 5-1-26

（1×3 拍）1 拍，男：左脚向前直线迈一大步，全脚掌着地，双膝弯曲（见图 5-1-27）；女：右脚向后直线退一大步，全脚掌着地，双膝弯曲（见图 5-1-27）。

2 拍，男：右脚上步左脚旁，同时双脚立半脚掌，重心上提（见图 5-1-28）；女：左脚退到右脚旁，同时双脚立半脚掌，重心上提（见图 5-1-28）。

3 拍，男：左脚掌原地踏一步，同时双脚落脚跟，全脚掌着地（见图 5-1-29）；女：右脚掌原地踏一步，同时双脚落脚跟，全脚掌着地（见图 5-1-29）。

图 5-1-27

图 5-1-28

图 5-1-29

（2×3 拍）1 拍，男：右脚向前直线迈一大步全脚掌着地，双膝弯曲（见图 5-1-30）；女：左脚向后直线退一大步全脚掌着地，双膝弯曲（见图 5-1-30）。

2 拍，男：左脚上步右脚旁，同时双脚立半脚掌，重心上提（见图 5-1-31）；女：右脚退到左脚旁，同时双脚立半脚掌，重心上提（见图 5-1-31）。

3 拍，男：右脚掌原地踏一步，同时双脚落脚跟，全脚掌着地（见图 5-1-32）；女：左脚掌原地踏一步，同时双脚落脚跟，全脚掌着地（见图 5-1-32）。

图 5-1-30

图 5-1-31

图 5-1-32

（3×3 拍）动作同（1×3 拍）舞步动作。

（4×3 拍）动作同（2×3 拍）舞步动作。

（5×3 拍）1 拍，男：左脚向后直线退一大步，全脚掌着地，双膝弯曲（见图 5-1-33）；女：右脚向前直线迈一大步，全脚掌着地，双膝弯曲（见图 5-1-33）。

2 拍，男：右脚退到左脚旁，同时双脚立半脚掌，重心上提（见图 5-34）；女：左脚上步右脚旁，同时双脚立半脚掌，重心上提（见图 5-1-34）。

3 拍，男：左脚掌原地踏一步，同时双脚落脚跟，全脚掌着地（见图 5-1-35）；女：右脚掌原地踏一步，同时双脚落脚跟，全脚掌着地（见图 5-1-35）。

（6×3 拍）1 拍，男：右脚向后直线退一大步，全脚掌着地，双膝弯曲（见图 5-1-36）；女：左脚向前直线迈一大步，全脚掌着地，双膝弯曲（见图 5-1-36）。

2 拍，男：左脚退到左脚旁，同时双脚立半脚掌，重心上提（见图 5-1-37）；女：右脚上步左脚旁，同时双脚立半脚掌，重心上提（见图 5-1-37）。

3 拍，男：右脚掌原地踏一步，同时双脚落脚跟，全脚掌着地（见图 5-1-38）；女：左脚掌原地踏一步，同时双脚落脚跟，全脚掌着地（见图 5-1-38）。

（7×3 拍）动作同（5×3 拍）舞步动作。

图 5-1-33

图 5-1-34

图 5-1-35

图 5-1-36

图 5-1-37

图 5-1-38

（8×3 拍）动作同（6×3 拍）舞步动作。

2. 第二组舞步（舞步方形步）

（1×3 拍）1 拍，男：左脚向前直线迈一大步，全脚掌着地，双膝弯曲（见图 5-1-39）；女：右脚向后直线退一大步，全脚掌着地，双膝弯曲（见图 5-1-39）。

2 拍，男：右脚涮过左脚旁，横移一步打开，双脚立半脚掌，重心上提（见图 5-1-40）；女：左脚涮过右脚旁，横移一步打开，双脚立半脚掌，重心上提（见图 5-1-40）。

3 拍，男：左脚收到右脚旁落两脚重心，双脚全脚掌着地（见图 5-1-41）；女：右脚收到左脚旁落两脚重心，双脚全脚掌着地（见图 5-1-41）。

图 5-1-39

图 5-1-40

图 5-1-41

（2×3 拍）1 拍，男：右脚向前直线迈一大步，全脚掌着地，双膝弯曲（见图 5-1-42）；女：左脚向后直线退一大步，全脚掌着地，双膝弯曲（见图 5-1-42）。

2 拍，男：左脚涮过右脚旁，横移一步打开，双脚立半脚掌，重心上提（见图 5-1-43）；女：右脚涮过左脚旁，横移一步打开，双脚立半脚掌，重心上提（见图 5-1-43）。

3 拍，男：右脚收到左脚旁落两脚重心，双脚全脚掌着地，恢复并步（见图 5-1-44）；女：左脚收到右脚旁落两脚重心，双脚全脚掌着地，恢复并步（见图 5-1-44）。

图 5-1-42

图 5-1-43

图 5-1-44

（3×3 拍）动作同（1×3 拍）舞步动作。

（4×3 拍）动作同（2×3 拍）舞步动作。

（5×3 拍）1 拍，男：左脚向后直线退一大步，全脚掌着地，双膝弯曲（见图 5-1-45）；女：右脚向前直线迈一大步，全脚掌着地，双膝弯曲（见图 5-1-45）。

2 拍，男：右脚涮过左脚旁，横移一步打开，双脚立半脚掌，重心上提（见图 5-1-46）；女：左脚涮过右脚旁，横移一步打开，双脚立半脚掌，重心上提（见图 5-1-46）。

3 拍，男：左脚收到右脚旁落两脚重心，双脚全脚掌着地，恢复并步（见图 5-1-47）；女：右脚收到左脚旁落两脚重心，双脚全脚掌着地，恢复并步（见图 5-1-47）。

图 5-1-45

图 5-1-46

图 5-1-47

（6×3 拍）1 拍，男：右脚向后直线退一大步，全脚掌着地，双膝弯曲（见图 5-1-48）；女：左脚向前直线迈一大步，全脚掌着地，双膝弯曲（见图 5-1-48）。

2 拍，男：左脚涮过右脚旁，横移打开，双脚立半脚掌，重心上提（见图 5-1-49）；女：右脚涮过左脚旁，横移打开，双脚立半脚掌，重心上提（见图 5-1-49）。

3 拍，男：右脚收到左脚旁落两脚重心，双脚全脚掌着地，恢复并步（见图 5-1-50）；女：左脚收到右脚旁落两脚重心，双脚全脚掌着地，恢复并步（见图 5-1-50）。

图 5-1-48

图 5-1-49

图 5-1-50

（7×3 拍）动作同（5×3 拍）舞步动作。

（8×3 拍）动作同（6×3 拍）舞步动作。

3. 第三组舞步（舞步之字步）

（1×3 拍）1 拍，男：左脚向右斜前 45 度方向迈一大步，双膝弯曲（见图 5-1-51）；女：右脚向左斜后 45 度方向退一大步，双膝弯曲，头向左转（见图 5-1-51）。

2 拍，男：右脚涮过左脚旁，横移一步打开，双脚立半脚掌，重心上提（见图 5-1-52）；女：左脚涮过右脚旁，横移一步打开，双脚立半脚掌，重心上提（见图 5-1-52）。

3 拍，男：左脚收到右脚旁落两脚重心，双脚全脚掌着地，恢复并步（见图 5-1-53）；女：右脚收到左脚旁落两脚重心，双脚全脚掌着地，恢复并步（见图 5-1-53）。

图 5-1-51

图 5-1-52

图 5-1-53

（2×3 拍）1 拍，男：右脚向左斜前 45 度方向迈一大步，双膝弯曲（见图 5-1-54）；女：左脚向右斜后 45 度方向退一大步，双膝弯曲，头向右转（见图 5-1-54）。

2 拍，男：左脚涮过右脚旁，横移一步打开，双脚立半脚掌，重心上提（见图 5-1-55）；女：右脚涮过左脚旁，横移一步打开，双脚立半脚掌，重心上提（见图 5-1-55）。

3 拍，男：右脚收到左脚旁落两脚重心，双脚全脚掌着地，恢复并步（见图 5-1-56）；女：左脚收到右脚旁落两脚重心，双脚全脚掌着地，恢复并步（见图 5-1-56）。

图 5-1-54

图 5-1-55

图 5-1-56

（3×3 拍）动作同（1×3 拍）舞步动作。

（4×3 拍）动作同（2×3 拍）舞步动作。

（5×3 拍）1 拍，男：左脚向右斜后 45 度方向退一大步，双膝弯曲（见图 5-1-57）；女：右脚向左 45 度方向迈一大步，双膝弯曲，头向右转（见图 5-1-57）。

2 拍，男：右脚涮过左脚旁，横移一步打开，双脚立半脚掌，重心上提（见图 5-1-58）；女：左脚涮过右脚旁，横移一步打开，双脚立半脚掌，头还原正前方，重心上提（见图 5-1-58）。

3 拍，男：左脚收到右脚旁合并两脚，落两脚重心，双脚全脚掌着地，恢复并步（见图 5-1-59）；女：右脚收到左脚旁合并两脚，落两脚重心，双脚全脚掌着地，恢复并步（见图 5-1-59）。

图 5-1-57

图 5-1-58

图 5-1-59

（6×3 拍）1 拍，男：右脚向左斜后 45 度方向退一大步，双膝弯曲（见图 5-1-60）；女：左脚向右 45 度方向迈一大步，双膝弯曲，头向左转（见图 5-1-60）。

2 拍，男：左脚涮过右脚旁，横移一步打开，双脚立半脚掌，重心上提（见图 5-1-61）；女：右脚涮过左脚旁，横移一步打开，双脚立半脚掌，头还原正前方，重心上提（见图 5-1-61）。

3 拍，男：右脚收到左脚旁合并两脚，落两脚重心，双脚全脚掌着地，恢复并步（见图 5-1-62）；女：左脚收到右脚旁合并两脚，落两脚重心，双脚全脚掌着地，恢复并步（见图 5-1-62）。

图 5-1-60

图 5-1-61

图 5-1-62

（7×3 拍）动作同（5×3 拍）舞步动作。

（8×3 拍）动作同（6×3 拍）舞步动作。

4. 第四组舞步（舞步 90 度旋转）

（1×3 拍）1 拍，男：左脚向前直线迈一大步，双膝弯曲（见图 5-1-63）；女：右脚向后直线退一大步，双膝弯曲（见图 5-1-63）。

2 拍，男：右脚涮过左脚，身体向左转 90 度，横移一步打开，两脚立半脚掌，重心上提（见图 5-1-64）；女：左脚涮过右脚，身体向左转 90 度，横移一步打开，两脚立半脚掌，重心上提（见图 5-1-64）。

3 拍，男：左脚收到右脚旁并拢落脚跟，两脚全脚掌着地，恢复并步（见图 5-1-65）；女：右脚收到左脚旁并拢落脚跟，两脚全脚掌着地，恢复并步（见图 5-1-65）。

图 5-1-63

图 5-1-64

图 5-1-65

（2×3 拍）1 拍，男：右脚向后直线退一大步，双膝弯曲（见图 5-1-66）；女：左脚向前直线迈一大步，双膝弯曲（见图 5-1-66）。

2 拍，男：左脚涮过右脚，身体向左转 90 度，横移一步打开，两脚立半脚掌，重心上提（见图 5-1-67）；女：右脚涮过左脚，身体向左转 90 度，横移一步打开，两脚立半脚掌，重心上提（见图 5-1-67）。

3 拍，男：右脚收到左脚旁并拢落脚跟，两脚全脚掌着地，恢复并步（见图 5-1-68）；女：左脚收到右脚旁并拢落脚跟，两脚全脚掌着地，恢复并步（见图 5-1-68）。

图 5-1-66

图 5-1-67

图 5-1-68

（3×3 拍）1 拍，男：左脚向前直线迈一大步，双膝弯曲（见图 5-1-69）；女：右脚向后直线退一大步，双膝弯曲（见图 5-1-69）。

2 拍，男：右脚涮过左脚，身体向左转 90 度，横移一步打开，两脚立半脚掌，重心上提（见图 5-1-70）；女：左脚涮过右脚，身体向左转 90 度，横移一步打开，两脚立半脚掌，重心上提（见图 5-1-70）。

3 拍，男：左脚收到右脚旁并拢落脚跟，两脚全脚掌着地，恢复并步（见图 5-1-71）；女：

右脚收到左脚旁并拢落脚跟，两脚全脚掌着地，恢复并步（见图 5-1-71）。

图 5-1-69

图 5-1-70

图 5-1-71

（4×3 拍）1 拍，男：右脚向后直线退一大步，双膝弯曲（见图 5-1-72）；女：左脚向前直线迈一大步，双膝弯曲（见图 5-1-72）。

2 拍，男：左脚涮过右脚，身体向左转 90 度，横移一步打开，两脚立半脚掌，重心上提（见图 5-1-73）；女：右脚涮过左脚，身体向左转 90 度，横移一步打开，两脚立半脚掌，重心上提（见图 5-1-73）。

3 拍，男：右脚收到左脚旁并拢落脚跟，两脚全脚掌着地，恢复并步（见图 5-1-74）；女：左脚收到右脚旁并拢落脚跟，两脚全脚掌着地，恢复并步（见图 5-1-74）。

（5×3 拍）动作同（1×3 拍）舞步动作。

（6×3 拍）动作同（2×3 拍）舞步动作。

（7×3 拍）动作同（3×3 拍）舞步动作。

（8×3 拍）动作同（4×3 拍）舞步动作。

（结束拍）5～8 拍，手臂还原准备位（见图 5-1-75）。

图 5-1-72

图 5-1-73

图 5-1-74

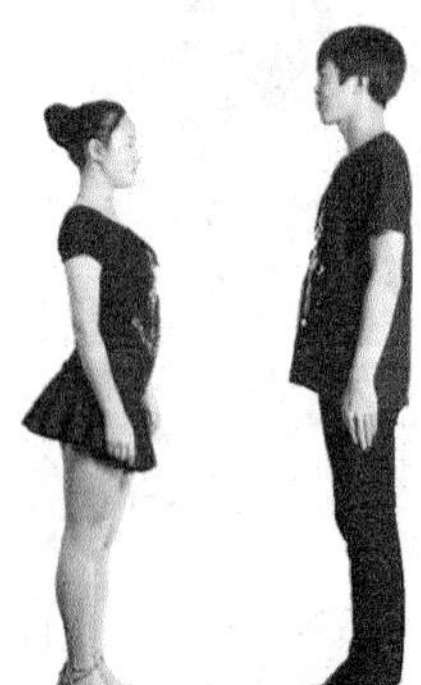

图 5-1-75

第二节　恰恰舞训练

一、知识介绍

恰恰舞起源于中美洲的墨西哥、古巴等地，它是曼波舞（mambo）的变形，但今日的恰、恰、恰比曼波更流行，更受欢迎，主要是这种舞给人一种明朗轻快的感受。因南美的土人将曼波的音乐演奏得更快，并加进打击乐器使之成为今日的恰、恰、恰。恰、恰、恰的舞姿较为活泼，步法干脆利落，不拖泥带水。音乐为4/4拍。

恰恰舞姿训练多以胯部摆动练习为主，在左右摆动胯关节当中极好地锻炼了腰部周围的肌肉，能够减掉练习者腰部的多余赘肉，起到了瘦腰的目的，加之上身的挺胸、收腰、提臀的姿态练习，提升了训练者的形体美和气质感。

二、训练指南

1. 身体姿态

两脚合并站立，脚尖略打开，双膝伸直内侧夹紧，骨盆打开，臀部内收；两脚踩住地板，同时脊椎拉长，头顶向上。这时要反复强调对身体部位的力量使用，如脚和小腿向下，大腿向上撑住骨盆，肋骨内收，肩部向下，颈部和头部向上（见图5-2-1）。

图 5-2-1

2. 手型

（1）男：掌心相对，虎口撑开，四指并拢（见图5-2-2）。

（2）女：掌心相对，虎口撑开，三指并拢，食指上翘（见图5-2-3）。

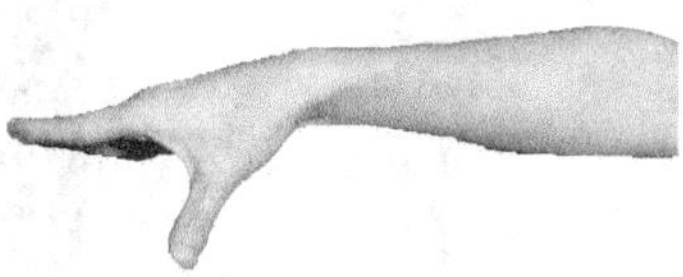

图 5-2-2

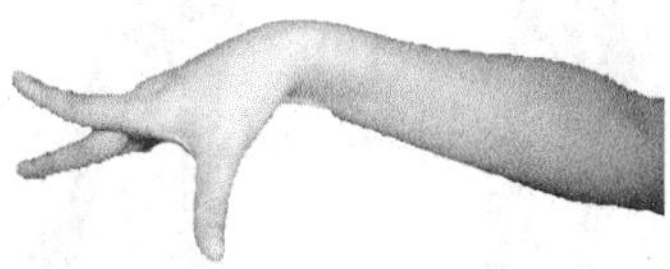

图 5-2-3

3．基本舞步

（1）方形步

预备动作：面向 1 点，双脚打开与肩同宽，重心在左脚，右脚脚尖点地，双手打开，兰花指压腕（见图 5-2-4）。

图 5-2-4

1 拍：右脚后退至左脚后，左脚脚尖点地，重心在右，右手大臂收于体侧，小臂立于胸前，左手打开于 7 点（见图 5-2-5）。

2 拍：重心前移至左脚，右脚脚尖点地，双手保持上一动作不变（见图 5-2-6）。

3 拍前半拍：右脚右移一步，全脚掌着地，左脚脚尖点地，重心换至右脚，同时换手，左手在前右手打开（见图 5-2-7）。

3 拍后半拍：左脚右移，收到右脚内侧旁，左腿弯曲右脚点地，右腿绷直，双手保持上一动作不变（见图 5-2-8）。

图 5-2-5

图 5-2-6

图 5-2-7

图 5-2-8

4 拍：右脚向 3 点右移一步，重心在右，左脚脚尖点地，双手保持上一动作不变（见图 5-2-9）。

5 拍：左脚上步至右脚前侧，右脚脚尖点地，重心在左，右手在前左手打开（见图 5-2-10）。

图 5-2-9

图 5-2-10

6 拍：重心后移至右脚，左脚脚尖点地，双手保持上一动作不变（见图 5-2-11）。

7 拍前半拍：左脚向 7 点左移一步，右脚脚尖点地，重心换至左脚，同时换手，左手在前，右手打开（见图 5-2-12）。

图 5-2-11

图 5-2-12

7 拍后半拍：右脚左移，收到左脚内侧旁，右腿弯曲脚尖点地，左腿绷直，双手保持上一动作不变（见图 5-2-13）。

8 拍：左脚向 7 点左移一步，重心在左，右脚脚尖点地，双手保持上一动作不变（见图 5-2-14）。

图 5-2-13

图 5-2-14

（2）滑门步

预备动作：面向 1 点，双脚打开与肩同宽，重心在左脚，右脚脚尖点地，双手打开，兰花指压腕（见图 5-2-15）。

图 5-2-15

1 拍：右脚后退至左脚后侧，左脚脚尖点地，重心在右，左手放于右跨，右手举向斜后方 4 点，右手压腕（见图 5-2-16）。

2 拍：重心前移至左脚，右脚脚尖点地，左手打开于 7 点，右手立于胸前（见图 5-2-17）。

图 5-2-16

图 5-2-17

3 拍前半拍：右脚脚尖从后方画半弧至左脚前，半脚掌点地，同时换手，右手打开至 3 点，左手立于胸前（见图 5-2-18）。

3 拍后半拍：左脚向前并步于右脚内侧，双手保持上一动作不变（见图 5-2-19）。

图 5-2-18

图 5-2-19

4 拍：右脚向 3 点右移一步，重心在右，左脚脚尖点地，双手保持上一动作不变（见图 5-2-20）。

5 拍：左脚前进至右脚前方，左脚全脚掌着地，重心在左脚上，左手打开于 7 点，右手举向斜上方 3 点，双手压腕（见图 5-2-21）。

图 5-2-20

图 5-2-21

6 拍：重心后移至右脚，脚尖点地，左手打开于 7 点位，右手立于胸前（见图 5-2-22）。

7 拍前半拍：左脚脚尖从前方画半弧至右脚后，半脚掌点地，同时换手，右手打开至 3 点，左手立于胸前（见图 5-2-23）。

图 5-2-22

图 5-2-23

7 拍后半拍：右脚向后并于左脚旁，双手保持上一动作不变（见图 5-2-24）。

8 拍：左脚向 7 点左移一步，重心在左，右脚脚尖点地，双手保持上一动作不变（见图 5-2-25）。

图 5-2-24

图 5-2-25

（3）纽约步

预备动作：面向 1 点，双脚打开与肩同宽，重心在左脚，右脚脚尖点地，双手打开，兰花指压腕（见图 5-2-26）。

图 5-2-26

1 拍：以左脚为中心轴，向左转 90 度面向 7 点，右脚经左脚向前上步至 7 点，同时重心前移至右脚，右手举起至 7 点，左手快速举向斜后方 4 点位（见图 5-2-27）。

2 拍：重心后移至左脚，双手保持上一动作不变（见图 5-2-28）。

图 5-2-27

图 5-2-28

3 拍前半拍：右脚后退还原至预备动作，重心右移，左脚脚尖点地（见图 5-2-29）。

3 拍后半拍：左脚快速收回并到右脚旁，同时左腿屈膝，双手保持上一动作不变（见图 5-1-30）。

图 5-2-29

图 5-2-30

4 拍：右脚右移一步，还原至 3 拍前半拍动作（见图 5-2-31）。

5 拍：以右脚为中心轴，向右转 90 度面向 3 点，左脚经右脚向前上步至 3 点，同时重心前移至左脚，左手举起至 3 点位，右手快速举向斜后方 6 点位（见图 5-2-32）。

图 5-2-31

图 5-2-32

6 拍：重心后移至右脚，双手保持上一动作不变（见图 5-2-33）。

7 拍前半拍：左脚后退还原至预备动作（见图 5-2-34）。

图 5-2-33

图 5-2-34

7 拍后半拍：右脚快速收回并到左脚旁，同时右腿屈膝，重心不变，双手保持上一动作不变（见图 5-2-35）。

8 拍：还原至预备动作（见图 5-2-36）。

图 5-2-35

图 5-2-36

（4）手拉手

预备动作：面向 1 点，双脚打开与肩同宽，重心在左脚，右脚脚尖点地，双手打开，兰花指压腕（见图 5-2-37）。

图 5-2-37

1 拍：以左脚为中心轴，向右转 90 度面向 3 点，右脚经左脚后退至 7 点，同时重心后移至右脚，左手举起至 3 点，右手快速举向斜后方 6 点（见图 5-2-38）。

2 拍：重心前移至左脚，双手保持上一动作不变（见图 5-2-39）。

图 5-2-38

图 5-2-39

3 拍前半拍：右脚前进还原至预备动作，重心右移，左脚脚尖点地（见图 5-2-40）。

3 拍后半拍：左脚快速收回并到右脚旁，同时左腿屈膝，左脚脚尖点地，重心不变，双手保持上一动作不变（见图 5-2-41）。

图 5-2-40

图 5-2-41

4 拍：右脚右移一步，还原至 3 拍前半拍动作（见图 5-2-42）。

5 拍：以右脚为中心轴，向左转 90 度面向 7 点，左脚经右脚后退至 3 点，同时重心后移至左脚，右手举起至 7 点，左手快速举向斜后方 4 点（见图 5-2-43）。

图 5-2-42

图 5-2-43

6 拍：重心前移至右脚，双手保持上一动作不变（见图 5-2-44）。

7 拍前半拍：左脚前进还原至预备动作（见图 5-2-45）。

图 5-2-44

图 5-2-45

7 拍后半拍：右脚快速收回并到左脚旁，同时右脚屈膝，右脚脚尖点地，重心不变，双手保持上一动作不变（见图 5-2-46）。

8 拍：左脚左移一步还原至预备动作（见图 5-2-47）。

图 5-2-46

图 5-2-47

（5）定点转

预备动作：面向 1 点，双脚打开与肩同宽，重心在左脚，右脚脚尖点地，双手打开，兰花指压腕（见图 5-2-48）。

图 5-2-48

1 拍：以左脚为中心轴，向左转 90 度面向 7 点，右脚经左脚前进至 7 点，同时重心前移至右脚，右臂收于身旁立于胸前，左手平举至 5 点，左手压腕（见图 5-2-49）。

2 拍：以右脚为中心轴，向左转 180 度面向 3 点，重心前移至左脚，同时换手，左臂收于身旁立于胸前，右手平举至 5 点，右手压腕（见图 5-2-50）。

图 5-2-49

图 5-2-50

3 拍前半拍：以左脚为中心轴，向左转 90 度面向 1 点，还原至预备动作，同时重心右移（见图 5-2-51）。

3 拍后半拍：左脚快速收回并到右脚旁，同时左腿屈膝，左脚脚尖点地，重心不变，双手还原至预备动作（见图 5-2-52）。

图 5-2-51

图 5-2-52

4 拍：右脚向右移一步，还原至 3 拍动作（见图 5-2-53）。

5 拍：以右脚为中心轴，向右转 90 度面向 3 点，左脚经右脚上步至 3 点，同时重心前移至左脚，左臂收于身旁立于胸前，右手平举于 5 点，右手压腕（见图 5-2-54）。

图 5-2-53

图 5-2-54

6 拍：以左脚为中心轴，向左转 180 度面向 7 点，重心前移至右脚，同时换手，右臂收于身旁立于胸前，左手平举于 5 点，左手压腕（见图 5-2-55）。

7 拍前半拍：以右脚为中心轴，向右转 90 度面向 1 点，还原预备动作（见图 5-2-56）。

图 5-2-55

图 5-2-56

7 拍后半拍：右脚快速收回并到左脚旁，同时右腿屈膝，右脚脚尖点地，重心不变，双手保持上一动作不变（见图 5-2-57）。

8 拍：左脚向左移一步，还原至预备动作（见图 5-2-58）。

图 5-2-57

图 5-2-58

三、实操组合训练

准备姿态

（前奏 1×8 拍）1～4 拍，男生女生同时迈出右脚，重心在右，迈出右脚的同时双手由上至下画一个圆弧打开，至 3、7 点（见图 5-2-59）；5～8 拍，左脚后退一步成小踏步，双手同时向下，右手落到胸前，左手落于后腰下方，同时微微低头（见图 5-2-60）。

图 5-2-59

图 5-2-60

（前奏 2×8 拍）1～4 拍，男生女生同时迈出左脚，重心在左，迈出左脚的同时双手由上至下画一个圆弧打开，至 3、7 点（见图 5-2-61）；5～8 拍，右脚后退一步成小踏步，双手同时向下，左手落于胸前，右手落于后腰下方，同时微微低头（见图 5-2-62）。

图 5-2-61

图 5-2-62

（前奏 3×8 拍）女：双脚打开与肩同宽，左脚在前，重心在右脚，左脚脚尖点地提左跨，左手四指并拢，右手举过头顶于 4 点，兰花指压腕（见图 5-2-63）。男：双脚打开与肩同宽，左脚在前，重心在右脚，左脚脚尖点地提左跨，左手四指并拢，右手举过头顶于 4 点，虎口掌压腕（见图 5-2-63）。

（前奏 4×8 拍）重复（前奏 3×8 拍）动作。

（前奏 5×8 拍）1 拍，男：向下压胯，双手保持上一动作不变（见图 5-2-64）；女：向下压胯，双手保持上一动作不变（见图 5-2-64）。

2 拍，男：双脚打开与肩同宽，左脚在前，重心在右脚，左脚点地提左跨，左手四指并拢，右手举过头顶于 4 点，虎口掌压腕（见图 5-2-65）；女：双脚打开与肩同宽，左脚在前，重心在右脚，左脚点地提左跨，左手四指并拢，右手举过头顶于 4 点，兰花指压腕（见图 5-2-65）。

图 5-2-63

图 5-2-64

3 拍：重复 1 拍动作。

4 拍：重复 2 拍动作。

5 拍：重复 1 拍动作。

6 拍：重复 2 拍动作。

图 5-2-65

7 拍：重复 1 拍动作。

8 拍：重复 2 拍动作。

（前奏 6×8 拍）重复（前奏 5×8 拍）动作。

（前奏 7×8 拍）重复（前奏 5×8 拍）动作。

（前奏 8×8 拍）重复（前奏 5×8 拍）动作。

（1×8 拍）（男女动作相同）右脚后退至左脚后侧接滑门步。

（2×8 拍）重复（1×8 拍）动作。

（3×8 拍）（男女动作相同）右脚后退接方形步。

（4×8 拍）重复（3×8 拍）动作。

（5×8 拍）男：以右脚为中心轴，向右转 180 度，做面向 3 点的纽约步，左手手心向上托住女生右手；女：以左脚为中心轴，向左转 180 度，做面向 7 点的纽约步，右手手心向下轻轻搭在男生左手上。

（6×8 拍）重复（5×8 拍）动作。

（7×8 拍）男：以右脚为中心轴，向左转 90 度，做面向 3 点的手拉手；女：以左脚为中心轴，向右转 90 度，做面向 7 点的手拉手。

（8×8 拍）重复（7×8 拍）动作。

（9×8 拍）1~2 拍　男：退左脚向左转 90 度面向 1 点，做面向 3 点的手拉手；女：退右脚向右转 90 度面向 1 点，做面向 7 点的手拉手。

3 拍前半拍，男：前进左脚，重心前移至左脚，同时左手放在右胯上（见图 5-2-66）；女：前进右脚，重心前移至右脚，同时右手放在左胯上（见图 5-2-66）。

3 拍后半拍，男：右脚前进一小步，右脚脚尖贴在左脚脚跟处，双腿并拢并同时弯曲，双手保持上一动作不变（见图 5-2-67）；女：左脚前进一小步，左脚脚尖贴在右脚脚跟处，双腿并拢并同时弯曲，双手保持上一动作不变（见图 5-2-67）。

4 拍，男生女生同时还原 3 拍前半拍动作。

图 5-2-66

图 5-2-67

5 拍前半拍，男：前进右脚，重心前移至右脚，同时左手举向斜后方（见图 5-2-68）；女：前进左脚，重心前移至左脚，同时右手举向斜后方（见图 5-2-68）。

5 拍后半拍，男：左脚前进一小步，左脚脚尖贴在右脚脚跟处，双腿并拢同时弯曲，双手保持上一动作不变（见图 5-2-69）；女：右脚前进一小步，右脚脚尖贴在左脚脚跟处双腿并拢并同时弯曲，双手保持上一动作不变（见图 5-2-69）。

图 5-2-68

图 5-2-69

6 拍，男女同时前进还原 5 拍前半拍动作。

7～8 拍，重复 3～4 拍动作。

（10×8 拍）1～2 拍，男：上右脚做面向 3 点的纽约步；女：上左脚做面向 7 点的纽约步。

3 拍前半拍，男：后退右脚左手摸右跨（见图 5-2-70）；女：后退左脚右手摸左跨（见图 5-2-70）。

3 拍后半拍，男：左脚脚跟移到右脚脚尖前，重心后移至右脚，双腿并拢同时弯曲，双手保持上一动作不变（见图 5-2-71）；女：右脚脚跟并到左脚脚尖前，重心后移至左脚，双腿并拢同时弯曲，双手保持上一动作不变（见图 5-2-71）。

4 拍，男女同时还原 3 拍动作。

图 5-2-70

图 5-2-71

5 拍前半拍，男：后退左脚，重心后移，同时左手举向斜后方（见图 5-2-72）。女：后退右脚，重心后移，同时右手举向斜后方（见图 5-2-72）。

5 拍后半拍，男：右脚脚跟并到左脚前，重心后移至左脚，双腿并拢同时弯曲，双手保持上一动作不变（见图 5-2-73）；女：左脚脚跟并到右脚前，双腿并拢同时弯曲，重心后移至右脚，双手保持上一动作不变（见图 5-2-73）。

6 拍，男女同时后退还原 5 拍动作。

7～8 拍，重复 3～4 拍动作。

图 5-2-72

图 5-2-73

（11×8 拍）男：后退左脚做面向 3 点的手拉手；女：后退右脚做面向 7 点的手拉手。

（12×8 拍）男：前进左脚做面向 3 点的纽约步；女：前进右脚做面向 7 点的纽约步。

（13×8 拍）1～4 拍，男：前进左脚做面向 3 点的方形步（见图 5-2-74），第 4 拍时，低头看向右脚（见图 5-2-75）。

女：后退右脚做面向 7 点的方形步（见图 5-2-74），第 4 拍时，低头看向左脚（见图 5-2-75）。

图 5-2-74

图 5-2-75

5 拍，男：后退右脚，重心在右（见图 5-2-76）；女：前进左脚，重心在左（见图 5-2-76）。

6 拍，男：重心前移至左脚（见图 5-2-77）；女：重心后移至右脚（见图 5-2-77）。

图 5-2-76

图 5-2-77

7 拍前半拍，男：身体转到 1 点，前进右脚至 3 点，重心在右（见图 5-2-78）；女：身体转到 5 点，左脚后退至 3 点，重心在左（见图 5-2-78）。

7 拍后半拍，男：左脚收到右脚内侧，重心不变（见图 5-2-79）；女：右脚收到左脚内侧，重心不变（见图 5-2-79）。

图 5-2-78

图 5-2-79

8 拍，男：右脚向右移一步，重心不变（见图 5-2-80）；女：左脚向左移一步，重心不变（见图 5-2-80）。

（14×8 拍）1～4 拍，男：前进左脚做面向 1 点的方形步，第 4 拍时，低头看向右脚（见图 5-2-81）；女：后退右脚做面向 5 点的方形步，第 4 拍时，低头看向左脚（见图 5-2-81）。

5 拍，男：后退右脚，重心在右（见图 5-2-82）；女：前进左脚，重心在左（见图 5-2-82）。

图 5-2-80

图 5-2-81

图 5-2-82

6 拍，男：重心前移至左脚（见图 5-2-83）；女：重心后移至右脚（见图 5-2-83）。

7 拍前半拍，男：身体转到 7 点，前进右脚至 1 点，重心在右（见图 5-2-84）；女：身体转到 3 点，后腿左脚至 1 点，重心在左（见图 5-2-84）。

7 拍后半拍，男：左脚收到右脚内侧，重心不变（见图 5-2-85）；女：右脚收到左脚内侧，重心不变（见图 5-2-85）。

图 5-2-83

图 5-2-84

图 5-2-85

8 拍，男：右脚向右移一步，重心不变（见图 5-2-86）；女：左脚向左移一步，重心不变（见图 5-2-86）。

（15×8 拍）1～4 拍，男：前进左脚做面向 7 点的方形步，第 4 拍时，低头看向右脚（见图 5-2-87）；女：后退右脚做面向 3 点的方形步，第 4 拍时，低头看向左脚（见图 5-2-87）。

图 5-2-86

图 5-2-87

5 拍，男：后退右脚，重心在右（见图 5-2-88）；女：前进左脚，重心在左（见图 5-2-88）。

6 拍，男：重心前移至左脚（见图 5-2-89）；女：重心后移至右脚（见图 5-2-89）。

图 5-2-88

图 5-2-89

7 拍前半拍，男：身体转到 5 点，前进右脚至 7 点，重心在右（见图 5-2-90）；女：身体转到 1 点，左脚后退至 7 点，重心在左（见图 5-2-90）。

7 拍后半拍，男：左脚收到右脚旁，重心不变（见图 5-2-91）；女：右脚收到左脚旁，重心不变（见图 5-2-91）。

图 5-2-90

图 5-2-91

8 拍，男：右脚向右移一步，重心不变（见图 5-2-92）；女：左脚向左移一步，重心不变（见图 5-2-92）。

（16×8 拍）1～4 拍，男：前进左脚做面向 5 点的方形步，第 4 拍时，低头看向右脚（见图 5-2-93）；女：后退右脚做面向 1 点的方形步，第 4 拍时，低头看向左脚（见图 5-2-93）。

5 拍，男：后退右脚，重心在右（见图 5-2-94）；女：前进左脚，重心在左（见图 5-2-94）。

图 5-2-92

图 5-2-93

图 5-2-94

6 拍，男：重心前移至左脚（见图 5-2-95）；女：重心后移至右脚（见图 5-2-95）。

7 拍前半拍，男：身体转到 3 点，前进右脚至 5 点，重心在右（见图 5-2-96）；女：身体转到 7 点，左脚后退至 5 点，重心在左（见图 5-2-96）。

7 拍后半拍，男：左脚收到右脚旁，重心不变（见图 5-2-97）；女：右脚收到左脚旁，重心不变（见图 5-2-97）。

图 5-2-95

图 5-2-96

图 5-2-97

8 拍，男：右脚向右移一步，重心不变（见图 5-2-96）；女：左脚向左移一步，重心不变（见图 5-2-96）。

（17×8 拍）重复（16×8 拍）动作。

（18×8 拍）男：做面向 3 点的定点转；女：做面向 7 点的定点转。

（19×8 拍）1 拍，男：前进左脚，右脚脚尖点地，重心在左（见图 5-2-98 ）；女：后退右脚，左脚脚尖点地，重心在右（见图 5-2-98）。

2 拍，男：重心后退至右脚，左脚脚尖点地，双手保持上一动作不变（见图 5-2-99）；女：重心前进至左脚，右脚脚尖点地，双手保持上一动作不变（见图 5-2-99）。

图 5-2-98

图 5-2-99

3 拍前半拍，男：后退左脚，右脚脚尖点地，重心在左，双手保持上一动作不变（见图 5-2-100）；女：前进右脚，左脚脚尖点地，重心在右，双手保持上一动作不变（见图 5-2-100）。

3 拍后半拍，男：右脚后退一小步，右脚脚跟贴在左脚脚尖处，双腿并拢同时弯曲，双手保持上一动作不变（见图 5-2-101）；女：左脚上前一小步，左脚脚尖贴在右脚脚跟处，双腿并拢同时弯曲，双手保持上一动作不变（见图 5-2-101）。

图 5-2-100

图 5-2-101

4 拍，男：前进右脚，左脚脚尖点地，重心在右，双手保持上一动作不变（见图 5-2-102）；女：后退左脚，右脚脚尖点地，重心在左，双手保持上一动作不变（见图 5-2-102）。

5 拍，男：后退右脚，左脚脚尖点地，重心在右，双手保持上一动作不变（见图 5-2-103）；女：前进左脚，右脚脚尖点地，重心在左，双手保持上一动作不变（见图 5-2-103）。

6 拍，男：重心前移至左脚，右脚脚尖点地，双手保持上一动作不变（见图 5-2-104）；女：重心后移至右脚，左脚脚尖点地，双手保持上一动作不变（见图 5-2-104）。

7 拍前半拍，男：前进右脚，左脚脚尖点地，重心在右，双手保持上一动作不变（见

图 5-2-105）；女：后退左脚，右脚脚尖点地，重心在左，双手保持上一动作不变（见图 5-2-105）。

图 5-2-102

图 5-2-103

图 5-2-104

图 5-2-105

7 拍后半拍，男：左腿上前一小步，左脚脚尖贴在右脚脚跟处，双腿并拢同时弯曲，双手保持上一动作不变（见图 5-2-106）；女：右脚后退一小步，右脚脚跟贴在左脚脚尖处，双腿并拢同时弯曲，双手保持上一动作不变（见图 5-2-106）。

8 拍，男：前进右脚，左脚脚尖点地，重心在右，双手保持上一动作不变（见图 5-2-107）；女：后退左脚，右脚脚尖点地，重心在左，双手保持上一动作不变（见图 5-2-107）。

图 5-2-106

图 5-2-107

（20×8 拍）重复（19×8）拍动作。

（21×8 拍）1 拍，男：左脚后退，右脚脚尖点地，重心在左，身体转向 1 点，左手举向斜上方于 6 点，右手手心向下托住女生左手（见图 5-2-108）。

女：右脚后退，左脚脚尖点地，重心在右，身体转向 1 点，右手举向斜上方于 4 点，左手心向下搭在男生右手上（见图 5-2-108）。

2～4 拍，男女保持不动。

5 拍，男：前进右脚，左脚点地，重心在右，右臂微弯（见图 5-2-109）；女：前进左脚，右脚点地，重心在左，左臂微弯（见图 5-2-109）。

图 5-2-108

图 5-2-109

6 拍，男：前进左脚，右脚脚尖点地，重心在左，双手手心向上托住女生双手（见图 5-2-110）；女：前进右脚，左脚脚尖点地，重心在右，双手手心向下搭在男生双手上（见图 5-2-110）。

7 拍，男：前进右脚，左脚脚尖点地，重心在右，左臂微弯（见图 5-2-111）；女：前进左脚，右脚脚尖点地，重心在左，右臂微弯（见图 5-2-111）。

图 5-2-110

图 5-2-111

8 拍，男：右脚旁移一步，左脚脚尖点地，重心在右，右手举向斜后上于 4 点（见图 5-2-112）；女：左脚旁移一步，右脚脚尖点地，重心在左，左手举向斜上方于 6 点（见图 5-2-112）。

（22×8 拍）1～4 拍，男女保持不动。

5 拍，男：右脚旁移一步，左脚脚尖点地，重心在右，右手举向斜后上于 4 点（见图 5-2-113）；女：左脚旁移一步，右脚脚尖点地，重心在左，左手举向斜上方于 6 点（见图 5-2-113）。

图 5-2-112

图 5-2-113

6 拍，男：前进左脚，右脚脚尖点地，重心在左，双手手心向上托住女生双手（见图 5-2-114）；女：前进左脚，右脚脚尖点地，重心在左，双手手心向下搭在男生双手上（见图 5-2-114）。

7 拍，男：前进右脚，左脚脚尖点地，重心在右，右臂直臂（见图 5-2-115）；女：前进右脚，左脚脚尖点地，重心在右，左臂微弯（见图 5-2-115）。

图 5-2-114

图 5-2-115

8 拍，男：左脚旁移一步，右脚脚尖点地，重心在左，左手举向斜后方 6 点（见图 5-2-116）；女：右脚旁移一步，左脚脚尖点地，重心在右，右手举向斜后方于 4 点（见图 5-2-116）。

（23×8 拍）1 ~ 4 拍，男：保持上一动作不变；女：保持上一动作不变。

5 ~ 6 拍，男：保持上一动作不变；女：以左脚为中心转 360 度，面向 1 点，右手臂放在胸前，左臂微弯（见图 5-2-117）。

图 5-2-116

图 5-2-117

7 拍，男：保持上一动作不变（见图 5-2-118）；女：左脚向 7 点前进一步，全脚掌着地，重心在左脚上，上身动作保持不变（见图 5-2-118）。

8 拍，男：脚下位置保持上一动作不变，右手臂弯曲，环抱在女生后腰旁，头微仰看向 8 点（见图 5-2-119）；女：转到男生体旁，右脚收回到左脚旁，右脚脚尖点地，并屈膝右手举向斜后上于 4 点，头微仰看向 8 点（见图 5-2-119）。

图 5-2-118

图 5-2-119

（结束拍）5～6 拍，男：舞姿不动，配合女生向右旋转，视 1 点（见图 5-2-120）；女：向右旋转，打开手臂，视 1 点（见图 5-2-120）。

7～8 拍，男：收右脚为并步，双手收回身体两侧（见图 5-2-121）；女：收左脚为并步，双手收回身体两侧（见图 5-2-121）。

图 5-2-120

图 5-2-121

拓展阅读

一、参加舞会的一般礼节

舞会会场是高雅文明的场所，是较能充分表现一个人的风采和修养的地方，所以我们应该注意自己的行为举止。

1. 服装要整洁

参加舞会者，一定要注意着装。正式的较高级的舞会，若对方邀请时对着装有一定的要求，则一定要按要求着装。即使没有特殊要求，也应注意服装整洁，颜色搭配协调。男士一般穿西装或中山装、皮鞋，女士穿长裙、西服或晚礼服。在舞会中，无论是天气热或是因跳舞过多而出汗，都不可随便脱去外衣。若是冬天，进入舞池前，应先到衣帽间脱去大衣，摘去帽子、手套、口罩等，然后再进入舞池。

2. 言行举止彬彬有礼

参加舞会者应注意仪表美，讲究清洁卫生。舞会之前不要吃葱、蒜等带有刺激气味的食物，也不应喝酒、抽烟等。若正患病最好辞谢邀请，以免将病菌传染给其他客人。进入舞场后，说话时尽量轻声，不可高声大叫，更不可嬉戏打闹，满口脏话。走路时脚步要轻，不可在舞池中穿行。一首舞曲完毕后，应有礼貌地让女士先就座。在舞场上坐姿要端正，不可跷起二郎腿或抖脚。舞场上禁止吸烟。参加舞会一般是男女成对前往，如果没有异性舞伴，也可以单独前往。一般情况下，在舞池中是不可以男士与男士、女士与女士跳舞的。

3. 邀舞的礼仪

在比较正式的舞会上，第一支舞曲响起时，往往是主人夫妇、主宾夫妇共舞。第二支舞曲响起时，往往是由主人邀请主宾夫人，主宾邀请主人夫人共舞。第三支舞曲响起时，参加舞会者可纷纷入场跳舞。在一般的交谊舞会上，则没有以上要求，音乐声响起，男士应主动走到女士面前，点头或鞠躬，右手前伸，以示邀请；男士也可轻声问候并征求女士“请您跳舞可以吗？”或“您喜欢这支舞曲吗？”女士同意后起身离座，与男士一起步入舞池。女士一般不要邀请男士跳舞。女士若想和某位男士跳舞，可以用目光或语言暗示。男士邀请女士跳舞时，如果女士的丈夫和亲人在一旁，应向他们招手致意，以示礼貌和尊重。一般情况下，女士不应拒绝男士的邀请。如若女士确实累了或因其他原因决定拒绝，应站起身来，委婉地说明原因并致歉。无所表示，让对方难堪是失礼的行为。女士拒绝和男士跳舞之后，一般不可再与别人跳舞，即使再想跳，也须等到下一支舞曲开始才能接受他人的邀请。舞场上切忌争风吃醋，在舞会上抢舞伴是极不礼貌的。

4. 舞姿力求优美

跳舞时应注意舞姿。交谊舞的步法以男方为主轴，因此，男士必须熟悉舞步，否则不可贸然邀请女士跳舞，以免踩对方的脚或碰撞他人。跳舞时的姿势是：女士的左手轻轻地搭在男士的右肩上，右手轻轻地放在男士的左手掌心上，男士的左手应与女士的右手轻轻相握，右手应轻放于女士的腰部。起舞时动作要轻松、柔和、自如，女士应尽量适应男士的舞步，女士不可过于主动，否则会使男士感到吃力，动作难以协调。如果一方由于不慎无意间踩了对方的脚，应立即道歉。男女双方之间应保持一定的距离，通常间距在 15～46 厘米为宜。即使是夫妇、恋人也不可靠得太近，以免给人以轻浮之感。跳舞时，眼睛不应目不转睛地盯着对方，这样会使对方感到拘谨，不自在。在舞场上，不要一味地邀请同一舞伴跳舞，以避免另有所图之嫌。

5. 礼貌地交谈、致谢

跳舞时，男女双方可以边跳边自由地交谈双方共同感兴趣的话题，但不可询问对方的年龄、收入、婚姻等隐私问题。当音乐结束时，舞步立即停止。男士应陪伴女士坐好后道谢，然后或交谈或离开。

舞会结束后，应邀者应主动向邀请者致谢，然后握手道别。

二、如何筹办舞会

1. 交际舞场地与设施要求

（1）场地。交际舞场地长 23 米，宽 15 米。木制地板场地最好，地面不能反光，要防滑、平整、四周有界线。一般的社交舞适用于舞厅、晚会等社交场合。比赛或表演时选手按逆时针方位运行。

（2）灯光。各类灯光齐备，大小、色彩、图案、追光等能及时变化，适用于比赛、表演等各种用途。

（3）音乐。采用专业音响、CD 舞曲伴奏，并配备音响师。

2. 筹办舞会的注意事项

（1）确定舞会的时间、地点、规模、邀请对象的范围。组织舞会应尽早确定时间，尽早发出通知。舞会一般安排在晚餐后 7—11 点为宜，时间一般不要超过三个小时，否则会使客人感到疲劳以致于影响休息和工作。舞会的场地要宽敞、雅洁。舞场的选择应视舞会的规模来确定。舞会邀请的男女客人应大致相等。被邀请的对象一经确定，就应及时发出请帖。正式舞会的请帖至少要提前一个星期发出，以便客人及早做出安排或回复。举办舞会，最好准备一些茶点、水果、饮料等，以备客人休息时取用。

（2）邀请乐队，布置舞场。舞会的音乐伴奏十分重要。节奏明快、旋律优美的音乐，会使人心旷神怡、陶然自得。因此，舞会最好请一个乐队伴奏，有条件的也可以请两个乐队轮流伴奏。若请一个乐队，也可以准备一些唱片及音响设备，以便于乐师们休息时使用。如受条件限制，也可采用放音乐的形式，但应注意音响效果，这对舞会的成功与否有着直接的影响。舞场除了应有一个足够客人跳舞的舞池外，还应有衣帽间、饮料室以及场外停车场。舞场应宽敞雅洁，在场边应安放桌椅，供客人交谈、休息。舞场的灯光应柔和、暗淡，不宜明亮。

（3）确定主持人和接待服务人员。大型的较正式的舞会或有特定内容的舞会需要确定一名主持人，一般舞会可不设主持人，但必须有接待服务人员，做好迎送、接待、引导、协调等方面的服务工作。

思考与训练

1. 准确掌握华尔兹的基本舞步。
2. 熟练表演华尔兹舞训练组合。
3. 准确掌握恰恰舞的基本舞步。
4. 熟练表演恰恰舞训练组合。
5. 参加舞会应注意哪些礼节？
6. 如何筹办舞会？

第六章　基本仪态训练

心灵的基本意蕴是通过外在现象的一切个别方面完全体现出来的。这方面有仪表、姿势、运动、面貌、四肢的形状等。

——【德】黑格尔

第一节　体态

人体的基本姿态包括站姿、坐姿、走姿、蹲姿等，当这些基本姿态呈现在人们面前时，会给人不同的感觉，如身体形态所显示的端庄、挺拔与高雅，会给人以赏心悦目的美感。古人云："站如松、坐如钟、走如风。"人们在日常工作和生活中的各种姿态正确与否，直接影响人们的工作和生活质量，良好的姿态是个人内在修养和综合素质的完美外部表现。随着人类社会文明程度的不断提高，对人们姿态的要求已不是简单的正确与否，社会文明呼吁人们姿态美的不断发展和提高。

本节主要学习的是站姿、坐姿、走姿、蹲姿等训练内容。在课堂教学中，教师要注意如下几个方面。

（1）教师要准确、清晰地讲解动作要领并进行标准示范，学生根据教师的语言提示认真进行姿态练习。

（2）教师要注意课堂气氛的调动，使学生保持饱满的精神状态。

（3）训练过程中注意个别指导，及时纠正错误。

（4）教师要运用具体情境来讲授不同仪态的要求。

（5）训练过程中要灵活运用教学方法，使学习者保持良好的学习兴趣。

（6）根据学习者的实际情况适时调整训练内容和强度。

（7）注意在训练过程中选择典型音乐进行辅助教学。

一、站姿

俗话说"站如松"，站姿是人类的一种象征，男子的站姿如"劲松"之美，具有男子汉刚毅英武、稳重有力的阳刚之美；女子的站姿如"静松"之美，具有女性轻盈典雅、亭亭玉立的阴柔之美。正确的站姿是自信心的表现，会给人留下美好的印象。

1. 标准的站姿

标准的站姿，从正面看，全身笔直，精神饱满，两眼正视（而不是斜视），两肩平齐，两臂自然下垂，两脚跟并拢，两脚尖张开 60 度，身体重心落于两腿正中；从侧面看，两眼平视，下颌微收，挺胸收腹，腰背挺直，手中指贴裤缝，整个身体庄重挺拔。

站姿的要领是：一要平，即头平正、双肩平、两眼平视。二是直，即腰直、腿直，后脑勺、背、臀、脚后跟成一条直线。三是高，即重心上拔，看起来显得高。

2. 站姿的种类

以一个人的脚位为依据，男士、女士的站姿可以做如下分类。

（1）正步站姿。这是男士、女士均适用的站姿，通常在升国旗、奏国歌、接受奖品、接受接见等庄严的场合使用。要领是：两脚并拢，两膝侧向贴紧，两手自然下垂，如图 6-1-1 所示。

（2）分腿站姿。这是男士采用的站姿，门迎、侍应人员可采用此种站姿。要领是：两脚左右分开，与肩同宽，脚尖朝前并且两脚平行，手或交叉于腹前，或交叉于背后，如图 6-1-2 所示。

（3）丁字步站姿。这一般是女子采用的站姿，礼仪小姐、节目主持人多采用此种站姿。要领是：两脚尖展开，一脚向前将脚跟靠于另一只脚内侧中间位置，腰肌和颈肌略有拧的感觉。女子可以双手交叉于腹前，身体重心可在两脚上，也可以在一只脚上，通过两脚的重心转移来减轻疲劳，如图 6-1-3 所示。

图 6-1-1　正步站姿

图 6-1-2　分腿站姿

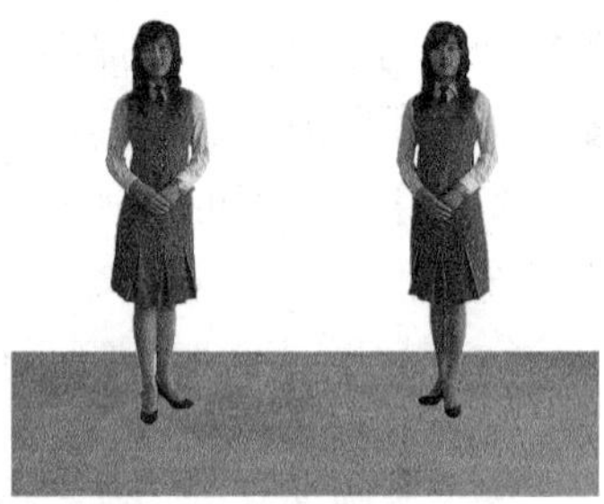

图 6-1-3　丁字步站姿

（4）扇形站姿。这是男士、女士均适用的站姿。要领：两脚跟靠拢，脚尖呈 45 度～60 度，身体重心在两脚上，如图 6-1-4 所示。

图 6-1-4　扇形站姿

【小贴士 6-1】

站姿与性格

双腿并拢站立者，给人的印象是可靠、意识健全、脚踏实地而且忠厚老实，但表面有时显得有点冷漠。

两腿分开尺余，脚尖略朝外偏的站姿，表现出站立者果断、任性、富有进取心，不装腔作势。

双腿并拢站立，一脚稍后，两足平置地面，则体现出站立者有雄心，性格暴躁，是个积极进取、极富冒险精神的人。

站立时一脚直立，另一脚弯置其后，以脚尖触地，则说明站立者情绪非常不稳定，变化多端，喜欢不断的刺激与挑战。

3. 不良的站姿

（1）身躯歪斜。古人对站姿曾经提出过“立如松”的基本要求，它明确指出站立姿势以身躯直正为美。在站立时，若是身躯出现明显的歪斜，将直接破坏人体的线条美，而且还会给人颓废消沉、萎靡不振、自由放纵的直观感觉。

（2）弯腰驼背。弯腰驼背其实是身躯歪斜的一种特殊表现。除腰部弯曲、背部弓起之外，它大都会伴有颈部弯缩、胸部凹陷、腹部挺出、臀部撅起等其他不雅体态。凡此种种，都会显得一个人健康欠佳，无精打采。

（3）趴伏倚靠。在工作岗位上，要确保自己“站有站相”，站立时，随随便便地趴在一个地方，伏在某处左顾右盼，倚着墙壁、货架而立，靠在台桌边，或者前趴后靠，自由散漫，都是极不雅观的。

（4）腿位不雅，即双腿大叉。应切记：自己双腿在站立时分开的幅度，在一般情况下越小越好；在可能之时，双腿并拢最好，即使是分开，也要注意不可使两者之间的距离超过本人的肩宽。另外，双腿扭在一起、双腿弯曲等姿势也应避免。

（5）脚位欠妥。在正常情况下，双脚站立时呈现出“V”字形、“Y”字形（丁字形）、平行式等脚位，但是，采用“人”字式、蹬踏式和独脚式，则是不允许的。所谓“人”字形，指的是站立时两脚脚尖靠在一起，而脚后跟却大幅度地分开，这一脚位又叫“内八字”。所谓蹬踏式，是指站立时为了舒服，在一只脚站在地上的同时，将另一只脚踩在鞋帮上，或踏在椅面上，或蹬在窗台上，或跨在桌面上等。独脚式即把一脚抬起，只一只脚落地。

（6）手位失当。站立时不当的手位主要有：一是将手插在衣服的口袋内，二是将双手抱在胸前，三是将两手抱在脑后，四是将双手支于某处，五是用两手托住下巴，六是手持私人物品。

（7）半坐半立。在工作岗位上，必须严守岗位规范，该站就站，该坐就坐，而绝对不允许在需要站立时，为了贪图安逸而擅自采取半坐半立之姿。当一个人半坐半立时，既不像站，也不像坐，只能让别人觉得过分的随便且缺乏教养。

（8）全身乱动。站立乃是一种相对静止的体态，因此不宜在站立时频繁地变动体位，甚至浑身不住地上下乱动。手臂挥来挥去，身躯扭曲，腿脚抖来抖去，都会使站姿变得十分难看。

（9）摆弄物件。站立时，不要下意识地做些小动作，如摆弄打火机、香烟盒，玩弄衣带、发辫，咬手指甲等，这些动作不但显得拘谨，给人以缺乏自信和教养的感觉，也有失仪表的庄重。

4. 站姿训练

要形成正确站姿，不仅要掌握基本理论要求，更要进行科学的训练。练习者从最初的基本状态，到养成正确的站立姿态，需要进行耐心、认真和持之以恒的练习。

（1）对镜练习。在明确站姿要求的基础上面对镜子进行训练，从镜子中观察自己的姿态是否准确、优美，必要时可请他人进行协助和指导。在找到标准站姿的感觉后，再坚持每次20分钟左右的训练，以巩固动作技能，形成习惯性动作姿态。

（2）靠墙站立练习。靠墙站立练习要求五点成一条线，即脚后跟、小腿、臀部、双肩、后脑勺都要紧贴墙壁，如图6-1-5所示。每次训练时间控制在20～30分钟，直至延长至40分钟。

（3）工具辅助练习。在前两项练习的基础上，加强训练难度，使用工具辅助练习，工具为书籍。要求将一本厚度适中的书放在头顶中心，为使书不掉下来，头、躯须挺直，自然保持平衡，如图6-1-6所示。这种训练方法可以纠正低头、仰脸、晃头及左顾右盼等不良习惯。每次训练时间控制在20～30分钟。

图6-1-5　靠墙站姿

图6-1-6　头顶书练习站姿

二、坐姿

俗话说"坐如钟"，坐姿是人际交往中人们采用最多的一种姿势，它是一种静态姿势。幽雅的坐姿给人一种端庄、稳重、威严的美。

1. 标准的坐姿

落座时，要坚持尊者为先的原则入座，不要争抢；通常侧身走近座椅，从椅子的左侧就座。如果背对座椅，要首先站好，全身保持站立的标准姿态，右腿后退一点，用小腿确定椅子的位置，上身正直，目视前方就座。用小腿落座时声音要轻，动作要缓。落座过程中，腰、腿肌肉要稍有紧张感。女士着裙装落座时，要用双手自后向前拢裙，不可落座后整理衣裙。

坐立时，上身正直而稍向前倾，头、肩平正，腰部内收，通常只坐椅子的1/2～2/3处，两臂贴身下垂，两手可以搭放在椅子扶手上。无扶手时，女士右手搭在左手上，放于腹部或者双腿之上；男子双手掌心向下，自然放于膝盖上。男士膝盖可以自然分开，但不可超过肩宽；女士膝盖不可以分开。女士要注意使膝盖与脚尖的距离尽量拉远，只有脚背用力挺直时，脚尖与膝盖的距离才最远，在视觉上产生延伸的效果，会使小腿部分看起来更加修长，腿部线条更加优美。当与他人进行交谈时，要注意不能只是转头，而应将整个上身朝向对方，以视对其重视和尊敬。

离座时要先以语言或动作向周围的人示意，方可站起，突然一跃而起会使周围的人受到惊扰；落座时一样要注意按次序进行，尊者为先；起身时不要弄出响声，站好后才可离开，同样要从左侧离座。

人在坐着时，由臀部支撑上身，减少了两腿的承受力。由于身体重心下降，上身适当放松，可减轻心脏的负担。因此，坐姿是一种可以维持较长时间的姿势。它既是一种主要的白昼休息姿势，也是一般的工作、劳动、学习姿势，还是社交、娱乐的常见姿势。正因为这个缘故，坐姿要求端正、大方、舒展。

【小贴士 6-2】

我国古人的坐姿

中国古人对坐姿很有讲究。席地而坐时，古代人们的坐姿主要有三种：①“趺坐”，即双足交迭，盘腿而坐，类似佛教中修禅者的坐姿，所以又称“跏趺坐”；②“箕踞”，即两腿前伸，全身像簸箕形状；③“跽”，即跪坐，臀部压在后曲的小腿和脚上。

在没有宾客时，坐姿可以随便一些，像上文的前两种，但是如果和尊者、长者、朋友交谈，或在议事、宴会和招待客人时，就要采用礼貌的姿式——“跽”了，而且讲究“正襟危坐”，坐时腰身要端正。

2. 坐姿的分类

以一个人的脚位为依据，男士、女士的坐姿可以做以下分类。

（1）垂直式坐姿。这一坐姿就是通常所说的“正襟危坐”，在最正规的场合使用，男士、女士均适用。要领是：上身与大腿、大腿与小腿、小腿与脚部都呈直角，小腿垂直于地面，双膝、双腿完全并拢，如图 6-1-7 所示。

（2）标准式坐姿。这一坐姿适用于各种场合。要领是：在垂直式坐姿的基础上，女士两脚保持小丁字步，如图 6-1-8 所示；男士两脚自然分开 45 度。

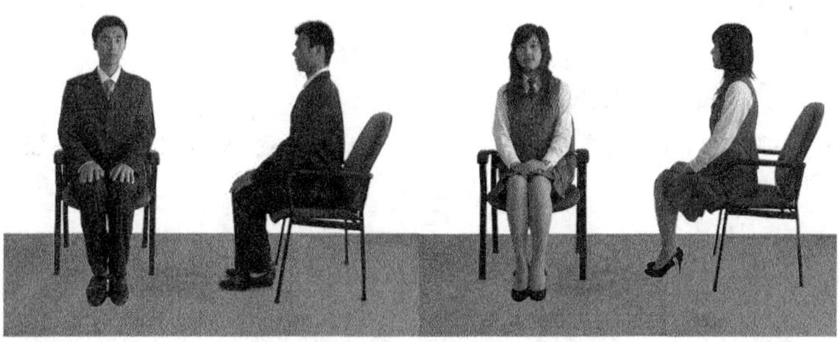

图 6-1-7　垂直式坐姿

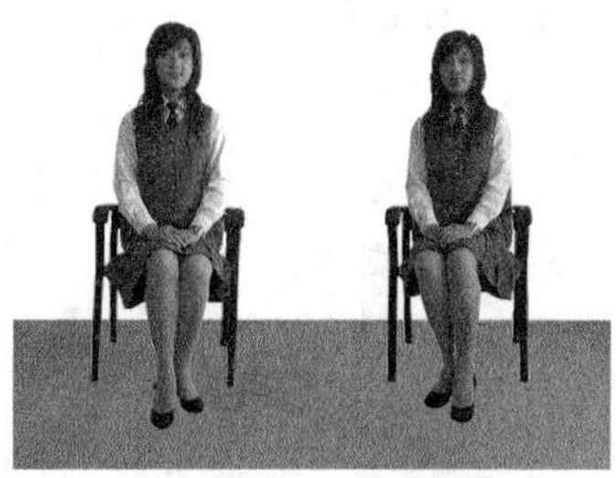

图 6-1-8　标准式坐姿

（3）屈直式坐姿。尤其是坐在稍微低矮一些的椅子上更为适用，是女士非常优雅的一种坐姿。要领是：大腿与膝盖靠紧，一脚伸向前，另一脚屈回，两脚前脚掌着地并在一条直线上，如图 6-1-9 所示。

（4）前伸式坐姿。这一坐姿适用于各种场合，一般为女士所采用。要领是：双腿与双脚并在一起，向前伸出一脚左右的距离。这种坐姿按方向可分为三种，即正前伸直、左前伸直和右前伸直，脚的位置可以是双脚完全并拢，也可以脚踝交叉，脚尖不可翘起，如图 6-1-10 所示。

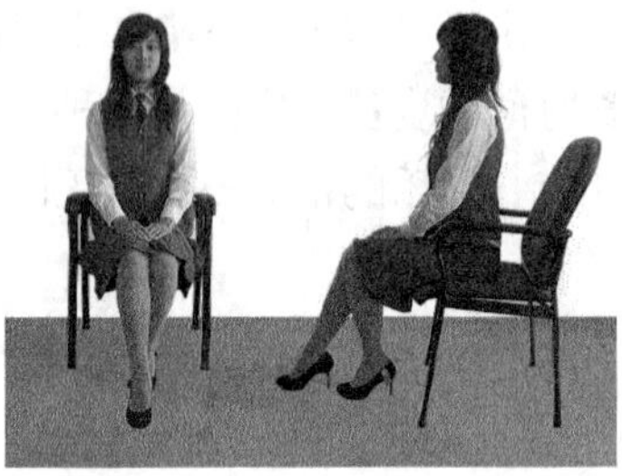

图 6-1-9　屈直式坐姿

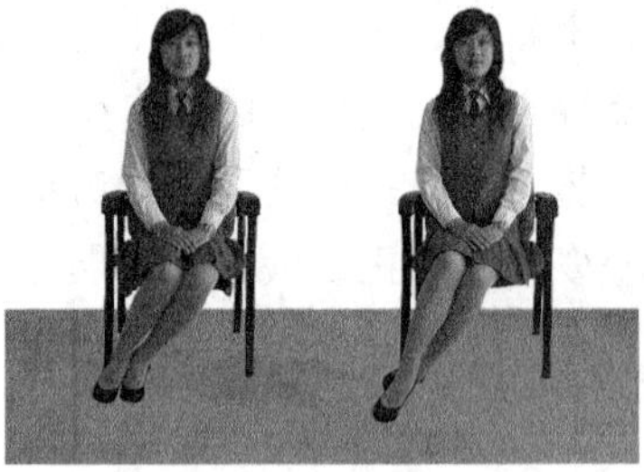

图 6-1-10　前伸式坐姿（右前伸直）

（5）后屈式坐姿。这一坐姿适用于各种场合，以女士为主。要点是：两腿和膝盖并紧，两小腿向后屈回，脚尖着地，脚尖不可翘起，如图 6-1-11 所示。

（6）分膝式坐姿。这一坐姿适用于一般场合，为男士坐姿。要领是：两膝左右分开，但不可超过肩宽，小腿与地面垂直，两脚脚尖朝向正前方，两手自然放于大腿上，如图 6-1-12 所示。

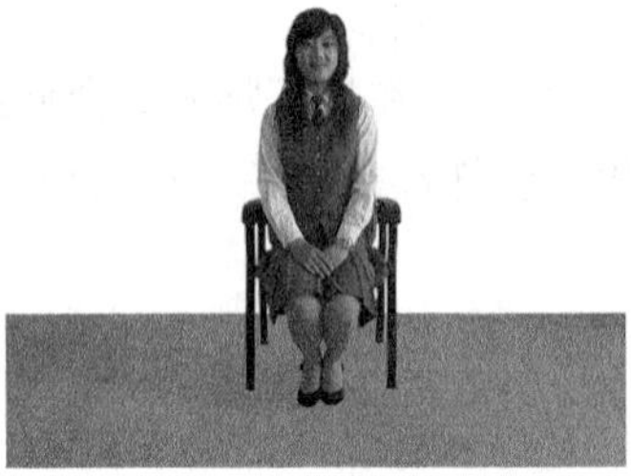

图 6-1-11　后屈式坐姿

图 6-1-12　分膝式坐姿

【小贴士 6-3】

坐姿与性格

心理学专家认为：将椅子转过去骑着坐的人显得自信好胜，但内心的防御性多半很强，不太爱与人交心。

喜欢抖腿的人多数聪明，反应快，接受能力强，但不是很有耐心，内心有浮躁或焦虑的一面，有时给人不够稳重的感觉。

端坐在椅子前半部分的人一般性格内向，谦虚有礼，善于倾听、体谅别人，他们多半个性成熟、亲和力强，容易受人信赖。

双腿张开，伸得很长的人一般性格外向、开朗、不拘小节，但有时比较傲慢、霸道、支配性强，容易发脾气、耍性子，不愿退让。

前胸紧靠桌子，双腿并拢的坐姿显得内向、拘谨、有些害羞，不够自信，这样的人多半不太果断，缺乏灵活性。

跷二郎腿的人通常自在随性，有时有些自大，喜欢挑剔，喜欢对别人的事指手画脚，爱给人提建议。

双腿自然分开，手放腿上的坐姿是古代男性的标准坐姿，体现出闲适、儒雅的气度。这种人通常稳重，值得信赖。

喜欢靠着椅背的人可能性格慵懒、散漫，做事拖沓，对自己要求不高，但对别人也比较宽容。

了解这些由无声语言“坐姿”所传递出的不同信息，将给我们带来不同的影响。

3. 不雅的坐姿

（1）不雅的腿姿。主要表现为以下几个方面。

一是双腿叉开过大。面对外人时，双腿如果叉开过大，不论是大腿还是小腿叉开，都极其不雅。

二是架腿方式欠妥。将一条小腿架在另一条大腿上，在两者之间还留出大大的空隙，成为所谓的“架二郎腿”或架“4”字形腿，甚至将腿搁在桌上，就显得更放肆了。

三是双腿过分伸张。坐下后，将双腿直挺挺地伸向前方，这样不仅可能会妨碍他人，而且也有碍观瞻。因此，身前若无桌子，双腿尽量不要伸到外面来。

四是腿部抖动摇晃。为求放松，坐下后抖动摇晃双腿。

（2）不安分的脚姿。坐下后脚后跟接触地面，而且将脚尖翘起来，脚尖指向别人，使鞋底在别人眼前“一览无余”。另外，以脚蹬踏其他物体，以脚自脱鞋袜，都是不文明的。

4. 坐姿训练

坐姿的常用方式较多，在基本坐姿训练的基础上，可以利用具体情境进行训练，同时加强入座和离座的训练，使整体就座过程连续、流畅，更富感染力。

（1）重视基本坐姿训练。在明确坐姿的基本要求和进行站姿训练的基础上，可以进行坐姿训练。在训练过程中，可以采用对镜规范训练、工具辅助训练（如头顶书籍）等方式。初级练习，每次的训练时间应保持在 20～30 分钟；以后可随技能的掌握水平，逐渐减少连续练习时间。

（2）运用具体情境练习。为提高学习者的兴趣，调动其学习积极性，可模拟具体情境进行训练，如招聘会、见面会、校友会等，把坐姿与情境相结合，由学习者自行设计并保持姿态，达到强化的目的。每次训练时间控制在 10～15 分钟，可分多次进行。

（3）加强入座和离座训练。在进行坐姿训练时，往往较重视姿态训练，而忽略过程训练，因此学习者会表现出动作过程不完整或缺失的现象。入座和离座应分别进行单一动作训练，每次训练时间控制在 5～10 分钟。单一训练后再合成动作，保持动作的连贯性和准确性，达到体现优雅、庄重坐姿的目的。

三、走姿

俗话说“行如风”，这说的是走姿，走姿始终处于动态之中，体现了人类的运动之美和精神风貌。男士的走姿要刚健有力，豪迈稳重，有阳刚之气；女士的走姿要轻盈自如，含蓄飘逸，有窈窕之美。

1. 标准的走姿

有人编了走路的动作口诀，体现了走姿的要领：双眼平视臂放松，以胸领动肩轴摆，提髋提膝小腿迈，跟落掌接趾推送。

标准的走姿为：上身基本保持站立的标准姿势，挺胸收腹，腰背笔直；两臂以身体为中心，前后自然摆动。前摆约35度，后摆约15度，手掌朝向体内；起步时身子稍向前倾，中心落在前脚掌，膝盖伸直；脚尖向正前方伸出，行走时双脚踩在一条线缘上。

正确的行走，上体的稳定与下肢的频繁规律运动形成对比和谐，干净利落、鲜明均匀的脚步形成节奏感，前后、左右行走动作的平衡对称，都会呈现行走时的形式美。

男子走路两步之间的距离要大于自己的一个脚长，女子穿裙装走路时要小于自己的一个脚长。正常情况下步速要自然舒缓，显得成熟自信，男子行走的标准速度为每分钟108～110步，女子每分钟为118～120步为宜。

2. 走姿的种类

（1）前行式走姿。身体直立、挺拔，行进中若与人问候时，要同时伴随头部和上身的左右转动，微笑点头致意。禁止只转动头部，用眼睛斜视他人的举止。

（2）后退式走姿。当与他人告别时，扭头就走是不礼貌的。应该是先后退两三步，再转身离去。退步时不能轻擦地面，不高抬小腿，后退的步幅要小些，两腿之间距离不能太大，要先转身再转头。

（3）侧行式走姿。当引导他人前行或在较窄的走廊、楼道与他人相遇时，要采用侧行式走姿。引导时要走在来宾的左侧，身体稍向右转体，左肩稍前，右肩稍后，身体朝向来宾，保持两步左右的距离。介绍环境时要辅以手势，这样可以观察来宾的意愿，及时提供满意的服务。

【小贴士6-4】

以走姿促健美

良好的走姿能起到健美的作用。曾两度荣获奥斯卡最佳女主角奖的美国著名好莱坞影星简·方达，非常注重研究形体健美。她的健美形体曾一度成为人们羡慕和效仿的标准。她以自己的亲身体验和心得总结，撰写了《简·方达健美操》一书，这本书一经面世就备受推崇，风靡世界。她在日常生活中加强锻炼，始终保持了健美的形体。她有一套走路健身法，对形体健美颇为有效。其方法可以概括为以下几点。

（1）活泼轻松地走。为了获得走路的有氧锻炼效果，简·方达摸索出理想的步速是6.9～8千米/每小时，即120米/分钟左右。

（2）中心向前倾。走路时，脚掌的用力方向应是向后蹬，而不是向下扣。

（3）步伐不要过小，稍微拉大一些走，可以加快速度，并使步子富有节奏感，使腿和臀部处于充分活动的状态。

（4）提高重心。走路时，要挺胸收腹，背要直，头要抬。颈部和腰部都要有挺起感。身体要保持正直，但不要紧张、僵直，要放松。

（5）两手臂的摆动要自然有力。甩臂要像吊钟的钟摆一样，幅度要大而有力，但始终要保持轻松自如。

3. 不良的走姿

（1）方向不定、忽左忽右。

（2）横冲直撞。行进中，专拣人多的地方行走，在人群之中乱冲乱闯，甚至碰撞到他人的身体，这是极其失礼的。

（3）抢道先行。行进时，要注意方便和照顾他人，通过人多路窄之处务必要讲究“先来后到”，对他人“礼让三分”，让人先行。

（4）阻挡道路。在道路狭窄之处，悠然自得地缓慢而行，甚至走走停停，或者多人并排而行，显然都是不妥的。还要切记，一旦发现自己阻挡了他人的道路，务必要闪身让开，请对方先行。

（5）蹦蹦跳跳。务必要注意保持自己的风度，不宜使自己的情绪过分地表面化，例如激动起来，走路变成了上蹿下跳，甚至连蹦带跳的失常情况。

（6）奔来跑去。有急事要办时，可以在行进中适当加快步伐。但若非碰上了紧急情况，则最好不要在工作时跑动，尤其是不要当着客户或服务对象的面突如其来地狂奔而去，那样通常会令其他人感到莫名其妙，产生猜测，甚至还有可能造成过度紧张的气氛。

（7）制造噪声。应有意识地使行走悄然无声。其做法：一是走路时要轻手轻脚，不要在落脚时过分用力，走得“咯咯”直响；二是上班时不要穿带金属鞋跟或钉有金属鞋掌的鞋子；三是上班时所穿的鞋子一定要合脚，否则走动时会发出“吧塔吧塔”令人厌烦的噪声。

（8）走姿给人感觉不好。如身体过分摇摆，步幅忽大忽小，显得轻佻、浅薄，故意矫揉造作；身体僵硬，步履缓慢沉重，显得心境不佳，内心保守顽固，思想陈旧僵化；双手插于衣裤口袋内而行，显得偏狭小气，或狂妄自傲，缺乏教养；双手反剪于身后而行，显得自恃优越，高于或长于他人；膝盖僵直，双脚在地面上擦，腿伸不直，脚尖首先着地，显得拖沓、迟钝，缺乏朝气和活力；“外八字步”或“内八字步”（鸭子步），趿拉着鞋走出“嚓嚓”声响或重心后坐或前移、步履蹒跚等不雅步态，要么使行进者显得老态龙钟，有气无力，要么给人以嚣张放肆、矫揉造作之感。

4. 走姿训练

行走姿态必须经过科学训练，进行一定量的练习，才可以形成良好的走姿。

（1）分步骤基本练习。初级训练阶段应采用分解式练习，把走姿分成三个过程训练：提、迈、落。“提”指行进腿大腿向上提 45 度，形成膝盖上提，脚尖向下，见图 6-1-13；“迈”指行进腿以膝盖为轴，大腿保持不动，小腿向前伸长，脚尖稍离地，见图 6-1-14；“落”指行进腿落地，后脚推前脚，重心前移，见图 6-1-15。

练习时，先分解练习，再整合动作。节奏可以由三拍过渡至两拍，速度由慢到快。

（2）工具辅助练习。为保持走姿的平稳性，可用“书籍”作为工具辅助练习。要求在行进中将一本厚度适中的书放在头顶中心，头、躯干挺直，自然保持平衡。这种训练方法可以纠正身体出现的不良习惯，如身体左右摇摆、头部晃动等。每次训练时间控制在 20 分钟左右。

（3）音乐体验练习。当行走姿态基本正确后，可以配合音乐进行练习。音乐可采用慢速和中速节奏。这种训练方法不仅可以起到调节情绪的作用，同时可培养动作的韵律感和表现力，陶冶学习者的艺术素养。

图 6-1-13　提

图 6-1-14　迈

图 6-1-15　落

四、蹲姿

俗话说“蹲要雅”，蹲姿是人的身体在低处取物、拾物、整理物品、整理鞋袜时所呈现的姿势，它是人体静态美与动态美的综合。蹲姿要动作美观，姿势优雅。

1. 标准的蹲姿

标准的蹲姿有如下要求：首先要讲究方位，当需要捡拾低处或地面物品的时候，可走到物品的左侧；当面对他人下蹲时，要侧身相向；当需要整理鞋袜或于低处整理物品时，可面朝前方，两脚一前一后，一般情况下是左脚在前，右脚在后，目视物品，直腰下蹲。直腰下蹲后，方可弯腰捡低处或地面的物品，及整理鞋袜或于低处工作。取物或工作完毕后，先直起腰部，使头部、上身、腰部在一条直线上，再稳稳站起。

2. 蹲姿的种类

（1）高低式。这是常用的一种蹲姿，基本特征是双膝一高一低。此蹲姿男士、女士均可适用。要领是：下蹲后，左脚在前，右脚在后；左脚完全着地，小腿基本垂直于地面；右脚要脚掌着地，脚跟提起；右膝要低于左膝，右膝内侧可靠于左上腿的内侧，形成左膝高右膝低的姿态；臀部向下，基本上以右腿支撑身体。女士应注意紧靠双腿，男士两腿之间可有适当的距离，如图 6-1-16 所示。

（2）单膝点地式。这种蹲姿，适用于男士，其特征是双腿一蹲一跪。它是一种非正式的蹲姿，多用于下蹲时间较长或为了用力方便时采用。要领是：下蹲后，右膝点地，臀部坐在脚跟之上，以脚尖着地；另一条腿全脚掌着地，小腿垂直于地面；双膝同时向外，双腿尽力靠拢，如图 6-1-17 所示。

（3）交叉式。这种蹲姿优美典雅，其基本特征是双腿交叉在一起，此蹲姿适用于女士。要领是：下蹲后，左脚在前，右脚在后，左小腿垂直于地面，全脚着地；左腿在上，右腿在下，二者交叉重叠，右膝从后下方伸向左前侧，右脚跟抬起，脚掌着地，两腿前后靠近，全力支撑身体；上身略向前倾，臀部朝下，如图 6-1-18 所示。

图 6-1-16　高低式蹲姿

图 6-1-17　单膝点地式蹲姿

图 6-1-18　交叉式蹲姿

3. 易出现的不良蹲姿

（1）方位不准确。应根据具体的场合和需要选择蹲姿，注意方位的准确运用，如对人下蹲时，如果采用正面下蹲，就是很不礼貌的行为。

（2）蹲速不当。在下蹲时速度不能过快，要轻稳，同时速度适中。特别是女性穿旗袍等服饰时，更要注意。

（3）不注意动作的隐蔽性。蹲姿因重心过低，因此要十分注重腿部动作的控制。要收紧腿部动作，两腿之间不能有缝隙，特别是女性穿裙装时，更要注意下蹲动作的隐蔽性。

（4）随意滥用。不要在工作中随意采用蹲姿，也不可蹲在椅子上或蹲在地上休息。

4. 蹲姿训练

要有意识地、经常主动地进行标准蹲姿训练，形成良好习惯。可以运用压腿、踢腿、活动关节等方式加强腿部膝关节、踝关节的力量和柔韧性训练，这是优美蹲姿的基础。

平时在进行蹲姿训练时可以配上优美的音乐，放松心情，减轻单调、疲劳之感。

【小贴士 6-5】

从站姿看性格和心理

问题

你平时的站姿是以下哪种？

A. 背脊挺直、胸部挺起、双目平视

B. 弯腰曲背、略现佝偻状

C. 两手叉腰而立

D. 两腿交叉而立

E. 将双手插入口袋而立

F. 靠墙壁而立

G. 背手站立

答案分析

选择 A：说明有充分的自信，给人以器宇轩昂、心情乐观愉快的印象，属开放型。

选择 B：属封闭型，表现出自我防卫、闭锁、消沉的倾向，同时，也表明精神上处于劣势，有惶惑不安或自我抑制的心情。

选择 C：是具有自信心和精神上优势的表现，属于开放型动作。对面临的事物没有充分心理准备时绝不会采用这个动作。

选择 D：表示一种保留态度或轻微拒绝的意思，也是感到拘束和缺乏自信心的表示。

选择 E：具有不袒露心思、暗中策划、盘算的倾向；若同时配合有弯腰曲背的姿势，则是心情沮丧或苦恼的反映。

选择 F：有这种习惯者多是失意者，通常比较坦白，容易接纳别人。

选择 G：多半是自信力很强的人，喜欢把握局势，控制一切。一个人若采用这种姿势处于人面前，说明他怀有居高临下的心理。

第二节　表情

面部是最有效的表情器官，人的面部表情主要表现为眼、眉、嘴、鼻、面部肌肉的变化。这里我们主要介绍一下眼神和微笑。

一、眼神

俗话说"眼睛是心灵的窗户"，它是人体传递信息最有效的器官，而且能表达最细微、最精妙的差异，显示出人类最明显、最准确的交际信号。据研究，在人的视觉、听觉、味觉、嗅觉和触觉感受中，唯独视觉感受最为敏感，人由视觉感受的信息占总信息的 83%。人的七情六欲都能通过眼睛这个神秘的器官中显现出来。

【小故事 6-1】

老师的眼神

有一则这样的报道：一所重点中学举行百年校庆时，恰逢德高望重的老教师八十寿辰。这位老教师极富传奇色彩，他所教过的学生中，许多已成为蜚声海内外的教授、学者及活跃在时代前沿的 IT 精英。是什么原因使这位老教师桃李满天下呢？学校决定在百年校庆之际，把这个谜底揭开。于是，记者便对从该校毕业的各位成功人士，即这位老教师的学生做了一个调查，请他们谈一谈老教师的哪方面对他们的人生影响最大。结果，答案令记者等人很吃惊，他们出奇一致地认为，是老师的眼神给了他们前进的动力。因为这位老教师的眼神中时刻都流动着鼓励、肯定与信任，这是一笔不可估量的财富，也给了他们无穷的动力。

眼神礼仪的构成，一般涉及时间、角度、部位、方式等几个方面。

1. 时间

在人际交往中，尤其是与熟人相处时，注视对方时间的长短十分重要。在交谈中，听的一方通常应多注视说的一方。

（1）表示友好。对对方表示友好，则注视对方的时间应占全部相处时间的约 1/3 左右。

（2）表示重视。对对方表示关注，比如听报告、请教问题时，则注视对方的时间应占全部相处时间的约 2/3。

（3）表示轻视。注视对方的时间不到全部相处时间的 1/3，意味着对其瞧不起或没有兴趣。

（4）表示敌意。注视对方的时间超过了全部相处时间的 2/3，往往表示可能对对方抱有敌意，或是为了寻衅滋事。

（5）表示兴趣。注视对方的时间长于全部相处时间的 2/3 以上，还有另一种情况，即对对方本人产生了兴趣。

2. 角度

在注视他人时，目光的角度，即其发出的方向，是事关与交往对象亲疏远近的问题。注视他人的常规角度有以下几种。

（1）平视，即视线呈水平状态，它也叫正视。一般用于在普通场合与身份、地位平等之人进行交往。

（2）侧视，它是一种平视的特殊情况，即位于交往对象一侧，面向对方，平视着对方。它的关键在于面向对方，否则即为斜视对方，那是很失礼的。

（3）仰视，即主动居于低处，抬眼向上注视他人。它表示尊重、敬畏之意，适用于面对尊长之时。

（4）俯视，即抬眼向下注视他人，一般用于身居高处之时。它可对晚辈表示宽容、怜爱，也可对他人表示轻慢、歧视。

3. 部位

在人际交往中目光所及之处，就是注视的部位。注视他人的部位不同，不仅说明自己的态度不同，也说明双方关系有所不同。

在一般情况下，与他人相处时，不宜注视其头顶、大腿、脚部与手部，或是“目中无人”。对异性而言，通常不应注视其肩部以下，尤其是不应注视其胸部、裆部、腿部。允许注视的常规部位有以下几个。

（1）双眼。注视对方双眼，表示自己聚精会神，一心一意，重视对方，但时间不宜过久。它也叫关注型注视。

（2）额头。注视对方额头，表示严肃、认真、公事公办。可称为做公务型注视，适用于极为正规的公务活动。

（3）眼部至唇部。注视这一区域，是社交场合面对交往对象时所用的常规方法，也可称为社交型注视。

（4）眼部至胸部。这一区域表示亲近、友善，多用于关系密切的男女间，故称为近亲密型注视。

（5）眼部至腿部。它适用于注视相距较远的熟人，亦表示亲近、友善，故称为远亲密型注视，但不适用于关系普通的异性。

（6）任意部位。对他人身上的某一部位随意一瞥，可表示注意，也可表示敌意。可称为做随意型注视，多用于在公共场合注视陌生之人，但最好慎用。通常，也可称为瞥视。

4. 方式

注视他人，在社交场合可以有多种方式的选择。其中，最常见的有以下几种。

（1）直视。即直接地注视交往对象，它表示认真、尊重，适用于各种情况。若直视他人双眼，即称为对视。对视表示自己大方、坦诚，或是关注对方。

（2）凝视。它是直视的一种特殊情况，即全神贯注地进行注视。它多用以表示专注、恭敬。

（3）盯视。即目不转睛，长时间地凝视其人的某一部位。它表示出神或挑衅，故不宜多用。

（4）虚视。它是相对于凝视而言的一种直视，其特点是目光不聚集于某处，眼神不集中。它多表示胆怯、疑虑、走神、疲乏，或是失意、无聊。

（5）扫视。即视线移来移去，注视时上下左右反复打量。它表示好奇、吃惊，亦不可多用，对异性尤其应禁用。

（6）睨视。又叫睥视，即斜着眼睛注视。它多表示怀疑、轻视，一般应当忌用。与初识之人交谈时，尤其应当忌用。

（7）眯视。即眯着眼睛注视。它表示惊奇、看不清楚，模样不大好看，故也不宜采用。

（8）环视。即有节奏地注视着不同的人员或事物。它表示认真、重视，适用于同时与多人打交道，表示自己“一视同仁”。

（9）他视。即与某人交谈时不注视对方，反而望着别处。它表示胆怯、害羞、心虚、反感、心不在焉，是不宜采用的一种眼神。

（10）无视。即在人际交往中闭上双眼不看对方。它又叫闭视，表示疲惫、反感、生气、无聊或者没有兴趣。它给人的感觉往往是不人友好，甚至会被理解为厌烦、拒绝。

【小贴士 6-6】

眼神训练

训练前做好如下准备：每人一面小镜子、音乐播放器材、音乐歌曲 CD、优秀影视剧中的演员和节目主持人通过眼神表达内心情感的影像资料等。

以下方法坚持天天训练，不要间断，必使目光明亮有神。

（1）睁大眼睛训练：有意识地练习睁大眼睛的次数，增强眼部周围肌肉的力量。

（2）转动眼球训练：头部保持稳定，眼球尽最大的努力向四周做顺时针和逆时针 360 度转动，增强眼球的灵活性。

（3）视点集中训练：点上一支蜡烛，视点集中在蜡烛的火苗上，并随其摆动，坚持训练可达目光集中、有神，眼球转动灵活。

（4）目光集中训练：眼睛盯住 3 米左右的某一物体，先看外形，逐步缩小范围到物体的某一部分，再到某一点，再到局部，再到整体。这样可以提高眼睛明亮度，使眼睛十分有神。

（5）影视观察训练：观看录像资料，注意观察和体会优秀影视剧中的演员和节目主持人是如何通过眼神表达内心情感的。

（6）训练时可以配上优美的音乐，放松心情，减轻单调、疲劳之感。

二、微笑

微笑是人际交往中最美丽的语言，是公共关系和商务礼仪中的亮点。保持一个微笑的表情、谦和的面孔，是表示自己真诚、守礼的重要途径。微笑是有自信心的表现，是对自己的魅力和能力抱积极的态度。微笑可以表现出温馨、亲切的表情，能有效地缩短双方的距离，给对方留下美好的心理感受，从而形成融洽的交往氛围。面对不同的场合、不同的情况，如果能用微笑来接纳对方，可以反映出你良好的修养和诚挚的胸怀。

【小故事 6-2】

希尔顿的微笑服务

“旅馆大王”康拉德·希尔顿就是善于利用微笑来获得成功的典型。“旅馆大王”希尔顿于 1919 年才把父亲留给他的 1.2 万美元连同自己挣来的几千元投资出去，开始了他雄心勃勃的经营旅馆生涯。当他的资产奇迹般地增值到几千万美元的时候，他欣喜而自豪地把这一成就告诉了母亲。想不到，母亲却淡然地说：“依我看，你跟以前根本没有什么两样……事实上你必须把握比 5 100 万美元更值钱的东西，那就是除了对顾客诚实之外，还要想办法使来希尔顿旅馆的人住过了还想再来住，你要想出简单、容易、不花本钱而行之久远的办法去吸引顾客。这样你的旅馆才有前途。”母亲的忠告使希尔顿陷入迷惘：究竟什么办法才具备母亲指出的“简单、容易、不花本钱而行之久远”这四大条件呢？他冥思苦想，不得其解。于是他逛商店、串旅店，以自己作为一个顾客的亲身感受，得出了准确的答案：“微笑服务”。

由此开始，“微笑服务”成了希尔顿的经营策略。每天不管多累多忙，他都会微笑着提醒员工们：“你微笑了没有？顾客感受到你的微笑没有？”他把微笑服务定为制度，要求每位员工不论什么时候都要对顾客报以微笑，哪怕顾客在挑剔地提意见，哪怕受到了误解和委屈。即使是酒店最不景气的时候，他也经常要求员工们：“我们要面带微笑，不要把心里的愁云摆在脸上，顾客走来是接受我们的服务的，不是来听我们的委屈的。因此，无论酒店本身遇到多大的困难，希尔顿旅馆每位员工的脸上永远挂着微笑。”

微笑能够成就爱的循环。没有亲和力的微笑，无疑是重大的遗憾，甚至会给工作带来不便。那么，身在职场通过什么样的训练，才能获得微笑这一有效沟通的法宝和人际关系的磁石呢？心理专家告诉你以下步骤。①

第一步，放松面部肌肉，然后使嘴角微微向上翘起，让嘴唇略呈弧形。最后，在不牵动鼻子、不发出笑声、不露出牙齿，尤其是不露出牙龈的前提下，轻轻一笑。

第二步，闭上眼睛，调动感情，并发挥想象力，或回忆美好的过去或展望美好的未来，使微笑源自内心，有感而发。

第三步，对着镜子练习，使眉、眼、面部肌肉、口形在笑时和谐统一。

第四步，当众练习，按照要求当众练习，使微笑规范、自然、大方，克服羞涩和胆怯的心理，也可以请观众评议后再对不足进行纠正。

【小贴士 6-7】

微笑的 10 大好处

世界著名的保险业精英，被称为“推销之神”的日本的原一平对微笑有非常深刻的认识，他积累自己 50 年的经验，总结了微笑的 10 大好处。

（1）笑把你的友善和关怀有效地传达给准客户。

（2）笑能拆除你与准客户之间的“篱笆”，敞开双方的心扉。

（3）笑使你的外表更迷人。

（4）笑可以消除双方的戒心与不安，以打开僵局。

（5）笑能消除自卑感。

① 毕文杰. 你的职场礼仪价值百万[M]. 北京：中国画报出版社，2012.

（6）你的笑能感染对方也笑，创造出和谐的交谈基础。

（7）笑能建立准客户对你的信赖感。

（8）笑能除去自己的哀伤，迅速地重建自信。

（9）笑是表达爱意的捷径。

（10）笑会增进活力，有益健康。

原一平经常苦练微笑，经过刻苦训练，他的笑达到了炉火纯青的地步，被誉为“价值百万美金的笑容”，因为他的年薪就是100万美金。他的笑能散发出无比诱人的魅力。

我们掌握了微笑的方法后，还要注意要正确地微笑，具体要做到以下几点。

1. 把握微笑的时机

在与对方交谈中，最好的微笑时机是在与对方目光接触的瞬间展现微笑，这样能够促进心灵的友好互动。

2. 把握微笑的层次变化

微笑有很多层次，有浅浅一笑、眼中含笑，也有哈哈大笑。在整个交谈过程中，微笑要有收有放，在不同时候使用不同的笑。如果一直保持同一层次的笑，表情就会显得僵硬、呆板，被对方认为是傻笑。

3. 注意微笑维持的时间长度

微笑的最佳时间长度以不超过3秒钟为宜，时间过长会给人假笑或不礼貌的感觉，过短则会给人皮笑肉不笑的感觉。

4. 根据场合而定

微笑的表情很有讲究，不同的场合适合不同深度的微笑，不同的笑，也可以显示着不同的思想态度和感情色彩，产生不同的影响。在与别人交谈中，放声大笑或傻笑，都是非常失礼的，工作中把握好微笑的尺度，更能显示出你的内在修养。

5. 避免“习惯性微笑”带来的伤害

微笑的好处数不胜数，但由于职业性质和职场礼仪的要求，一些职业人要在白天的大多数时间都面带微笑，这使得他们养成了面对外人的一种“习惯性微笑表情”。这种表情并不能消除工作、生活等各方面带给她们的压力、烦恼、忧愁。这些“微笑”的患者，“微笑”过后是更深刻的孤独和寂寞，他们的行为具有表演性质，与他们的情感体验缺乏内在的一致，而难以表现其“真我”的一面，因为表面的微笑反而会加重她们内心的痛苦。

解决“习惯性微笑”的方法在于及时地释放过大的压力。方式是多种多样的，如和家人一起外出度假，就可以很好地舒缓长期工作所累积的压力；再者要积极地调节自己的身心状态，比如现在健身场所流行的瑜伽和普拉提健身操就是一种很好的缓解压力的好方式，职场人士可以去试一下，相信效果一定很好。

6. 微笑要自然

有人指出，中国的礼仪习惯是笑不露齿；也有很多礼仪培训教材提出，微笑要露出6～8颗牙。其实微笑是一种个性化的表情，不应该以技术化、标准化的形式加以规定，对微笑要求表现得整齐划一是不符合礼仪之美的。职业人士进行微笑训练，不是尝试露出几颗牙，嘴角上提到几度位置，眼睛变化成哪种形状，而是要发现自己最美的每一个瞬间，展现出独特的气质，自信、勇敢、自然、真诚地去微笑。微笑的美在于文雅、适度、亲切自然。微笑要诚恳和发自内心，做到“诚于中而形于外”，只有调整好自己的心态才能够表现出表里如一的微笑，切不可故作笑颜，假意奉承。在生活中用善良、包容的心对待他人，用敬业奉献的热情对待工作，微笑就是自然甜美的。

7. 微笑要协调

微笑时要调动多部位器官协调动作，形成微笑的表情。微笑一般要注意以下四个结合。

（1）口眼结合。要口到、眼到、神色到，笑眼传神，微笑才能扣人心弦。

（2）笑与神、情、气质相结合。这里讲的“神”，就是要笑得有情入神，笑出自己的神情、神色、神态，做到情绪饱满、神采奕奕；“情”，就是要笑出感情，笑得亲切、甜美，反映美好的心灵；“气质”就是要笑出谦逊、稳重、大方、得体的良好气质。

（3）笑与语言相结合。语言和微笑都是传播信息的重要符号，只有注意微笑与美好语言相结合，声情并茂，相得益彰，微笑才能发挥出它应有的特殊功能。

（4）笑与仪表、举止相结合。以笑助姿、以笑促姿，形成完整、统一、和谐的美。尽管微笑有其独特的魅力和作用，但若不是发自内心的真诚的微笑，那将是对微笑的亵渎。有礼貌的微笑应是自然的坦诚的，内心真实情感的表露，否则强颜欢笑，假意奉承的“微笑”则可能演变为“皮笑肉不笑”“苦笑”。如拉起嘴角一端微笑、使人感到虚伪；吸着鼻子冷笑，使人感到阴沉；捂着嘴笑，给人以不自然之感，这些都是失礼之举。

【小贴士 6-8】

正式场合笑的禁忌

在正式场合笑的时候，应力戒以下几种“笑”。

（1）假笑，即笑得虚假，皮笑肉不笑。

（2）冷笑，是含有怒意、讽刺、不满、无可奈何、不屑于、不以为然等意味的笑。这种笑，非常容易使人产生敌意。

（3）怪笑，即笑得怪里怪气，令人心里发麻。它多含有恐吓、嘲讽之意，令人十分反感。

（4）媚笑，即有意讨好别人的笑。它亦非发自内心，而来自一定的功利性目的。

（5）怯笑，即害羞或怯场的笑。例如，笑的时候，以手掌遮掩口部，不敢与他人进行目光交流。

（6）窃笑，即偷偷地笑。多表示洋洋自得、幸灾乐祸或看他人的笑话。

（7）狞笑，即笑时面容凶恶。多表示愤怒、惊恐、吓唬他人。此种笑容毫无丝毫的美感可言。

【小贴士 6-9】

微笑训练

训练前做好以下准备：小镜子（每人一面）、音乐播放器材、音乐歌曲 CD、优秀影视剧中的演员和节目主持人微笑的影像资料等。训练方法有以下几种。

（1）情绪记忆法，即将自己生活中最高兴事件中的情绪储存在记忆中，当需要微笑时，可以想起那件最使你兴奋的事件，脸上就会流露出笑容。注意练习微笑时，要使双颊的肌肉用力向上抬，嘴里念“一”音，用力抬高嘴角两端，注意下唇不要过分用力。普通话中的“茄子”“田七”“前”等的发音也可以辅助微笑口形的训练。

（2）对着镜子，练习微笑，调整自己的口形，注意与面部其他部位和眼神的协调，做最使自己满意的微笑表情，到离开镜子时也不要改变它。

（3）练习微笑之前要忘掉自我和一切的烦恼，让心中充满爱意。

（4）训练时可以配上优美的音乐，放松心情，减轻单调、疲劳之感。

第三节　手势

手是人体上最富灵性的器官，如果说“眼睛是心灵的窗户”，那么手就是心灵的触角，是人的第二双眼睛。手势在传递信息、表达意图和情感方面发挥着重要作用。

【小贴士 6-10】

丰富的手势语

据语言专家统计，表示手势的动词有近二百个。“双手紧绞在一起”，显示的意思是精神紧张。用手指或笔敲打桌面，或在纸上涂画，显示不耐烦、无兴趣。搓手常表示人们对某事结局的急切期待心理。在经济谈判中，这种手势可以告诉对手或对手告诉你在期待着什么。伸出并敞开双掌给人以言行一致、诚恳的感觉。掌心向下的手势表示控制、压制，带有强制性，易产生抵触情绪。谈话时掌心向上的手势表示谦虚、诚实，不带有任何威胁性。双臂交叉抱在胸前暗示一种敌意和防御的态度。把十指端相触，平胸前撑起呈塔尖式手势，若再伴之以身体后仰，则显得高傲。用手支着头，显示的意思是不耐烦、厌倦。用手托摸下巴，说明老练、机智。用手不停地磕烟灰，表明内心有冲突和不安。突然用手把没吸完的烟掐灭，表明紧张地思考问题等。又如招手致意、挥手告别、握手友好、摆手回绝、合手祈祷、拍手称快、拱手答谢（相让）、抚手示爱、指手示怒、颤手示怕、捧手示敬、举手赞同、垂手听命等。

可见，丰富的手势语在人们交往中是不可缺少的。在社会交往中，手势有着不可低估的作用，生动形象的有声语言再配合准确的手势动作，必然能使交往更富有感染力、说服力和影响力。

一、常见的手势

1. 引领的手势

在各种交往场合都离不开引领动作，如请客人进门、请客人坐下、为客人开门等，都需要运用手与臂的协调动作。同时，由于这是一种礼仪，还必须注入真情实感，调动全身活力，使心与形体形成高度统一，才能做出色彩和美感。引领动作主要有以下几个表现形式。

（1）横摆式。以右手为例：将五指伸直并拢，手心不要凹陷，手与地面呈 45 度角，手心向斜上方。腕关节微屈，腕关节要低于肘关节。动作时，手从腹前抬起，至横膈膜处，然后，以肘关节为轴向右摆动，到身体右侧稍前的地方停住。同时，双脚形成右丁字步，左手下垂，目视来宾，面带微笑，如图 6-1-1 所示。这是在门的入口处常用的谦让礼的姿势。

（2）曲臂式。当一只手拿着东西、扶着电梯门或房门，同时要做出“请”的手势时，可采用曲臂手势。以右手为例：五指伸直并拢，从身体的侧前方向上抬起，至上臂离开身体的高度，然后以肘关节为轴，手臂由体侧向体前摆动，摆到手与身体相距 20 厘米处停止，面向右侧，目视来宾，如图 6-3-20 所示。

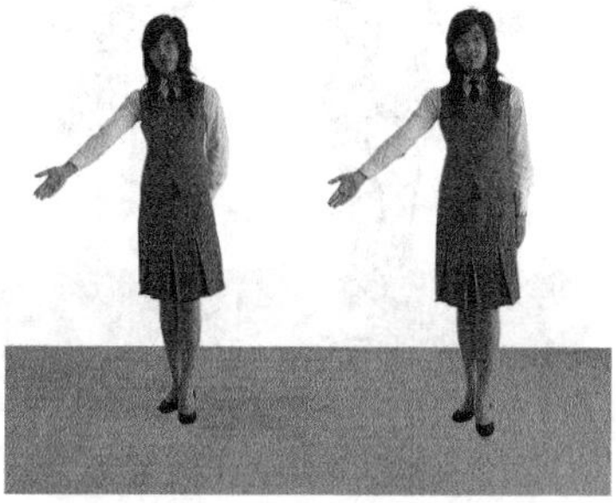

图 6-3-1　横摆式引领手势

图 6-3-2　曲臂式引领手势

（3）斜下式。请来宾入座时，手势要斜向下方。首先用双手将椅子向后拉开，然后一只手曲臂由前抬起，再以肘关节为轴，前臂由上向下摆动，使手臂向下成一斜线，并微笑点头示意来宾，如图 6-3-3 所示。

2. 招呼他人

左手放于体侧，手臂伸直或一条直线，右手向前向上抬起，手掌向下，屈伸手指做搔痒状或晃动手腕，如图 6-3-4 所示。这种手势在中国、欧洲的大部分地区以及拉丁美洲的许多国家都比较适用，但在美国、日本等国却与此相反，他们用掌心向上，向内屈伸手指做搔痒状或晃动手腕招呼别人，而在中国、南斯拉夫和马来西亚等国这种手势却是用来召唤动物的。

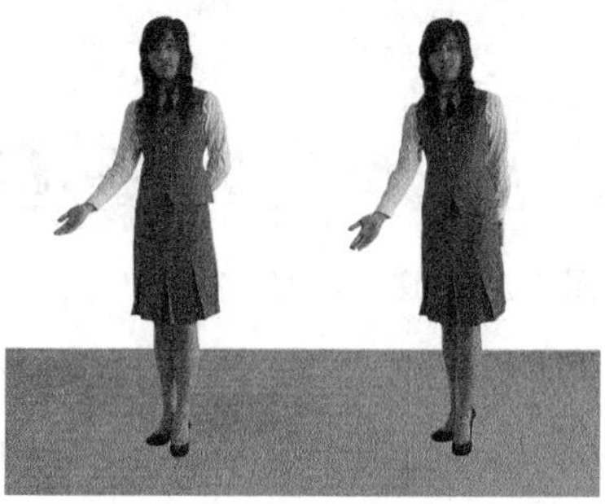

图 6-3-3　斜下式引领手势

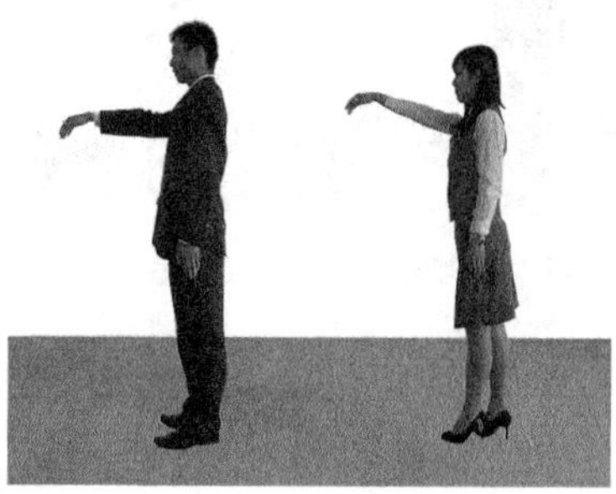

图 6-3-4　招呼他人手势

3. 挥手道别

要领是：身体要站直，不晃动，目视对方。左手放于体侧，手臂伸直成一条直线，右手向前向上抬至与肩同高或略高于肩，手臂不可弯曲，掌心朝向对方，指尖朝向上方，五指并拢，手腕晃动，如图 6-3-5 所示。

4. 指引方向

要领是：当有人询问去处时，要先行站直，不可尚未站稳或在行走中指引方向。左手放于体侧，手臂伸直成一条直线，右手五指并拢，手掌翻转到掌心朝上，与肩平齐，直指准确方向。目光要随着手势走，指到哪里看到哪里，否则易使对方迷惑。指引方向后，右手手臂不可马上放下，要保持手势顺势送出几步，以体现对他人的关怀和尊敬，如图 6-3-6 所示。

图 6-3-5　挥手道别手势

图 6-3-6　指引方向手势

5. 递接物品

要领是：双手递送、接取物品，不方便双手时，也可用右手，但绝不可单用左手。双方距离比较远时，应起身站立，主动走近对方递送或接取物品。递送时最好直接递至对方手中并且要方便对方接取。递送有文字、图案、正反面的物品时，要正面向上且朝向对方；接取物品时，要缓而且稳，不要急欲抢取。如图 6-3-7 所示为递物品示意图。递送带尖、带刃或其他易于伤人的物品时，应使其尖、刃等朝向自己或朝向他处，切不可朝向对方，如图 6-3-8 所示。

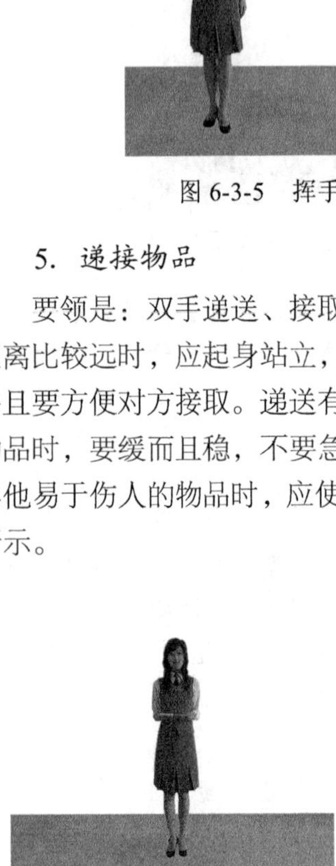

图 6-3-7　递物品

图 6-3-8　递笔、刀、剪子

6. 展示物品

要领是：应使物品在身体的一侧展示，不要挡住本人头部。展示的位置不同表明物品的意义不同：当手持物品高于双眼时，适用于被人围观时采用；当手持物品位于眼睛下方，胸部上方，双臂横伸时，自肩至肘部以内时，给人以放心、稳定感；当手持物品位于眼睛下方，胸部上方，双臂伸直时在肘部以外时，给人以清楚感，通常在这个位置展示想让对方看清楚的物品；当手持物品位于胸部以下，给人以漠视感，通常展示不太重要或不太明显的物品时采用。如图 6-3-9 所示为展示物品示意图。

鼓掌是在观看文体表演、参加会议、迎候嘉宾时表示赞赏、鼓励、祝贺、欢迎等情感的一种手势。要领是：以右手掌心向下有节奏地拍击左掌，不可左掌向上拍击右掌；不可右掌向左，左掌向右，两掌互相拍击。鼓掌时间要长短相宜，5～8 秒为宜。

图 6-3-9　展示物品

二、常见手势语

1. “OK”的手势

拇指和食指合成一个圆圈，其余三指自然伸张，如图 6-3-10 所示。这种手势在西方某些国家比较常见，但应注意在不同国家其语义有所不同。如在美国表示“赞扬”“允许”“了不起”“顺利”“好”；在法国表示“零”或“无”；在印度表示“正确”；在中国表示“零”或“三”两个数字；在日本、缅甸、韩国则表示“金钱”；在巴西则是“引诱女人”或“侮辱男人”之意；在地中海的一些国家则是“孔”或“洞”的意思，常用此来暗示、影射同性恋。

【小故事 6-3】

OK 手势闹出笑话

礼仪专家李荣建曾因为 OK 手势闹出笑话。他在上中学的时候，由于学校修路把侧门关闭了，就要绕很远去上课。有一次眼看就要迟到了，于是他决定翻墙进去，但学校明令禁止跳墙，经常派保安埋伏在墙下。他正犹豫不决的时候，看见一个同学刚好经过。隔着栅栏门，他小声问：“墙底下有没有保安？”同学四下看看，也不说话，只是冲他比划了个“OK”的手势。他一见很高兴，如武林高手一般，攀住墙头，噌”地一下翻了过去。就在他双脚落地之时，3 个保安过来将他团团围住，二话不说，把他带到了保卫处。回到教室，李荣建十分生气地问那个同学：“明明墙底下有 3 个保安，你怎么做 OK 的手势来骗我？”那位同学也十分气愤地说：“你是真傻还是装傻呀？我这是中国手势，意思是墙下有 3 个保安！”可见，同一种手势在不同的地方就会有不同的含义，甚至不同的手势却是表示相同的含义。

2. 伸大拇指手势

大拇指向上，在说英语的国家多表示“OK”之意或是打车之意；若用力挺直，则含有骂人之意；若大拇指向下，多表示坏、下等之意。在我国，伸出大拇指这一动作基本上是向上伸表示赞同、一流、好等，向下伸表示蔑视、不好等之意。伸大拇指手势如图 6-3-11 所示。

3. “V”字形手势

伸出食指和中指，掌心向外，其语义主要表示胜利（英文 victory 的第一个字母）；掌心向内，在西欧表示侮辱、下贱之意。这种手势还时常表示“二”这个数字。

图 6-3-10　OK 的手势

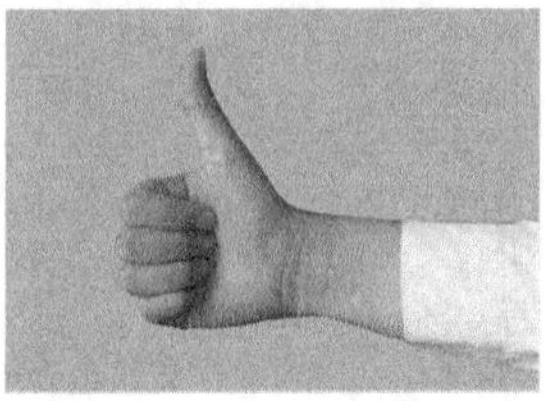

图 6-3-11　伸大拇指手势

【小故事 6-4】

小明的手势

小明刚上三年级，这天他考数学，考得挺好。放学回到家，他 90 多岁的太奶奶就问他："今天考得咋样啊？"他说考得挺好，冲太奶奶做了个"V"字形手势，他太奶奶哪懂得洋手势的意思呀，说道："哦，这孩子学习不行，考了个'鸭巴子'"。"鸭巴子"是方言，就是指得了 2 分，鸭子的形状不是像阿拉伯数字"2"吗。第二天放学，太奶奶又问小明："孩子你今天考得咋样啊？"小明今天考的是语文，他考得也很好，就冲太奶奶做了一个"OK"的手势，他太奶奶还是不懂这个洋手势的意思，叹了口气，说道："唉，这孩子学习不行，还不如昨天呢，考了个大零蛋！"

4. 伸出食指手势

伸出食指在我国以及亚洲一些国家表示"一""一个""一次"等；在法国、缅甸等国家则表示"请求""拜托"之意。使用这一手势时，一定要注意不要用手指指人，更不能在面对面时用手指指着对方的面部和鼻子，这是一种不礼貌的动作，且容易激怒对方。

5. 捻指作响手势

就是用手的拇指和中指弹出声响，其语义或表示高兴，或表示赞同，或是无聊之举，有轻浮之感。应尽量少用或不用这一手势，因为其声响有时会令他人反感或觉得没有教养，尤其是不能对异性运用此手势，这是带有挑衅、轻浮之举。

三、不良的手势

手势是人的第二面孔，具有抽象、形象、情意、指示等多种表达功能，服务人员应根据对方的手所表现出的各种仪态，准确判读各种手势所传达出的各种真实的、本质的信息，以便更好地完成服务工作。服务人员在使用手势语时，以下几种手势是值得特别重视的；否则，将会给对方传达出不良的信息。

1. 指指点点

工作中绝不可随意用手指对服务对象指指点点，与人交谈时更不可这样做。指点着别人说话，往往引起他人较大的反感。

2. 随意摆手

在接待服务对象时，不可将一只手臂伸在胸前，指尖向上，掌心向外，左右摆动。这种动作的一般含义是拒绝别人；有时，还有极不耐烦之意。

3. 端起双臂

双臂抱起，然后端在胸前这一姿势，往往暗含孤芳自赏、自我放松或置身度外、袖手旁观、看他人笑话之意。

4. 双手抱头

这一体态的本意是自我放松，但在服务时这么做，则会给人以目中无人之感。

5. 摆弄手指

工作中无聊时反复摆弄自己的手指，活动关节或将其捻响，打响指，要么莫名其妙地攥紧拳，或是手指动来动去，在桌面或柜台不断敲扣，这些往往会给人不严肃、很散漫之感，令人望而生厌。

6. 手插口袋

这种表现会使客人觉得服务人员忙里偷闲，在工作方面并未尽心尽力。

7. 搔首弄姿

这种手势，会给人以矫揉造作、当众表演之感。

8. 抚摸身体

在工作之时，有人习惯抚摸自己的身体，如摸脸、擦眼、搔头、剜鼻、剔牙、抓痒、搓泥，这会给别人缺乏公德意识、不讲究卫生、个人素质极其低下的印象。

9. 勾指手势

请他人向自己这边过来时，用一支食指或中指竖起并向自己怀里勾，其他四指弯曲，示意他人过来，这种手势有唤狗之嫌，对人极不礼貌。

【小贴士 6-11】

手势训练

训练应在四面墙安装长及地镜子的形体训练室中进行。训练前做好如下准备：音乐播放器材，音乐歌曲 CD，投影设备，毛泽东，周恩来等伟人的音像资料，剪子，文件等。

（1）先观看毛泽东、周恩来等伟人的音像资料，然后开始训练。

（2）调整体态，保持良好的站姿。

（3）每两人一组对镜子练习常用手势，包括请、招呼他人、挥手道别、指引方向、递接物品（剪子、文件）、鼓掌、展示物品等手势，并互相纠正。

拓展阅读

一、戒除不良举止

不受欢迎的坏习惯和不良举止就应在交际中努力戒除。

1. 打呵欠

当你在与人谈话的时候，尤其是当对方在滔滔不绝地发表意见时，那时你也许感到疲倦了，但要按捺住性子让自己不打呵欠，因为这会引起交际对象的不快。打呵欠在社交场合中给人的印象是：你不耐烦了，而不是你疲倦。

2. 掏耳和挖鼻

大家正在喝茶、吃东西的时候，掏耳的小动作往往令旁观者感到恶心。即使你想“洗耳恭听”，此时此地也不是时候。同样，用手指挖鼻也是非常失礼的动作。

3. 剔牙

宴会上，谁也免不了有剔牙的小动作。既然这小动作不能避免，就得注意剔牙时不要露出牙齿，而且不要把碎屑乱吐一番。最好用左手掩嘴，头略向侧偏，吐出碎屑时用纸巾接住。

4. 搔头皮

有些头皮屑多的人，在社交场合也忍耐不住头皮屑刺激的瘙痒，而搔起头皮来。搔头皮必然使头皮屑随风纷飞，这不仅难看，而且令旁人大感不快。搔头皮这种现象在社交场合是非常失礼的。特别是在宴会上，或者较为严肃、庄重的场合，这种小动作是很难叫人谅解的。

5. 双腿抖动

这种小动作多发生在坐着的时候，站立时较为少见。这种小动作虽无伤大雅，但双腿颤动不停，令对方觉得不舒服，而且也给人情绪不安定的感觉，这也是失礼的。同样，让跷起的腿钟摆似地打秋千也是相当难看的姿态。

【小故事 6-5】

我的财都被他抖掉了

有一位华侨，到国内洽谈合资业务，洽谈了好几次，最后一次来之前，他曾对朋友说：“这是我最后一次洽谈了，我要跟他们的最高领导谈，谈得好，就可以拍板。”过了两个星期，他和朋友相遇，朋友问：“谈成了吗？”他说：“没谈成。”朋友问其原因，他回答：“对方很有诚意，进行得也很好，就是跟我谈判的这个领导坐在我的对面，当他跟我谈判时，不时地抖着他的双腿，我觉得还没有跟他合作，我的财都被他抖掉了。”

6. 频频看表

在与人交谈时，如果无其他重要约会，最好少看自己的手表。这样的小动作会使对方认为你还有什么重要的事情，会使谈话进行不下去；同时，你的这种小动作可能引起对方的误会，认为你没有耐心再谈下去。如果你确实有事在身的话，不妨婉转地告诉对方改日再谈，并表示歉意。

二、风度的培养

风度是社交活动中给人印象深刻的内在潜质的综合反映，它不但是人的一种性格特征的表现，还是一种内在涵养的表现。风度是一个人的姿态、举止、言谈、作风等表现出来的美。这种美既是一种外在美，又是一个人内心美的自然流露，也就是内在美和外在美的和谐统一。所以屈原说：“纷吾既此内在美兮，又重之以修能。”

要想在社交场合风度翩翩，就要重视风度的培养，着力从加强内在修养这个根本做起。

1. 风度的培养是人内在气质的展现

气质不佳者，难有好的风度。内在气质的优化是靠平时修养、陶冶而成，因而它会不经意地显露出风度。《世说新语》记载，曹操个子较矮，一次匈奴来使，应由曹操接见，可是曹操怕使者见自己矮而看不起，于是请大臣崔琰冒充自己，曹操则持刀扮成卫士站在崔琰的旁边观察使者。崔琰“眉目疏朗，须长四尺，甚有威重”。接见后，曹操派人去探听使者的反应，使者说：“魏王雅望非常，然床头提刀者，此乃英雄也。”曹操具有高度的政治、军事、文化素养，养成了封建时代的政治家特有的气质，因此他的风度并不因他身材矮小而受到影响，也不因他扮成地位低下的卫士而被掩盖。

2. 风度的培养离不开良好的德、才、学、识

良好的文化素养、脱俗的思想境界、渊博的学识、精深独到的思辨能力，是构成风度美的重要内在因素。它们可通过语言举止、服饰和作风等表现出来。如毛泽东有运筹帷幄的政治家风度；周恩来有才思敏捷、风姿潇洒的外交家风度；鲁迅有“横眉冷对”的铮铮铁骨；宋庆龄则留下端庄自然的慈母风度等,高尚的道德修养与高超的学识造就了他们卓然的风度。

3. 风度的培养应注意经常的训练

培养风度要先对自己的气质、性格、经历、知识和文化程度，乃至身材、面容等条件有自知之明，既不能听之任之，对自己毫无要求，以“本色”“自然”自夸；也不能乞求过高，操之过急，以致矫揉造作、生硬别扭，或东施效颦、欲美反丑。正确地审度自己，科学地进行自我设计，持久地实践、训练，自然能水到渠成。例如，根据自身特点坚持训练站姿、坐姿、走姿、言谈举止的技术，在各种场合、环境下都能运用自如，只要从容自信，风度也随之而来。正如一位艺术家所言：“只有你自己才能识别自己的长处和魅力。它也许是你的低回浅笑，也许是你的开怀畅谈，也许是你的亲切和蔼。它可能是你对生活乐趣的领悟，也可能是你的沉静安详。不管你那特有的吸引力是什么，它都会因为魅力的技术因素而得到加强。”

【小故事 6-6】

李嘉诚的风度

冯仑在他的《伟大是熬出来的》一书中谈到，有一次，他们长江 CEO 班三十几个同学到了香港，此行的安排之一是见李嘉诚。冯仑说，见李嘉诚之前他有几个预想：一是，他们到达约好的会见室后，肯定是先见到李嘉诚的空座椅，而不会一下就见到本人；二是，见面后，他们一拨人会递名片给对方，而对方是不会派名片的；三是，吃饭时肯定有主桌，这么多人不可能都和李嘉诚坐在一张桌子上，于是就有了主桌次桌之分；四是，李嘉诚不会等饭吃完的，一定是吃两口就推说忙而先行离开。

结果却如冯仑的记叙：“首先电梯刚一开，长江楼顶，70 多岁的大哥站着跟我们握手，这样的开场很不一样，我有点愣。第二，一见面大哥先发名片，这个也很诧异，而且发名片时还给你递过来一个盘子，上面有号，拿名片时顺带抓个号，这个号决定你吃饭时坐哪桌，避免到时候我们这些同学谁坐一号桌，谁坐二号桌，心里有想法。后来才知道，照相也根据这个号，站哪儿就是哪儿，我觉得挺好，大家避免尴尬。”

让人更没想到的是，那次共有 4 张桌子，每张桌子上都多备一副碗筷，一个小时的用餐时间，李嘉诚每张桌子都去坐了一会儿，而且都大约是 15 分钟时间。会餐结束后，李嘉诚又与每个人握手道别，一个都不漏掉，就连站在旁边的服务员，李嘉诚都专门走过去认真握手道谢……

思考与训练

1. 请每天拿出 10～20 分钟时间练习站、立、行、蹲等姿态。

2. 你对自己的仪态满意吗？请观察一下你周围的人士站姿、坐姿、走姿等方面存在什么问题，提醒自己避免出现这些问题。

3. 观察一下路人的走姿，看看什么样的走姿给你的感觉最好。

4. 在遇到陌生人时，怎样用你的身体语言使对方精神放松，以博得对方的好感？

5. 你的眼神是否充满了自信和活力？怎样才能使眼神充满自信和活力？

6. 观察一下日常生活中各个微笑的脸，说说“微笑的脸”有哪些特征？

7. 今天你微笑了吗？试着每天清晨起床后，对着镜子整理仪容的同时，把甜美愉快的笑容留在脸上。

8. 观察你周围的人，分析他们哪些言行、举止符合礼仪要求，哪些不符合礼仪要求。举例列出表现，并分析形成的原因。

第七章　妆容形象塑造

世界上没有难看的人，只有不懂得如何让自己打扮得体的人。

——【美】靳羽西

妆容设计是个人形象设计的重要方面。在社交中，交往对象对自己发自内心的好恶亲疏，往往都是根据其在见面之初对于自己妆容的基本印象"有感而发"的，这种对他人妆容的观感除了先入为主之外，在一般情况下还往往一成不变，其作用可谓大矣。日本松下产业电器产业株式会社创始人松下幸之助一次到银座的一家理发厅去理发。理发师对他说："你毫不重视自己的容貌修饰，就好像把产品弄脏一样，你作为公司代表都如此，产品还会有销路吗？"一席话说得他无言以对，此后他接受了理发师的建议，十分注意自己的仪表并不惜破费到东京理发。

可见，妆容仪表的作用是很大的，是不可忽视的。

【小故事 7-1】

林肯对长相的要求

一次林肯总统面试一位新员工，后来他没录取那位应征者。幕僚问他原因，他说："我不喜欢他的长相!"幕僚不理解，又问："难道一个人天生长得不好看，也是他的错吗？"林肯回答："一个人 40 岁以前的脸是父母决定的，但 40 岁以后的脸应是自己决定的。一个人要为自己 40 岁以后的长相负责。"

点评：仪容形象塑造在个人形象中有着非常重要的作用，掌握仪容修饰的技巧，可使仪容在自己的仪表形象中真正起到美化形象、促进社交的作用。

一个人的妆容，大体上受两大因素的左右：其一，是本人的先天条件。一个人的相貌如何，通常主要受制于遗传基因。不管一个人是"天生丽质难自弃"，还是长得丑陋不堪，实际上一降生到人世便已"命中注定如此"，其后的发展变化往往不会与之相去甚远。其二，是本人的修饰维护。每个人的先天条件固然头等重要，然而这并非意味着一个在相貌方面先天条件优越的人，便可以过分地自恃其长，而不去进行任何后天的修饰或维护。事实上，修饰与维护，对于妆容的优劣而言往往起着一定的作用。在任何情况下，一个正常人倘若不注意对本人的妆容进行合乎常规的修饰与维护，在他人的心目中往往也难有良好的个人形象可言。所以，我们在平时必须时刻不忘对自己的妆容进行必要的修饰和整理，做到"内正其心，外正其容"。

第一节　化妆

化妆是美化形象的一个重要手段，它是运用各种化妆技术和手法，使用各种化妆品，对个体形象进行艺术修饰处理，旨在弥补和修饰自身缺陷，加强和光大优点，努力发掘自己潜在魅力，使个体形象更加楚楚动人。化妆的成功不仅取决于化妆品的科学选择和搭配，以及娴熟的化妆手法和技巧，还取决于化妆师或者自身对色彩原理的形式美法则的科学运用，以及如何利用个人的自身条件，将个性、气质、肤色、脸型、发质、身高、年龄、职业等因素作为一个整体来构思的艺术风格。

一、妆前自我认识

一个人要让别人觉得美，全身的整体比例很重要，因为只有符合比例的才是和谐的，只有和谐的才是美的。

1. “黄金分割”

从美学上讲，一个人的整体比例关系只有符合著名的“黄金分割”的比例才是最美的。“黄金分割”，指事物各部分间的一定数学比例关系，即：将一条线段一分为二，其较短一段与较长一段之比等于较长一段与全线段之比。按照此种比例关系组织的任何对象，都表现出了变化的统一，内部关系的和谐。因此，许多哲学家与美学家认为，无论在艺术界还是自然界中，“黄金分割”都是形式美中较为理想的关系。对于人类而言，通常人的脸型是接近黄金矩形的，女性的椭圆形脸之所以被多数人视为理想的脸型，就是因为脸型的长宽之比近似黄金矩形。然而生活中的人们并不都是这样的脸型，于是我们可以从美的比例出发，利用发型和化妆弥补脸型的比例不足，使整个头部形象形成一种新的比例关系。

2. “三庭五眼”

除了脸型的长宽之比之外，“三庭五眼”也是对人的面部长宽比例进行测量的一种简单方法。五官端正就是指符合“三庭五眼”的比例要求。

“三庭”是指上庭、中庭和下庭。①上庭：从额头发际线到两眉头连线之间的距离；②中庭：从两眉头连线到鼻头底端之间的距离；③下庭：从鼻头底端到下颏（下巴尖）的距离。理想的比例是上庭：中庭：下庭=1：1：1，即三者长度相等。

“五眼”是指：①左太阳穴处发际至左眼尾的长度；②左眼长度；③左眼内眼角至右眼内眼角的长度；④右眼长度；⑤右眼眼尾至右太阳穴处发际的长度。

“三庭”“五眼”结构对比图见图 7-1-1（选自：http://www.cnzz.cc/edu//photo/photoshop/pssl/668.html.2006-05-24）。

理想的比例是这五者长度相等，即从左太阳穴发际到右太阳穴发际之间的横向连线长度正好是五只眼睛的长度，并且均匀分布。

“三庭五眼”是人的脸长与脸宽以及颜面器官布局的标准比例，如不符合这个比例，就会与理想脸型产生距离，那么，在化妆时就要运用一定的技巧进行调整和弥补。

通过自我形象分析，我们可以了解自己容貌上的优点与不足，虽然人的相貌在很大程度上依赖于基因遗传，但是后天的努力、科学的保养及恰到好处的修饰却有着举足轻重的作用。

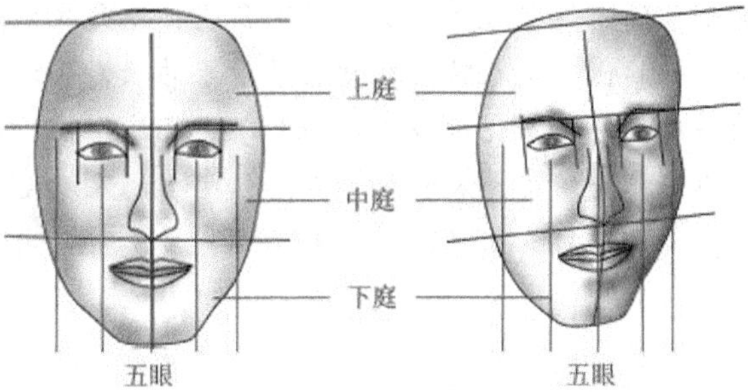

图 7-1-1 “三庭”“五眼”结构对比示意图

二、化妆的原则

美容化妆必须坚持美化、自然和协调的原则。

1. 美化原则

每一个化妆的人都希望化妆能使自己变得更美丽，这是无疑的，但事实上，有些人以为把各种色彩涂抹在脸的相应部位就自然美了，这是错误的。我们看到许多幼儿园的孩子被阿姨化妆化得脸上一团红、眼睛一团黑，看起来又凶又老气，孩子的天真可爱荡然无存，这样的化妆不是美了，而是丑了。因此，美化的原则是从效果来说的。要使化妆达到美的效果，首先必须了解自己脸部各部位的特点，孰优孰劣要心中有数；还要清楚怎样化妆和矫正才能扬长避短，变拙陋为俏丽，使容貌更迷人。这些，要在把握脸部个性特征和正确的审美观的指导下进行。

【小故事 7-2】

李霞，你过得好吗

今天是李霞的大学同学毕业 20 周年聚会的日子。李霞在毕业后就没有见过任何一位同学。对于今天的同学聚会，李霞非常激动。平时不怎么化妆的她觉得应该把自己好好地打扮打扮。于是她涂上厚厚的白粉，抹上深紫色的口红和深蓝色的眼影，然后兴高采烈地来到聚会地点。当她出现在同学们面前时，同学们都大吃一惊，有的同学还走过来关切地问她是否过得不如意，说她看起来脸色不好，充满了沧桑感。她的心情一下就降到了冰点，她纳闷同学们莫名的惊讶与关心，她觉得自己过得很好。

2. 自然原则

自然是化妆的生命，它能使化妆后的脸看起来真实而生动，不是一张呆板生硬的面具。若化妆失去了自然的效果，那就是假，假的东西就无生命力和美了。自然的化妆要依赖正确的化妆技巧、合适的化妆品；要一丝不苟、井井有条；要讲究过渡、体现层次；要点面到位、浓淡相宜。总之，要使化妆说其有，看似无，就像被化妆的人确确实实长了这样一张美丽的面容。化妆时不讲艺术技法手段，胡来一气，敷衍了事，片面追求速度，都有可能使妆容失真。

【小贴士 7-1】

生命的化妆

作家林清玄在《生命的化妆》这篇文章里引用一位专业化妆师的评述：“最高明的化妆术，是经过非常考究的化妆，让人家看起来好像没有化过妆一样，并且这化出来的妆与主人的身份匹配，能自然表现那个人的个性与气质。次级的化妆是把人凸显出来，让她醒目，引起众人的注意。拙劣的化妆是一站出来别人就发现她化了很浓的妆，而这层妆是为了掩盖自己的缺点或年龄的。最坏的一种化妆，是化过妆以后扭曲了自己的个性，又失去了五官的协调，例如小眼睛的人竟化了浓眉，大脸蛋的人竟化了白脸，阔嘴的人竟化了红唇……”

点评：自然的修饰使人的面目真实生动，更显精神；反之，不当的妆容则会使人显得虚假而呆板，缺乏生命力，让人生厌。

3. 协调原则

（1）妆面协调，指化妆部位色彩搭配、浓淡协调，所化的妆针对脸部个性特点，整体设计协调。

（2）全身协调，指脸部化妆还必须注意与发型、服装、饰物协调。如穿大红色的衣服或配了大红色的饰物时，口红可以采用大红色的，力求取得完美的整体效果。

（3）身份协调，指化妆时要考虑到自己的职业特点和身份，采用不同的化妆手段和化妆品。作为职业人士，应注意化妆后体现端庄稳重的气质；作为专门从事各种关系建立和协调的从业人员出头露面的机会多，与有身份、有地位、有权力的人打交道频繁，要表现出一定的人际吸引力，化妆就不能太艳俗或太单调，而应浓淡相宜、青春妩媚，适合人们共同的爱美之心。

（4）场合协调，是指化妆要与所去的场合气氛要求一致。日常办公场合，妆可以化淡一些；出入宴会、舞会场合，妆可以化浓一些，尤其是舞会，妆面可以亮丽一些；参加追悼会，则应该素衣淡妆，忌使用鲜艳的红色化妆。不同的场合不同的妆面，相得益彰，不仅会使化妆者内心保持平衡，也会使周围的人心理融洽。

总之，化妆是一门综合艺术，艺无止境。在形象设计中，要突出自己最美的地方，使其更美，同时技巧地弥补形象中的不足之处，达到天衣无缝的效果，这才是化妆的目的与自我形象的正确定位。

【小贴士 7-2】

常用化妆造型的特点

（1）端庄型稳重、大方、受人尊敬，强调眉美、色彩加重、清秀、清晰，双颧、双唇在脸上形成倒三角形。

（2）文秀型文静、娇柔，强调柔和、透明、粉嫩的装扮，一般选择松散、多卷的发型，不强调脸上的某一部分，以清纯秀气为主。

（3）自然型自然、随意、洒脱，不刻意修饰，但应强调眉毛、眼睛及发型的洒脱、浪漫、新潮。

（4）华丽型典雅、高贵，强调眼睛和嘴唇的颜色艳丽华贵、多变幻。

三、化妆色彩的运用

1. 光对妆面效果的影响

物体本身的色彩会随着光源色的变化而变化。光源色是构成一切物体色彩的决定因素，因此在形象设计中，化妆色彩也会在一定光源照射下显现明显效果。化妆的色彩效果都是妆色与光色的融合，所以光色是直接影响化妆色彩的重要因素。

在化妆中，要注意光色对妆色的影响，只有光与妆色的密切配合，才能使化妆效果趋于理想。妆色中的黑色、灰色与棕色几乎在任何光线下都不会改变颜色。

2. 不同光色下的化妆方法

（1）红色光可以使妆面颜色变浅，立体结构不突出。所以在化妆时，要强调刻画五官的立体结构，利用阴影色使轮廓突出，这样处理，面部不会显得过于平淡。

（2）蓝色光可以使红色妆面变暗而成为紫色。因此，化妆时用色要浅，口红使用偏冷的颜色。

（3）黄色光可以使妆色变浅，化妆时用色可以浓艳。

（4）强光的照射会使一切妆色变浅且显得苍白，化妆时要刻意强调五官的清晰度。

（5）弱光的照射会使妆面显得模糊，所以要强调面部线条与轮廓的清晰。

3. 妆色与肤色搭配的技巧

（1）肤色偏白女性的妆色与肤色搭配。此类型女性的化妆可选择多种色系，视具体情况而定。例如脸色白里偏粉红色，基础底色可选用略带淡粉色和乳白色，眼影、腮红、口红可选用粉红色系，如粉红色、粉紫色、淡玫瑰色等；肤色白里偏黄的女性可选择象牙色、米色作底色，眼影、腮红、口红可选择桃红、浅西洋红色等。

（2）肤色偏黄女性的妆色与肤色搭配。此类型女性的化妆可选择黄色的对比色，即用紫色作为妆前抑制色。可以使用淡紫色的粉底露或粉底霜矫正肤色后，再使用适合黄肤色的正常基础底色，使偏黄的肤色得以矫正。

（3）肤色偏暗、偏深的女性妆色与肤色的搭配。此类型女性的化妆可选用小麦色、暖象牙色或浅暖褐色的基础底色，以用其“同类色并列起柔和作用”的色彩原理，选择能增加皮肤光洁度及透明度的色彩。这类皮肤忌用偏冷、偏白的粉红、粉白色系列。

（4）两颊有红晕的女性妆色与肤色的搭配。这些女性可选用淡绿色的粉底霜做局部抑制，再使用正常的基础底色，使皮肤具有透明洁净的感觉。此种选色主要是利用色彩的互补色原理先行矫正肤色。

4. 妆色与脸型搭配的技巧

（1）脸型偏小女性的妆色选择。此类女性应选用浅色系、明亮色作为基础底色，可使脸型产生扩大、明朗的感觉。

（2）眼睑肥厚女性的妆色选择。此类女性可选用深褐色、驼色、烟蓝色、褐紫色准确地表现出上眼睑沟的位置所在，使眼部结构明显，同时应用略带光亮的浅白色将眉骨部分提亮，以利用色彩的明暗原理起到消除眼部肿胀感的效果。

5. 妆色与年龄、性别、季节、个性的配合技巧

（1）妆色应与年龄相吻合。例如，儿童与青少年性格活泼、开朗，大都喜欢红色、淡蓝、绿色等鲜明色彩，所以可尽量运用浅色系，如金黄色系等，口红可用粉红色系，如粉红、粉铜色等；中年人性格开始趋于成熟，可用较深较雅致的色彩，给人以醒目、成熟、秀丽、端庄、自信的感觉；而年长者一般喜欢灰蓝、灰黑、棕褐色、暗红、暗紫色，给人以成熟、庄重、稳健的感觉，一般妆色不宜过分鲜嫩。

（2）妆色与性别的协调。女性的心理特征一般属于情感型特质，具有美感直觉性，即当

美的事物出现时，可以立即得到美的感受，一般事前并不经过一定的思考和推敲，可以在瞬间产生美的感受。这是由女性性格——温柔、典雅、浪漫、重直觉所决定的，因此其妆色应以明快、艳丽或柔美的色调为主。而男性大多属理性思维，应当给人以沉着、稳健、智慧、阳刚或儒雅的感觉，因此，其妆色应选择稍稳重的暗色系或中间色系，妆色不宜太明快，以充分展示男性稳健或安全感的阳刚魅力。

（3）妆色与季节协调。不言而喻，倘若严寒中着冷色调妆色，将使人感到更加寒冷，所以一般春天应以浅黄、粉红色系为主，象征明快、活力、青春、充满勃勃生机；夏天应以黄色、青色、绿色、蓝色、象牙色为主基调，较为清新凉爽；秋天则以橙色、金色为主妆色，与自然环境遥相呼应；冬天则应以暖色调为主，可以给人温暖的感觉。

（4）妆色应与个人的内在气质相适应。清纯可爱的个性可选用粉色系，忌浓妆和对比强烈的色彩；高雅、秀丽、温柔的个性可选择玫瑰或紫红色的色彩，眼影尽量不用对比强烈的颜色，以咖啡色、深灰色适宜；华丽、娇媚的个性可以选用大红色，眼影可采用强烈对比色，如用深绿色或蓝色作为眼部化妆的强调色①。

【小故事 7-3】

尼克松因何败北

1960 年 9 月，尼克松和肯尼迪在全美的电视观众面前，举行他们竞选总统的第一次辩论。当时，这两个人的名望和才能大体相当，棋逢对手。但大多数评论员预料，尼克松素以经验丰富的“电视演员”著称，可以击败比他缺乏电视演讲经验的肯尼迪。但事实并非如此，为什么呢？肯尼迪事先进行了练习和彩排，还专门跑到海滩晒太阳，养精蓄锐。结果，他在屏幕上出现时，精神焕发，满面红光，挥洒自如。而尼克松没听从电视导演的规劝，加之那一阵十分劳累，更失策的是面部化妆用了深色的粉，因而在屏幕上显得精神疲惫，表情痛苦，声嘶力竭。正如一位历史学家所形容：“他让全世界看来，好像是一个不爱刮胡子和出汗过多的人带着忧郁感等待着电视广告告诉他怎么不要失礼。”正是妆容仪表上的差异和对比，帮助肯尼迪取胜，使竞选的结果出人意料。

四、化妆的准备

1. 化妆工具的准备

（1）化妆纸。一般是购买专用的化妆纸（棉），或用质地柔软的纸巾，用于吸汗、吸油、净手、卸妆等。

（2）棉签。可购买或自制。用于细小化妆部位的清理，如涂唇膏、描眉、染睫毛等。

（3）海绵。用于上底色、拍涂胭脂和定妆。

（4）胭脂刷。用于化妆时涂抹胭脂（腮红）和定妆，可准备两个以上便于涂抹不同色彩时使用。

（5）眼影刷。涂抹眼影时使用。因为眼状的色彩分为主色和副色，为了在使用不同颜色的眼影时颜色之间不相互影响，所以要多备几个刷子。

此外还须备有睫毛夹、眉笔、眉刷、美容剪等。

① 顾筱君. 21 世纪想想设计教程[M]. 北京：机械工业出版社，2012.

2. 化妆品的准备

化妆时，必须准备化妆品。国际上，根据不同功能，化妆品一般分为两大类：一类是调整肌肤、使之润滑的基础化妆品，如爽肤水、面霜、润肤乳等；另一类是美容化妆品，又称"彩妆"，如眉笔、唇膏、胭脂（腮红）、粉饼（底）等。我国的美容化妆界又根据国民的皮肤构造和消费水平，将化妆品分为六大类，分别如下。

（1）护肤类化妆品：爽肤水、面霜、润肤乳、润唇膏等。

（2）清洁类化妆品：洁肤皂、洗面奶、沐浴液等。

（3）修饰类化妆品：粉底液、唇膏、唇彩、腮红等。

（4）美发类化妆品：洗发水、护发素、发乳、发蜡、发胶等。

（5）芳香类化妆品：香水、香精等。

（6）营养类化妆品：人参霜、珍珠霜、粉刺（雀斑）霜等。

现代职业女性化妆要准备的必需品有：粉饼、粉底、腮红、眼影、眉笔、眼线笔、唇膏、睫毛液、妆前霜、爽肤水、卸妆油等。

3. 洁面

化妆前要彻底清洁皮肤，可用洗面奶、香皂等洁面，并用清水洗净，以除去皮肤表面的老化上皮细胞、皮脂、汗液、尘埃、细菌等，否则不仅会使皮肤受到损害，同时妆面也易脱落，不易持久。

4. 保湿

上化妆水、保湿性面霜、隔离霜等进行保湿，一定要充分、足量，这样可以避免皮肤干燥。必要时可以上 2～3 遍保湿面霜，使面部皮肤充分保湿，不至于定妆时出现脱皮现象。

【小贴士 7-3】

化妆水介绍

化妆水是爽肤水、紧肤水、调理水、柔肤水和洁肤水的统称。

（1）爽肤水。涂抹的感觉比较清爽，能补充肌肤的水分。

（2）紧肤水，也称收敛水。其最大的功效在于细致毛孔，有效平衡油脂分泌。特别针对需要收敛毛孔的油性皮肤或缓和性肌肤的 T 字部位所设计，其他肌肤并不适合使用，因为它通常含有酒精成分。

（3）调理水。其作用是调整肌肤的酸碱值，肌肤在正常状态下是呈弱酸性，洗完脸后，用调理爽肤水将肌肤恢复到弱酸性。

（4）柔肤水。与其他化妆水相比，它比较滋润，给予肌肤细致的呵护，可以软化角质层，增强肌肤吸收滋润护肤品的能力。

（5）洁肤水。除了洗脸可以清洁肌肤之外，有一些"水"，还能再次清洁脸部的残余污垢，等于是洁肤的保障。

购买的时候可以这样区分：油性皮肤使用紧肤水，健康皮肤使用爽肤水，干性皮肤使用柔肤水。对于混合皮肤来说，T 字部位使用紧肤水，其他部位使用柔肤水和爽肤水皆可。敏感皮肤则可以选用敏感水或修复水，而要想美白的话就可以选用美白化妆水。

5. 注意事项

选用不同的乳液、面霜等护理面部时，最好选用含有隔离效果的面霜，这样可尽量避免化妆品对皮肤的侵害。

化妆品使用得当，可以达到修饰或改善肤色和脸型的效果；但使用不当或使用了劣质化妆品，则不仅起不到修饰效果，还会损伤皮肤。另外，同一品牌的化妆品不能使用时间太长（一般不应超过两年），若长期使用同一个品牌的化妆品，人体皮肤可能产生蓄积反应。当蓄积到一定浓度时，可以产生两种反应或后果：一是无效，二是产生抗体或敏感现象。一般化妆品的蓄积作用会发生以下反应和影响。

（1）过敏性皮炎。一些化妆品中含有对皮肤有害的化学物质、色素或光敏感剂，这些物质可以造成敏感皮肤的红肿、痛痒等过敏症状，长久刺激，还会诱发毛细血管扩张、皮肤角质层变薄等后果。另外，使用富含副肾上腺皮质激素的化妆品后，会导致皮肤萎缩，诱发毛细血管扩张等皮肤炎症。

（2）色斑。使用一些含铅、汞、砷类有毒物质或换肤类产品，可以导致化妆品色素沉着症，其症状是在两额上出现黄豆或绿豆大小的褐色斑点，不易祛除。

（3）痤疮。过分使用油性化妆品会导致或加重痤疮的滋长。

（4）肾脏损害。含铅、汞、砷类有毒物质短期内虽然可以使皮肤变白，祛除色斑，但时间稍长会使皮肤变灰，危害肾脏。例如，国内外医学杂志对美白产品中常用的化学物质熊果苷引起表皮细胞变性和导致皮肤灰白的病例均有报道。

（5）致癌。有些化妆品中含有由煤焦油提炼出来的含苯酚物质，可以致癌。

（6）视神经变性。某些香水类化妆品，如违规以甲醇（木醇）代替酒精，长期使用可导致视神经变性。

【小贴士 7-4】

妆型分析

关洁在其《个人形象设计》（中国戏剧出版社，2011 年版）中就妆型分析如下。

1. 生活妆

生活妆是应用最广泛的妆型，是人们日常生活、休闲娱乐、居家、旅游时应用的妆型，适合不同年龄、类型的人群。

（1）妆型特点。妆面干净、自然，尽量隐藏化妆的痕迹，不过分强调轮廓，用色明亮、清淡，线条柔和，适当地修饰掩盖一些缺点，强调优点，调整面部凹凸结构，使人看上去自然、清新、淡雅，与整体形象和谐。

（2）色彩。用色柔和，粉底与原有的肤色接近，不要采用与肤色相距甚远的色彩，加强眼影的色彩变化效果，采用与肤色、服饰相协调的色彩，唇色可以适当采用亮丽的色彩。

2. 职业妆

职业妆是应用较广泛的妆型，是人们日常工作时应用的妆型，适合不同职业、年龄、类型的人群。

（1）特点。五官轮廓勾画清晰，用色沉稳，给人以干练、信任的印象。

（2）色彩。化妆基本程序类同生活妆，用色沉稳，眼影以对比色系为主。

3. 晚宴妆

随着人们社会活动的增加，参加各种社交活动、晚宴的机会也逐渐增多，优雅华丽的环境、恰到好处的化妆成为人们展示自我个性风采的方式。

（1）特点。由于晚间社交活动一般都在灯光下进行，且灯光多柔和、朦胧，不易暴露出化妆痕迹，因此，晚妆应化得浓艳些，眼影色彩尽可能丰富漂亮，眉毛、眼形、唇形也可做些适当的矫正，使其更显得光彩迷人。化晚宴妆时可在不超越所允许的范围内，充分发挥自己的想象力，把自己打扮得更加漂亮，更具魅力，更引人注目。

（2）色彩。晚宴妆应化得浓艳些，妆面要比白天清晰、明亮些，否则就达不到化妆的效果。

4. 时尚化妆

具有较强的时代感和自由性，表现效果强烈，具有时尚的风格，是青年人喜欢的风格。

（1）特点。强调前卫的时尚的特点，造型夸张不脱离美感，表现风格自由，富有个性，总体结构符合自然规律。

（2）色彩。用色具有超前的流行性，在美的基础上大胆用色，色调多为引人注目的色彩，显示流行与活力，具有个性特色色调。

此外，妆型还有电视化妆、电影角色妆、舞台演艺妆和传统戏曲剧妆等。

五、化妆的基本步骤

【小故事 7-4】

百变公主

小李是一名刚刚走上工作岗位的大学毕业生，对新的职场生活充满了憧憬与期待。为了尽快地融入职场，她在家人的支持下添置了不少行头，有职业装、化妆品、配饰等，可以说应有尽有。可是每天早上上班前的化妆是她最痛苦的事情，一是花费时间多，二是她根本不知道自己适合化什么样的妆，每次都弄得很花，有时自己感觉很尴尬。有一次她还被一名男同事笑话是百变公主。还有一次她使用了咖啡色的眼影，吓坏了同事们。她自己也很苦恼，本来想用深色眼影让自己的脸看起来立体感强一些，为什么却适得其反了呢？

化妆前要认真掌握化妆的方法。化妆大体上应分为打粉底、画眼线、施眼影、描眉形、上腮红、涂唇彩、喷香水等步骤。每个步骤均有一定之法，必须认真遵守。

1. 打粉底

打粉底又称敷底粉或打底。它是以调整面部皮肤颜色为目的的一种基础化妆。在打粉底时，有四点应予特别注意。一是事先要清洗好面部，并且拍上适量的化妆水、乳液。二是选择粉底霜时要选择好它的色彩。通常，不同的肤色应选用不同的粉底霜。选用的粉底霜最好与自己的肤色相接近，而不宜使二者反差过大，看起来失真。三是打粉底时一定要借助于海绵，而且要做到取用适量、涂抹细致、薄厚均匀。四是切勿忘记脖颈部位，在那里打上一点儿粉底，才不会使自己的面部与颈部“泾渭分明”。

【小贴士 7-5】

粉底的种类

1. 夜妆粉底（湿粉或 BB 霜）

湿粉为一种半液体状霜类粉底乳，因其基本不含油分，使用时粉底海绵不宜过湿，可用略湿的海绵轻轻按压，但按压时间不宜太长，否则很容易被擦掉。它是一种很薄的粉底，遮盖力不强，所以斑点、疤痕无法遮掩，只适合皮肤白净细腻的女性化淡妆时使用，尤其是夏季使用不油腻，妆容效果会更好。若要化浓妆，需轻轻薄涂 2～3 次再行定妆。

2. 粉底霜

粉底霜的遮盖力比较强，油分和蜡分都很适度，亲水性和亲油性都很好，不油腻，能持久，可保持 6~8 小时不脱妆，并且透明感较强，妆容轻薄润泽。粉底霜内含高岭土，可以吸收油脂，较适合皮肤健康、弹性较好、色泽明亮、光滑润泽的皮肤四季使用，浓妆、淡妆总相宜。使用时用湿海绵以按压的方式涂抹均匀即可。

3. 粉底膏

粉底膏是一种固体膏状粉底，大多为盒装，亮度较好，有遮盖效果，油脂含量高，不适合油性皮肤使用，尤其夏天更不可使用。使用时用取物棒或直接用中等湿度的化妆海绵取出，均匀按压在脸部各处，仔细拍匀即可。

4. 条状粉底

条状粉底由植物油脂、动物油脂及矿物油脂等原料合成，具有很强的遮盖力，并能持久不脱妆，但透气性差，油分较丰富，适于干性肌肤、寒冷的冬季或隆重场合的浓妆使用。使用时，先将粉条在脸上轻点几点，如额、两颊、鼻头、下颌等处，再以湿润的海绵轻轻推抹均匀。粉底上得要薄，切忌太厚，否则就会失去透明感。

5. 遮瑕膏

遮瑕膏又称盖斑膏，其附着力强，掩饰缺陷力大，不易脱妆，适用于问题性皮肤或在肤色不佳时使用，也是舞台、电视、结婚、宴会、摄影等场合美容化妆师的专用粉底。使用时，注意均匀着色，按压密度和力度要轻，否则容易脱妆。

2. 画眼线

从外眼角向内眼角方向沿着睫毛根部描画眼线，上眼睑一般画 2/3 长，下眼睑一般画 1/3 长，颜色外重里淡且细即可。眼线可增加眼睛的神采与魅力，使眼睛显得深邃、水灵动人。下眼线的描画可实可虚，写真的描画基本合乎原眼形，或稍加修饰晕染；夸张手法强调勾画眼形效果，局部可高出或长于原眼形，甚至可以向外斜上飞扬，从而获得一种夸张的装饰效果。画眼线一般有以下两种方法。

一是眼线笔描画。应当注意选用软芯防水、容易下色的眼线笔，可以把笔尖削成扁平的鸭嘴式样，这样描画起来可粗可细，比较方便。若不下色，可以用笔尖蘸少许油膏或面霜滋润笔芯再描画。眼线笔用色柔和自然，适合于生活妆。

二是眼线粉描画。可以用眼线刷蘸少许水再蘸眼线粉（也有不蘸水直接刷上眼线粉的）。描画时手要稳，下笔用力要均匀。眼线粉色彩艳丽强烈，适合于晚宴妆或表演性质的浓妆。

不论用哪种方法画眼线，建议再用眉粉或眼影粉轻轻走一遍，这样不仅可以起到定妆作用（见泪水或汗渍不易晕开），还会使眼线更加柔和亮丽。在韩式化妆法中，就是常常先用眼线笔画好眼线，然后再用眉粉或眼线粉定妆。

自己学画眼线时，可将臂肘部支撑在台面上起稳定作用，小手指支于面颊，执笔的手稳定就能画出光洁平直的线条。

【小贴士 7-6】

假睫毛、美目贴的使用方法

1．假睫毛

假睫毛有两种，一种是整排的，一种是一根一根的，大都是用真毛或人工毛发制成的。使用假睫毛时要保持假睫毛的清洁和眼睛的卫生。

买回来的假睫毛需在其纵向用剪刀剪掉一些，这样既可增加毛隙宽度，也避免因太整齐而显得不自然。睫毛稍短或纤细的人粘贴假睫毛时不必从眼头一直贴到眼尾，应在内眼角处留空一点，即从眼尾一侧量 2/3 眼长，剪掉其余，这样可使睫毛给人“假”的印象偏淡。假睫毛可使睫毛加长、加粗、浓密，更增添美感。

注意：①初次使用假睫毛时，不要涂胶水，先反复试贴，达到理想效果后再涂胶水，这样可以避免眼皮反复拉扯；②尽量不要贴到外眼角处，因为假睫毛粘到外眼角处，会使眼睛看起来下垂，造成“八字眼”效果，严重影响眼部美感。

2．美目贴

很多人都希望自己是双眼皮，除进行美容手术外，美目贴可以帮您拥有双眼皮，尤其对眼皮内双或褶痕小的人效果更好。完全单眼皮的人效果可能会不够理想。两眼大小不同的人，只要贴在褶痕小的一侧上就可以了。选择美目贴应以稍薄、有弹性、能透气且透明者为佳，但不要有亮度，以免过分明显反而有失真实。

现在市场上流行一种“双眼皮成形液”，利用特定稀释的胶水，将上眼睑部分用胶水粘贴，便可造成一种“双眼皮”效果。此种方法使用简便、易行，只是在使用时应将胶水涂得适量，否则容易穿帮。

3．施眼影

施眼影的主要目的是强化面部的立体感，以凹眼反衬隆鼻，并且使化妆者的双眼显得更为明亮传神。施眼影时，有两大问题应予注意。一是要选对眼影的颜色。过分鲜艳的眼影，一般仅适用于晚妆，而不适用于工作妆。对中国人来说，化工作妆时选用浅咖啡色的眼影，往往收效较好。二是要施出眼影的层次感。施眼影时，最忌没有厚薄深浅之分。若注意使之由浅而深，层次分明，将有助于强化化妆者眼部的轮廓。

【小贴士 7-7】

眼影的水平修饰法

水平修饰法有强调双眼皮的效果，可使脸型缩短，但眼影色彩单调，变化较小。一般采用两种以下的单色彩晕染描画手法。具体做法可分为两种：下浅上深或下深上浅的平画法。

（1）下浅上深的水平平画修饰法。这种方法一般用于单眼皮的修饰。先用较淡的底色涂在整个眼皮上，并在近睫毛处画上细细的眼线，再用深色眼影粉沿眼皮做水平描画。眉骨下方涂上亮色，向下晕染，亮度由强变弱，渐渐与眼影色衔接。单眼皮眼尾处颜色要加深一些，再刷上睫毛膏。若喜欢将上眼皮眼线画翘上去，在涂眼线时不要顺着眼皮弧度向下，而是在上眼尾处保持水平画出去，睁开眼就会有眼线翘起来的感觉。此种画法可突出局部结构，并使眼睛显得大而有神，造成“假双”效果。

（2）下深上浅的水平平画修饰法。沿睫毛根部用深色眼影粉描画，并向上晕染。色彩由深至浅渐渐淡化并在下眼睑睫毛根部自外眼角至内眼角的 1/3 处描画下眼线，同时用画上眼影的剩余色彩少量晕染下眼线。此种画法可使眼睛显得生动而明亮。

4. 描眉形

一个人眉毛的浓淡与形状，对其容貌发挥着重要的烘托作用。任何有经验的化妆者，都会将描眉视为其化妆时的重中之重。在描眉时，有四点需要注意。一是先要进行修眉，以专用的修眉刀刮除那些杂乱无序的眉毛。二是所要描出的整个眉形，必须兼顾本人的性别、年龄与脸型。三是在具体描眉形时，要对逐根眉毛进行细描，而忌讳一画而过。四是描眉之后应使眉形具有立体感，所以在描眉时通常都要在具体手法上注意两头淡，中间浓；上边浅，下边深。

【小贴士 7-8】

重要眉形的画法

（1）一字眉（水平眉）。眉形平直粗短，整条眉毛基本处于同一水平面上，给人以淳朴、可爱、老实、自然的感觉，可使长脸变得短一些，窄额显得宽一些。

画法：在内眼角的正上方即眉头的起始位置用眉笔或眉粉轻轻扫出一条平直眉形，注意眉尾的长度比外眼角略长，眉峰的高度及转角不宜过渡明显，整条眉毛可适当粗些。色彩为中间深两边浅，过渡衔接自然。

（2）标准眉。从眉头到眉梢呈一条优美的弧线，使眉毛中后部拱起，眉峰在眉头至眉尾的 2/3 处，使整个面部显得柔润，可拉长脸型，适合脸型较胖的新娘妆或日妆。

画法：在内眼角的正上方即眉头起始位置用眉笔或眉粉轻轻扫出一条半圆弧线的眉形。

注意眉尾应在外眼角与鼻翼的延长线上，整条眉毛的弯曲如柳叶般自然，不可过于圆润、弯曲，眉峰不可出现明显的尖度。色彩为中间深两边浅，过渡衔接自然。

（3）上挑眉（上扬眉）。整条眉毛有挺拔上扬的倾斜度，眉峰棱角较为明显，给人以英俊刚毅的感觉。

画法：在内眼角正上方即眉头起始位置用眉笔或眉粉轻轻扫出一条半圆弧形的眉形，注意眉尾的长度比外眼角略长，可稍微上扬，整条眉毛上扬的倾斜度不宜过高，否则会给人过度夸张的感觉。色彩为眉峰略浓，眉头略淡，整体色彩过渡自然。

（4）欧式眉。眉形上扬挑起，幅度比上扬眉更甚，且眉梢不回落至眉头的水平处，给人以张扬凌厉的感觉。

画法：在内眼角正上方即眉头起始位置用眉笔或眉粉轻轻扫出一条半圆弧形的眉形，注意眉尾的长度比外眼角略短，可上扬，整条眉毛上扬的倾斜度可以在 20 度～30 度。色彩为眉头略深，眉峰略淡，整体色彩过渡自然。

（5）蹙烟眉。1987 版电视连续剧《红楼梦》可谓家喻户晓，其中林黛玉那“两弯似蹙非蹙烟眉，一双似喜非喜含情目”给观众留下了深刻印象。

画法：在内眼角正上方即眉头起始位置用眉笔或眉粉轻轻扫出一条半圆弧形的眉形，注意眉头要稍微弯曲，眉尾的长度比外眼角略长，稍下垂，给人蹙目含悲的感觉。色彩为眉头略深，眉峰略淡，整体色彩过渡自然。

5. 上腮红

上腮红是化妆时在面颊处涂上适量的胭脂。上腮红的好处是使化妆者的面颊更加红润，面部轮廓更加优美，并且显示出其健康与活力。在化工作妆时上腮红，需要注意四条：一是要选择优质的腮红，若其质地不佳，便难有良好的化妆效果。二是要使腮红与唇膏或眼影属于同一色系，以体现妆面的和谐之美。三是要使腮红与面部肤色过渡自然。正确的做法应是，以小刷蘸取腮红，先上在颧骨下方，即高不及眼睛、低不过嘴角、长不到眼长的 1/2 处，然后才略做延展晕染。四是要扑粉进行定妆。在上好腮红后，即应以定妆粉定妆，以便吸收汗、皮脂，并避免脱妆。扑粉时不要用量过多，并且不要忘记在颈部也要扑上一些。

6. 涂唇彩

【小贴士 7-9】

口红效应

当今正值经济低迷时期，态度决定一切，形象管理学家温馨提示“经济低迷，职场更需‘高调’着装”，形象而生动地说明了职业形象管理之重要。“口红”和“领带”本和“职场”没有直接的联系，但是“口红效应”却有着广泛的职场生存学意义：它看似是单纯反映了人们在经济危机下更注重仪表，但实则传达出一种信息，即我要用口红和领带装扮自己，要让自己和上司看到，我很积极，我比以前更加努力。

一支小小的“口红”代表一种信息，是一种积极的征兆。从更广泛的社会心理学意义来说，“口红”是人们调节心理的一种有效工具，是舒缓郁闷心情的按摩棒，它通过改变你的外表，让你在职场活得亮丽，活得积极，活得有自信。从另外一层意义来说，任何企业都倾向留住参与度高、配合度高的员工，同事们也总是喜欢跟乐观的、积极的人合作。在成功学中，成功者的智力并不出众，但无一例外成功的秘籍无非是“心态更加积极”。

化妆时，唇部的地位仅次于眼部。涂唇膏，既可改变不理想的唇形，又可使双唇更加娇媚迷人。涂唇膏时的主要注意事项有三：一是要先以唇线笔描好唇线，确定好理想的唇形。唇线笔的颜色要略深于唇膏的颜色。描唇形时，嘴应自然放松张开，先描上唇，后描下唇。在描唇形时，应从左右两侧分别沿着唇部的轮廓线向中间画。上唇嘴角要描细，下唇嘴角则要略粗。二是要涂好唇膏，以唇线笔描好唇形后，才能涂唇膏。选择唇膏时，既可以选彩色的，也可以选无色的，但要求其安全无害，并要避免选用鲜艳古怪之色。女性一般宜选红色、橙色或粉色，男性则宜选无色唇膏。涂唇膏时，应从两侧涂向中间，并要使之均匀而又不超出早先以唇线笔画定的唇形。三是要仔细检查，涂毕唇膏后，要用纸巾吸去多余的唇膏，并细心检查一下牙齿上有无唇膏的痕迹。

【小贴士 7-10】

唇部化妆的协调

口唇是整体的部分，唇的化妆不仅与面容而且应该与全身整体协调，唇膏的选择需考虑多方面因素。

1. 与皮肤颜色相协调

（1）肤色白的人适合任何颜色的唇膏，但以明亮色彩为宜。

（2）肤色黑的人适合朱红、暗红等明亮度低的色彩。

（3）肤色黄的人，应尽量避免使用黄色系唇膏，多选带红色的玫瑰色系，以增加唇的明亮感。

（4）颈部有色素斑或者其他斑点者，除了可以用遮瑕笔遮盖以外，还应选用色彩强烈的红色系来强化唇部，吸引别人的视线注意唇部而忽略其他部位。

2. 与年龄相适合

例如，橙色特别适用于年轻活泼的女孩子，因为橙色有红色的热情和黄色的明亮，年轻女孩涂上橙色唇膏可给人以时髦、大方、活泼之感。粉红色给人以年轻、温柔、甜美的感觉，会给年轻人带来青春健康的气息。褐红色系是一种接近咖啡的颜色，这种唇膏给人成熟优雅、端庄大方的感觉，自然更适合中老年人使用。

3. 与服饰相配合

唇部色彩原则上要与服饰的色彩相协调。例如，粉红色唇膏若配上相同颜色的服饰，更能展现年轻人青春和健康的气息。

4. 与场合相适宜

唇膏应与环境场合相适宜。一般生活环境不宜选择十分鲜艳的唇膏及深色唇膏，而应选择与天然唇色相近的，以能表现出嘴唇柔软、湿润、鲜嫩感觉的唇膏为宜。但若在舞会、宴会或一些灯光强的装饰性场合，运用色彩强烈的唇膏则非常必要，是和环境相协调的正确选择。

5. 与其他因素和谐

唇膏的色彩应与眼影、腮红是同一色系，并与个性协调。外向活泼型者，宜选用红色、玫瑰红及其他更艳丽之色彩；内向沉稳型者，宜选用茶红、棕红等色彩。

7. 喷香水

（1）香水的使用技巧

香水浓度越低，涂抹的范围越广。一般来说，浓香水应以点搽式或小范围喷洒式用于脉搏跳动处，如耳后、手腕内侧、膝后。香水、香露、古龙水、淡香水因为香精浓度不是很高，不会破坏衣服纤维，所以可以自由地喷洒及使用。例如，脉搏跳动处、衣服内里、头发上或空气中。

【小贴士 7-11】

香水的类别见表 7-1-1。

表 7-1-1　香水的类别

类　别	香精浓度/%	酒 精 含 量	保持时间/小时
浓香水（parfum）	15~30	30	5~7
香水（eau de parfum）	10~15	20~30	5
香露（eau de toilette）	5~10	10~20	3
古龙水（eau de cologne）	2~5	10 以下	1~2
淡香水（eau fraiche）	2 以下	无酒精	1

在体温高的部位涂抹香水的效果比较好。要注意身体内侧比外侧的体温高。另外，香气向上升，涂抹在下半身比涂抹在上半身更能获得理想的效果。

不要在阳光照射到的地方涂抹香水，因为酒精在阳光的暴晒下会在肌肤上留下斑点。此外，紫外线也会使香水中的有机成分发生化学反应，引起皮肤过敏。

香水可以喷洒在干净或刚洗好的头发上。若头发上有尘垢或者油脂，则会令香水变质。同时不应将香水喷洒在干枯和脆弱的头发上，避免对发质造成伤害。

香料为有机成分，易与金、银、珍珠反应使之褪色、受损，因此香水不能直接喷洒于首饰上，可先喷洒香水后戴首饰。

切忌不要将香水喷洒在皮毛上，这样不但损害皮毛，也会使皮毛的颜色发生改变。香水喷洒在羊毛、尼龙的衣料上不容易留下斑点，不过香味留在纯毛衣料上会较难消散。

【小故事 7-5】

香水的使用

冯磊现在只有一个想法：见了同事吴云就躲开，因为吴云身上的味道实在让他忍受不了。你要问吴云身上有什么味儿，让冯磊这样排斥？冯磊会告诉你“怪味儿！我曾经用另一种方式问过她：‘吴云，你怎么能让自己身上的味道这么持久呢？’她很兴奋地告诉我：‘我用了香水呀。我现在越来越迷恋香水了，每天都在研究。有时候一天会换几种不同的香味试试，而且为了香味持久，我随身带着。你看！’然后我便看到她的包里有四个香水瓶子。我当时真是不知道该说什么了。她，现在身上并不是香水的香味，而是一种让人无法忍受的怪味！”

（2）香水的用法

① 涂抹。将香水涂抹在手腕、颈部、耳后、臂弯里等有脉搏跳动的部位，这样香味可随着脉搏跳动、肢体转动而飘溢散发；也可将香水涂抹于腰部、髋关节，这是为了让余香更持久；脚踝处也可涂抹香水，这样可使香味飘散得更自然。

【小贴士 7-12】

香水使用“七点法”

首先将香水分别喷于左右手腕静脉处，双手中指及无名指轻触对应手腕静脉处，随后轻触双耳后侧、后颈部；轻拢头发，并于发尾处停留稍久；双手手腕轻触相对应的手肘内侧；使用喷雾器将香水喷于腰部左右两侧；左右手指分别轻触腰部喷香水处，然后用沾有香水的手指轻触左右腿膝盖内侧、脚踝内侧，“七点法”到此结束。注意所有轻触动作都不应有摩擦，否则香料中的有机成分可能发生化学反应，破坏香水的原味。

② 喷洒。香水还可以喷洒在衣服上，一般多是喷洒于内衣、外衣内侧、裙下摆以及衣领后面；还可以把香水向空中轻轻喷洒几下，在头顶形成一片香雾，随后立于香雾中，让香气轻轻撒落在身上，散发出怡人的气息。

【小贴士 7-13】

女性化妆十不宜

1. 不宜面部搽香水

搽了香水的部位，经太阳光线照射会引起化学变化，产生红肿刺痛，严重的还会发展成为皮炎。皮肤科专家介绍，正常皮肤有一层皮脂腺覆盖，涂上一层厚厚的脂粉后，容易堵塞毛孔，影响汗腺及皮脂腺的分泌与排泄，还影响皮肤的呼吸。

2. 不宜化妆拔眉毛

化妆拔眉毛会给人一种光秃的感觉，从医学观点看，拔眉不仅会损害生理功能，而且会因破坏了毛囊和化妆涂料的刺激导致局部感染。

3. 不宜多用口红

口红中的油脂能渗入人体皮肤，而且有吸附空气中飞扬的尘埃、各种金属分子和病原微生物等副作用。通过唾液的分解，各种有害的病菌就可乘机进入口腔，容易引起“口唇过敏症”。

4. 不宜用一种粉底

粉底的颜色比脸部的肤色过深或过浅，都会破坏你的容貌，因此，应该多备几种粉底，随四季肤色的改变而不断调整。

5. 不宜重涂眼影粉

尤其是热天汗水多，汗水会将眼影冲入眼内，损害视觉器官，如再用手揉，更易将细菌带入眼内，染上沙眼或红眼病。

6. 不宜把面膜涂在眉毛和睫毛上

撕拉式的面膜粘在眉毛和睫毛上，除去时容易将眉毛和睫毛一起拔掉。

7. 不宜将脸抹得白里透青

若脸上使用油脂化妆品，再搽上一层香粉，使之白里透青，阳光中的紫外线就无法被吸收，影响体内维生素D的产生。

8. 不宜用他人的化妆品

化妆品可能成为疾病传染媒介，因此，不要乱用他人的化妆品化妆，也不要将自己用过的化妆品随意借给别人。

9. 磨面时手指用力不宜过大

天热时人体的毛孔扩张，表皮较嫩，磨面时用力过大，面皮就会被磨面膏中的“沙子”损伤，再经风吹日晒，反而变得粗糙。

10. 不宜不断补粉

如果终日不断地在脸上补粉，胭脂之上敷胭脂，脸上就会出现很不雅观的斑底，首先鼻子就会因不断的油粉混合而发黑。

8. 化妆的注意事项

（1）进行妆后检查

完成上述化妆过程后要进行妆后检查，主要可从以下方面着手。

① 检查左右是否对称。眼、眉、腮、唇、鼻侧等，两边形状、长短、大小、弧度是否对称，色彩浓淡是否一致。

② 检查过渡是否自然。脸与脖子、鼻梁与鼻侧、腮红与脸色、眼影、阴影层次等过渡是否自然。

③ 检查整体与局部是否协调。各局部是否缺漏、碰坏，要符合整体要求，该浓该淡是否达到应有效果，整个妆面是否协调统一。

④ 检查整体是否完美。化妆要忌“手镜效果”，即把镜子贴近脸部检查。虽然这样会看清细小的部分，但一般人是在1米之外的距离与你面谈或招呼。所以要在镜前50厘米处审视自己，对脸部整体的平衡做出正确的判断。

【小贴士 7-14】

如何卸妆

（1）卸除睫毛膏。首先将假睫毛取下，如果你戴了假睫毛或隐形眼镜的话，一定要首先将其取下。将化妆棉用眼部专用卸妆液沾湿后对折。闭上双眼，两手各用两根手指将化妆棉上下压住眼睫毛，夹紧包住，注意，睫毛根处也不要忽略。等待3～5秒后，让化妆棉上的眼部专用卸妆液将睫毛上的睫毛膏完全溶解。然后轻轻地将化妆棉往前拉出，以便顺势将溶解的睫毛膏拭去。通常睫毛膏无法一次完全去除，你可以更新化妆棉将上面的步骤再重复一次，直至完全清除为止。

（2）卸除眼影及眼线。取一片化妆棉，同样以眼部专用卸妆液将其沾湿。闭上眼，将化妆棉用食指、中指与无名指夹紧，覆盖于眼皮上两三秒。然后将化妆棉轻轻地往眼尾拉，以顺势拭去眼皮上的眼影。如果因为使用了防水眼线而没有去除干净，可再重复一次。

（3）卸除不沾杯唇膏。用面纸按压嘴唇，吸掉唇膏里的油分。将两片蘸满卸妆液的棉片轻敷嘴唇，微笑使唇纹舒展。由外围向唇部中心垂直卸除，不要来回搓。打开嘴角，将棉片对折，清理容易遗落的残妆。

（4）卸除面部妆容。将卸妆产品适量涂抹于脸上，用指腹轻轻按摩脸部，让卸妆产品将脸上的彩妆充分溶解。注意细小的地方，如鼻梁两侧、嘴角、发际等处也要彻底卸除。用面纸将脸上所有的东西拭去，如果一次不干净，同样的步骤可再来一次。

（2）不忽视颈部的修饰

做了发型和面部化妆后，要使面部色彩和身体的色彩很好地衔接，使化妆风格与服饰设计协调一致，还要考虑到脖颈的可见部分要和面部的妆色相和谐，所以脖颈部分也必须进行修饰。颈部修饰可用比基础底色深一度的粉底轻轻涂抹在衣领以上的暴露部位，再用定妆粉定妆即可。中老年人颈部多皱纹，化妆前应充分保湿，尽量不用定妆粉定妆，直接用餐巾纸吸干即可。当皱纹太多需要遮盖时需先粘贴一层薄化妆纱（牵引纱）将皱纹遮盖后再上粉底。

（3）化妆中应力求柔和协调

为了达到自然美的目的，化妆中应尽量做到柔和协调，并做到“细施轻匀”，既要有形与色的渲染，又要富于自然气息，使他人难以看出明显的涂抹痕迹和晕染界线。特别是眼影、腮红部位的晕染更要注意这一点。

（4）要讲究色调的统一和颜色的适中

化妆基础底色的色彩要与肤色相似，要讲究色调的统一和颜色的适中。例如，肤色白的人应选用比肤色略深一号的粉底，腮红和口红也应选用浅色；较深肤色的人，应选用玫瑰色蜜粉或较其原来肤色略深一号的蜜粉，采用深色的腮红和口红等，与肤色的反差不能太大。化生活妆切忌颜色的堆砌，要是在脸上厚厚白白地涂上一层基础底色，看上去像戴着假面具，当然也就没有美感可言了。因此切忌在原有化妆的基础上再涂抹化妆品，否则会显得不干净或不伦不类。

（5）化妆的浓淡视实际场合而定

白天是人们工作的时间，宜化淡妆，轻点朱唇淡扫眉，妆色健康、明朗、端庄。工作场合对女性的化妆要求是：化妆上岗、淡妆上岗。在国外，正式场合不化妆会被认为对对方不尊重，是不礼貌的行为。晚宴妆、舞会妆宜化得浓艳些。外出旅游或参加剧烈运动时，最好不要化浓妆，否则自然光下会显得很不自然。

【小贴士 7-15】

古诗欣赏

饮湖上初晴后雨

苏轼

水光潋滟晴方好，山色空蒙雨亦奇；

欲把西湖比西子，淡妆浓抹总相宜。

（6）化妆色彩要与季节、场合相适宜

不同的季节和时间应选用不同的色彩。譬如在炎夏酷暑时应采用冷色系的化妆品，化妆后让人产生清新、凉快之感；冬天气候寒冷，宜采用鲜明色彩的暖色调化妆品，鲜艳的色彩会使人感到温暖；晚妆要浓而艳丽，色彩丰富，强调立体感，使妆容显得明艳且轮廓分明。

【小故事 7-6】

补妆与化妆

一家公司新近来了一个秘书小王，她在工作方面没有什么问题，人也非常勤快，可就是给人不太得体的感觉。一天，快到中午时，小王气喘吁吁地从外面办事回到公司，满头大汗。她像个假小子一样只拿手擦了擦汗就开始给客户打电话。同事见她还有些头发沾在眼角边，便对她说："小王，看你出了那么多的汗，去补个妆吧。"小王说："没什么。"她没在意，继续埋头干活。过了不久，小王又以一副新面孔展现在同事们的面前——她脸上的粉搽得那么厚，整个人看起来如戏台上的媒婆，吓了同事一跳。说一句不中听的话，这样的装扮给人的感觉是像从歌厅里出来的小姐似的。

（7）化妆要因人而异

这是指化妆要充分重视个体性别、年龄、职业情况，尤其重视个性特点及其社会角色因素。化妆的目的是美化个体，化妆得当可以魔术般地增加个人魅力。将目前最流行的化妆方法应用到肤色完美、相貌出色的模特身上可以产生最迷人的效果，而把同样的化妆品及化妆方法应用在一般人身上可能会产生不伦不类的效果。完美的化妆应该是配合个体自身的条件，而创造出属于自身独特风格的美，让个体建立起对自己容貌的信心，让塑造出的美丽成为个体自身的美，这样的化妆才不会显得矫揉造作。

【小故事 7-7】

化妆风景线

阿美和阿娟是一所美容学校的学生，初学化妆非常感兴趣，走在大街上，总爱观察别人的妆容，因此发现了一道道奇特的风景线。

一位中年妇女没有做其他化妆，光涂了一个嘴唇，而且是那种很红很艳的唇膏，只突出了一张嘴。一位女士的妆容看起来真的很漂亮，只可惜脸上精彩纷呈，脖子却粗糙马虎，在脸庞轮廓上有明显的分界线，像戴了面具一样。再看，还有的女士用粗的黑色眼线将眼睛轮廓包围起来，像个"大括号"，看上去那么的生硬、不自然。一位很漂亮的女士，身穿蓝色调的时装，却画着橘红色的唇膏……

（8）化妆要扬长避短

每个人都要了解自己的短处，但又不能总盯在自己面部的不足之处，应当以化妆来弥补这些不足，还要注意突出自己的优点，采取扬长避短的方法效果往往更好。

（9）化妆还要注意与服饰相配合

尤其是化妆色彩要与肤色、服装、饰物等处于同一个中心要素之中，当然还要考虑到质感、厚感、光感、线感等诸多方面的协调性，充分强调化妆的整体协调效果[①]。

【小贴士 7-16】

化妆的禁忌

化妆有很多禁忌，很多都是日常生活中我们不经意的化妆习惯，千万别小看这些小习惯，如果不注意，会有损形象。

（1）切忌在公共场合化妆。在众目睽睽之下化妆是非常失礼的，这样做有碍于别人，也不尊重自己。

（2）女士不能当着男士化妆。如何让自己更加妩媚，应是每个女性的私人问题，即便是丈夫或男朋友，这点距离也是要有的，从某种意义上来说“距离”就是美。

（3）不能非议他人的化妆。由于个人文化修养、皮肤及种族的差异，每个人对化妆的要求及审美观是不一样的。不要总认为只有自己的化妆才是最好的。在和他人交往的过程中，即便是好朋友，也不要主动去为别人化妆、改妆及修饰，这样做就是强人所难和热情过度。

（4）不要借用别人的化妆品。如确实忘了带化妆盒而又需要化妆，在这种情况下除非别人主动给你提供方便，否则千万不要用人家的化妆品，因为这是极不卫生的，也是很不礼貌的。

（5）男士使用化妆品不宜过多。目前，男士化妆品越来越多，但男女有别。男士不能使用过多的化妆品，否则会给人带来不良的印象，不要让人感到你化妆后有“男扮女装”的感觉。

六、不同脸型的化妆

靳羽西说：“世界上没有难看的人，只有不懂如何把自己打扮得体的人。”脸部化妆一方面要突出面部五官最美的部分，使其更加美丽；另一方面要掩盖或矫正缺陷或不足的部分。经过化妆品修饰的美有两种：一种是趋于自然的美，另一种是艳丽的美。前者是通过恰当的淡妆来实现的，它给人以大方、悦目、清新的感觉，最适合在家或平时上班时使用。后者是通过浓妆来实现的，它给人以庄重高贵的印象，可出现在晚宴、演出等特殊的社交场合。无论是淡妆还是浓妆，都要利用各种技术，恰当使用化妆品，通过一定的艺术处理，来达到美化形象的目的。

1. 椭圆脸化妆

椭圆脸可谓公认的理想脸型，化妆时宜注意保持其自然形状，突出其可爱之处，不必通过化妆去改变脸型。

涂胭脂时，应涂在颊部颧骨的最高处，再向上向外揉化开去。

使用唇膏时，除嘴唇唇形有缺陷外，尽量按自然唇形涂抹。

眉毛，可顺着眼睛的轮廓修成弧形，眉头应与内眼角齐，眉尾可稍长于外眼角。

① 顾筱君. 21 世纪想想设计教程[M]. 北京：机械工业出版社，2012.

正因为椭圆形脸无须太多的掩饰，所以化妆时一定要找出脸部最动人、最美丽的部位，而后使之突出，以免给人平平淡淡、毫无特点的印象。

2. 长脸型化妆

长脸型的人，在化妆时力求达到的效果应是：增加面部的宽度。

涂胭脂时，应注意离鼻子稍远些，以在视觉上拉宽面部。抹时，可沿颧骨的最高处与太阳穴下方所构成的曲线部位，向外、向上抹开去。

施粉底时，若双颊下陷或者额部窄小，应在双颊和额部涂以浅色调的粉底，造成光影，使之变得丰满一些。

修眉毛时，应令其成弧形，切不可有棱有角的。眉毛的位置不宜太高，眉毛尾部切忌高翘。

3. 圆脸型化妆

圆脸型予人可爱、玲珑之感，若要修正为椭圆形并不十分困难。

涂胭脂：可从颧骨起始涂至下颌部，注意不能简单地在颧骨突出部位涂成圆形。

涂唇膏：可在上嘴唇涂成浅浅的弓形，不能涂成圆形的小嘴状，以免有圆上加圆之感。

施粉底：可用来在两颊造阴影，使圆脸瘦削一点。选用暗色调粉底，沿额头靠近发际处起向下窄窄地涂抹，至颧骨下可加宽涂抹的面积，造成脸部亮度自颧骨以下逐步集中于鼻子、嘴唇、下巴附近部位。

修眉毛：可修成自然的弧形，可做少许弯曲，不可太平直或有棱角，也不可过于弯曲。

4. 方脸型化妆

方脸型的人以双颊骨突出为特点，因而在化妆时，要设法加以掩蔽，增加柔和感。

涂胭脂：宜涂抹得与眼部平行，切忌涂在颧骨最突出处。可抹在颧骨稍下处并往外揉开。

施粉底：可用暗色调在颧骨最宽处造成阴影，令其方正感减弱。下颌部宜用大面积的暗色调粉底造阴影，以改变面部轮廓。

涂唇膏：可涂丰满一些，强调柔和感。

修眉毛：应修得稍宽一些，眉形可稍带弯曲，不宜有角。

5. 三角脸化妆

三角脸的特点是额部较窄而两腮较阔，整个脸部呈上小下宽状。化妆时应将下部宽角“削”去，把脸型变为椭圆状。

涂胭脂：可由外眼角处起始，向下抹涂，令脸部上半部分拉宽一些。

施粉底：可用较深色调的粉底在两腮部位涂抹、掩饰。

修眉毛：宜保持自然状态，不可太平直或太弯曲。

6. 倒三角脸化妆

倒三角脸的特点是额部较宽大而两腮较窄小，呈上阔下窄状。人们常说的“瓜子脸”、“心形脸”，即指这种脸型。化妆时，掌握的诀窍恰恰与三角脸相似，需要修饰部分则正好相反。

涂胭脂：应涂在颧骨最突出处，而后向上、向外揉开。

施粉底：可用较深色调的粉底涂在过宽的额头两侧，而用较浅的粉底涂抹在两腮及下巴处，造成掩饰上部、突出下部的效果。

涂唇膏：宜用稍亮些的唇膏以加强柔和感，唇形宜稍宽厚些。

修眉毛：应顺着眼部轮廓修成自然的眉形，眉尾不可上翘，描时从眉心到眉尾宜由深渐浅。

【小故事 7-8】

换妆

吴菲，某高校文秘专业高材生，毕业后就职于一家公司做文员。为适应工作需要，上班时，她毅然放弃了“清纯少女妆”，化起了整洁、漂亮、端庄的“白领丽人妆”：不脱色粉底液，修饰自然、稍带棱角的眉毛，与服装色系搭配的偏浅色的眼影，紧贴上睫毛根部描画的灰棕色眼线，黑色自然型睫毛，再加上自然的唇形和略显浓艳的唇色。虽化了妆，却好似没有化妆，整个妆容清爽自然，尽显自信、成熟、干练的气质。但在公休日，她又给自己来了一个大变脸，化起了久违的“清纯少女妆”：粉蓝或粉绿、粉红、粉黄、粉白等颜色的眼影，彩色系列的睫毛膏和眼线，粉红或粉橘的腮红，自然系的唇彩或唇油，看上去娇嫩欲滴，鲜亮淡雅，整个身心都倍感轻松。

心情好，自然工作效率就高。一年来，吴菲以自己得体的外在形象、勤奋的工作态度和骄人的业绩，赢利了公司同仁的好评。

点评： 有人说“化妆不只是技术，还是一门艺术、一种生活。”这句话一点也不错，吴菲的两种妆容正是其集中的体现，得体的妆容给她带来美丽、带来风采、带来自信。

七、男性的妆容设计

以上几点主要针对女士而言，其实男士也应注意妆容设计。职业男性的妆容修饰应注意以下方面。

1. 维护自己的面部皮肤

男性也应像女性一样精心维护自己的面部皮肤。要勤洗脸，以保持面部皮肤的清洁与卫生。可适量使用保湿液，以保持面部皮肤的湿润。

2. 注意选用合适的修面液和香水

适合办公场合用的修面液和香水一般应是淡雅的，并有一种清爽的味道。这样的味道能使周围的人感到愉悦。

3. 注意眉毛的修饰

改变眉毛存在的缺陷，修整多余的眉毛或不规则的形状。

4. 修剪鼻毛

外露的鼻毛让人讨厌，应买一把修剪鼻毛的专用剪刀经常修剪。

5. 勤于修面

勤于修面的男士在工作中更容易被他人接纳。德高望重的长者，如果有蓄须的习惯，应注意对胡子的修剪，尤其要注意将脖子上的胡须处理干净。

6. 注意牙齿清洁

保持牙齿和齿龈健康是每日必须优先考虑的事情。每天最好能刷三次牙，尤其要注意养成午餐后刷牙的习惯。一次专业性的牙齿清洗能为你带来惊人的变化。

7. 注意手部护理

手总是不可避免地要暴露在别人面前的，应注意保持手和指甲的清洁，并选用合适的护手霜护理双手。

8. 去除烟味

吸烟的男子要注意吸烟后嚼口香糖等去除烟味。

9. 去除脚臭

有“汗脚”的男士应注意保持鞋袜清洁，鞋最好准备两双以上，换着穿。

男士的形象与其精神面貌有很大关系，如果外表各方面都处于最佳状态，但目中无人，神态不振，这个人的形象也就谈不上好。所以，男士在精神面貌上要保持对生活的乐观和追求，少些抑郁忧愁，多些爽朗欢笑。

第二节　护肤

护肤即皮肤护理，它是指要对皮肤，尤其是面部皮肤的长期护理和保养，这是实现妆容美的首要前提。正常健康的人皮肤具有光泽，且柔软、细腻洁净、富有弹性；而当人处于病态或衰老的时候，其皮肤就会失去光泽、弹性，出现皱纹或色斑。对皮肤进行经常性的护理和保养，有助于保持皮肤的青春活力。

一、皮肤的构造

皮肤是由表皮、真皮和皮下组织三部分构成的。表皮就是我们眼睛能看得见的部位，它能防止体内水分过分蒸发，并能阻止外界有害物质的侵入，尤其是防止紫外线的侵入。真皮位于表皮的内侧，与表皮弯曲相连，真皮的机能如果衰退，皮肤就会呈现老化；真皮的弹力如果缩小，皮肤的皱纹就会增加；人们受伤后，皮肤的更生力也来源于真皮层。皮下组织是皮肤的最下层，含丰富的皮下脂肪。全身皮肤含脂肪量各不相同，其中，眼圈的含量最少，所以眼周肌肤最显脆弱，因为缺乏皮脂膜保护，加班、熬夜过多，作息不正常，眼周就容易出现黑眼圈、细纹等症状，看上去精神不济，就会给职场、社交带来困扰。眼圈最易松弛，也最易老化。职业女性为保持良好的精神风貌，应注意保护眼周肌肤。

为了让皮肤的新陈代谢正常运作，我们应在晚上十点至凌晨两点这段时间睡觉休息。因为这段时间是细胞分裂最旺盛的时候，此时人如果处于睡眠状态，心跳平缓，血管扩张，血液循环遍及全身，营养及能量较易供给细胞分裂时使用，促进新陈代谢。反之，此时人如果熬夜，对皮肤的保养最为不利。

【小贴士 7-17】

男女皮肤的差异

皮肤是男性和女性的“第二性征”。男性与女性的皮肤肌理有着明显的不同特点。

第一，厚度的差异。一般男性皮肤比女性皮肤厚24%。随着年龄的增长，男性皮肤变薄的速度比女性快得多，而且皮肤厚度不受身材及种族的影响。

第二，弹性的差异。弹性可使肌肤呈现年轻健康的外表，是皮肤最珍贵的特性。一般男性皮肤比女性皮肤的弹性好，但随着年龄的增长，男性皮肤弹性降低的速度比女性快得多。

第三，皮脂状况的差异。从整体的平均数值来看，男性的皮脂分泌比女性旺盛，皮肤表面油性比女性强。

第四，封闭性的差异。皮肤的封闭性受皮肤厚度及弹性的影响而有所不同。男性皮肤的封闭性，约在30岁以前呈现良好的状态，30岁以后情况便急速变化，到50岁以后又恢复稳定，不再发生重大变化。而女性的封闭性变化是逐渐发生的，不像男性那样突然。

第五，老化现象的差异。男性和女性皮肤老化的过程不一样。男性皮肤老化是突然形成的。男性可在短时间内脸上就布满皱纹，再加上天生皮肤较厚，使皱纹更明显。皮肤封闭性的突然丧失，也使松弛现象更严重。而女性皮肤的这些现象都是逐渐发生的。

二、皮肤分类及保养

皮肤一般分为干性皮肤、中性皮肤、油性皮肤、敏感性皮肤。对于不同类型的皮肤需用不同的方法加以护理和保养。

1. 干性皮肤

干性皮肤红白细嫩，油脂分泌较少，经不起风吹日晒，对外界的刺激十分敏感，极易出现色素沉着和皱纹。有些干性皮肤的人苦于自己的皮肤少了一份“亮光”，使劲往脸上涂抹“增亮”的油脂。殊不知，此举减少了皮肤的透气性。其实对于这种皮肤，每天在洗脸的时候，可以在水中加入少许蜂蜜，湿润整个面部，用手拍干。坚持一段时间，就能改善面部肌肤，使其光滑细腻。

2. 中性皮肤

中性皮肤比较润泽细嫩，对外界的刺激不太敏感。这种皮肤比较易于护理，可以在晚上用水洗脸后，再用热水捂脸片刻，然后轻轻抹干。

3. 油性皮肤

油性皮肤肤色较深，毛孔粗大，油光满面，易生痤疮等皮脂性皮肤病，但适应性强，不易显皱。对于这种皮肤，洗脸时可在热水中加入少许白醋，以便有效地去除皮肤上过多的皮脂、皮屑和尘埃，使皮肤富有光泽和弹性。

4. 敏感性皮肤

敏感性皮肤表皮较薄，毛细血管明显，使用保养品时很容易过敏，出现发炎、泛红、起斑疹、瘙痒等症状。

确定皮肤类型的简单方法是：在早晨起床前，准备三张干纸片，分别贴在额头、鼻子、面颊上，两分钟后揭下，放在亮处观察，就可判断自己的皮肤类型，如果满纸油迹即为油性皮肤，极少油迹即为干性皮肤；如果额头、鼻子上有油迹，脸颊上几乎没有即为中型皮肤；额头、鼻子上有较多油迹，脸颊上没有为混合性皮肤。

【小贴士 7-18】

护肤品的使用

形象设计师黑玛亚认为："肌肤的日常保养不仅包括日霜、晚霜，还包括眼霜和防晒霜。日霜和晚霜的功用应该是以保湿为主。很多人都自作聪明地只买晚霜，当成日霜使用，以为晚霜比日霜更有营养，干脆早晚都用一瓶更方便。在任何事情上，我们都应该尊重专业，早、晚霜区别使用一定有其道理，拿最普通的原因来解释，就是晚霜中会有些成分是感光的，应该在没有日晒的情况下使用，如果你自作聪明在白天使用，可能会适得其反。

眼霜是成熟女性需要非常重视的保养品，也是我个人最重视的保养品。脸部的衰老通常从眼部开始，好好保养眼部肌肤是延长脸部青春的关键。有些见过我的人总是说我长得年轻，我想与我注重眼部保养有关。眼霜最重要的是品牌和口碑，而且要适合自己。适合自己的标准就是不长脂肪粒、吸收快、半天之内不会干燥。我用过的眼霜不算少了，还没有遇到过一天之内都能保持滋润的眼霜，尽管有的品牌如此标榜，但是我都会在下午重新滋润眼部肌肤，再抹一次眼霜。

至于防晒品，不管它多大牌，只要抹到脸上油腻腻的，像敷了一层白粉，那就是不适合你。能与自己的肌肤自然贴合，吸收完全，是保养品适合与否的基本要素。"

三、护肤的基本方法

掌握正确的护肤方法十分重要。形象设计专家关洁有以下建议。

1. 皮肤肌理的护理

皮肤是人体的第一道防御线，最容易遭受攻击，也最容易自然磨损。所以，皮肤肌理的形成，首先受遗传与生理等内在因素的影响，其次也有风吹日晒、环境污染等外在因素的影响。因此对皮肤肌理的护理，也要"对症下药"，进行综合性"治理"。

形象设计中最常遇到的皮肤上的问题，就是如何减少皱纹。当一位上了年纪的演员需要扮演青年人的时候，化妆师为了减少他脸上的皱纹，真是绞尽了脑汁，使出了浑身的解数。在日常生活中，皱纹也被认为是衰老的象征，影响容貌的美丽，许多人求助于整容医生，通过手术方法除去这些不受欢迎的痕迹。其实皱纹并非都代表衰老或不美，也不是都可以通过整容或化妆来消除。皱纹有许多种，大致分为先天和后天两类。

先天性皱纹是胎儿时形成，出生之日起伴随一生的，最具代表性的是指纹和掌纹，双眼皮也是其中的一种。这些皱纹根本不需要去消除。

后天性皱纹的生成情况多种多样，具体如下。

运动纹——脸部皮肤是脸部肌肉的支撑，随着脸部表情的变化，肌肉不断收缩运动，使脸部皮肤产生了褶皱，久而久之，这些褶皱沟纹的张力逐渐衰退，形成固定的皱纹。运动纹多存在于活动关节或与肌肉相应的关节，如肘纹、腋纹、眉间纹等。这类皱纹很难通过整容或美容消除。

生理纹——人体生理变化或生理活动产生的皱纹，如女性的乳房纹、生育纹，或因风吹日晒等环境导致生理变化产生的皱纹等。只要悉心保护皮肤，这种皱纹是可以减轻的。

老化纹——人体皮肤由于衰老老化变质，张力弹性退化，皮下组织和真皮层萎缩，皮层变薄，角化层相对增加，出现皱纹。老化纹遍及全身，是很难靠整容和美容消除的。

年龄纹——随着年龄的增长，皮肤张力弹性逐渐降低，产生皱纹。这种皱纹可以通过护肤来延迟出现。

消除皱纹，从形象设计的角度讲，就是通过神奇的化妆术，将皱纹拉平，或将皱纹掩盖。但这只是暂时的办法，俗话说“防患于未然”，最好的办法是预防皱纹的出现。

古语说：“君子坦荡荡，小人常戚戚。”这话很值得深思。乐观的情绪是最好的“润肤剂”。保持心情舒畅，可以使面部皮肤变得滋润；经常在烦恼中生活，会给面部皮肤留下痕迹。所以要防止皱纹过早出现，最好的还是精神疗法。乐观开朗是抗皱的良方，幸福感是润肤的灵丹妙药。俗话说“笑一笑，十年少”，笑是一种化学刺激的反应，它激发人体各器官，尤其是激发头脑、内分泌系统的活动。笑的时候，脸部肌肉舒展，使面部皮肤新陈代谢加快，促进血液循环，增强皮肤弹性，起到美容作用。经常笑能使面色红润，容光焕发，给人年轻健康的美感。放松是保持乐观情绪的一剂良药，每天平躺在床上，使脚比头高，什么也不想，可以听轻音乐，10 分钟后，即可增加面部的供血量，收到护肤的功效。

此外，还要辅之以一些抗皱的具体方法：用护肤品保持皮肤滋润，维持皮肤水分；不要过多地在烈日下曝晒；要有充足的睡眠；少吃刺激性食物；适当运动来增强血液循环；保持原有体重，不要一会儿胖一会儿瘦。但是，皮肤出现皱纹是人体衰老的表现，这是不可抗拒的自然规律，我们只能延缓皱纹的出现，却不能阻止它出现。

2. 延缓皮肤的老化

当皮肤外表苍黄而有皱纹，因角质层厚度增加而轻度萎缩，表皮变薄而干燥，肌肉弹性张力消失，结实程度减少而出现松弛时，皮肤就衰老了。

（1）合理的饮食

合理的饮食是美容保健的根本。人体需要多种养分，有了养分，皮肤才有自然健康的美。因此，我们在日常生活中应注意饮食上的多种多样，多吃富含维生素的食物，少吃刺激性食物，保持吸收、消化系统的畅通。一项研究表明：美好容颜的养成，内在营养占 80%，外在营养占 20%。

（2）保证良好的睡眠

保持卧室的良好环境，对卧室的温度、床垫和枕头的软硬，都要适合自己入睡的要求。如有可能，特别是北方的冬季，可在室内装置加湿器，防止皮肤干裂。良好的睡眠使皮肤可以获得更多的氧气，满足代谢的需要。

（3）保持皮肤适度的水分

皮肤的弹性和光泽是由含水量决定的。要使皮肤滋润，每天要保证喝水 2 000 毫升。每天晚上睡前饮一杯凉开水，睡眠时，水分会融入细胞，为细胞所吸收。早晨起床后，也要饮一杯凉开水，使胃肠畅通，使水随血液循环分布全身，滋润皮肤。皮肤角质层的水分也可以从体外吸收，保持环境湿度、在化妆品中配上保湿剂，都是保持皮肤水分的好方法。坚持每天用冷水浸脸一次，约两分钟，坚持必有成效。

（4）正确地洗脸

正确洗脸，保持皮肤清洁卫生是不可或缺的。正确的洗脸方法是：洗脸时水温不要太高，一般应低于 35℃；洗脸应从下往上、从里向外洗，这样有助于皮肤血液循环；要使用温和的洗面奶，少用或不用香皂；洗脸的动作要轻柔。

（5）避免不良刺激

紫外线对皮肤有破坏作用，过度暴晒会使皮肤变黑、粗糙并出现皱纹，因此阳光太强的天气，要注意防晒。应化淡妆，不要浓妆艳抹，以减轻对皮肤的刺激。不要使用伪劣化妆品。

（6）按摩皮肤

具体方法是：两手掌相互摩擦发热，然后两手掌由前额顺着脸的两旁轻轻向下擦，擦至下巴时，再上擦至前额，如此一上一下将脸的各处擦周到，上下共 36 次，每天早晚洗脸后进行。在按摩时手法要轻柔，不可过分用力。

总之，只有自觉地、习惯地在日常生活和工作中保养皮肤，坚持皮肤"锻炼"，才能使皮肤细腻、光泽、柔嫩、红润，富有弹性，青春永驻。

【小贴士 7-19】

形象设计师黑玛亚的护肤经

成熟的肌肤最常遇到的问题就是抗衰老、抗皱、抗松弛，还有就是祛斑、亮肤美白，过敏和粉刺也在其中。作为成熟女性，不要期望哪种抗衰老精华具有整容般的功效，抗衰老最重要的是能够使你的现状不再恶化，并且有轻微的改善。如果坚持保养，你会发现 5 年之后你的肌肤状态还是跟现在一样，这就是成功的保养，保养是维持最好的现状、投资未来的美丽。

我是一个很热爱自己工作的女人，我自己的肌肤曾经在四年前出现过冬季型过敏现象，我发现都是因为工作狂造成的。后来我在日常保养中坚持使用防敏精华液，而且注意不再连续过度地投入工作，一直到今天我的脸部都没有再出现过敏现象。因为工作狂的缘故，我的肌肤一度不再白皙，出现黄气，后来找到了好的亮肤保养品，也调整了工作节奏，肌肤逐渐恢复了白皙透亮，所以我很相信，通过保养肌肤完全可以恢复到好状态。至于粉刺，我自己虽然没有，但是却治好过好几个满是粉刺的脸，有男有女，使我很有成就感。

以下是我给大家关于护肤的几点忠告。

- 用于脸上的投资不能节省，而且要投资准确，否则再富有也是一个"没有面子"的人。
- 一定要找到适合自己的保养方式和护肤产品，贵在坚持！
- 常做面膜的好处要常做才知道，效果真的好!尤其是在日晒之后、旅行中、生理期，这些情况下特别需要！保湿、美白、提升效果的面膜轮流使用，每周至少应做三次。眼膜可以和面膜同时使用。
- 问问母亲或者祖母，不论她们的肌肤状况是好是坏，她们得与失的经验都会对你有用，因为你们拥有相似的基因。教训和秘方一样宝贵。

3. 皮肤质地保养

人的皮肤各有不同，昼夜 24 小时都在不断地工作着和变化着。它有时暴露于酷暑或严寒中，有时接触油烟和灰尘。不同质地的皮肤会产生不同的反应，十分娇嫩敏感。要像对待最心爱的人那样，经常地关心它、体贴它、保养好它。早注意比晚注意强，晚注意比不注意强。

干性皮肤的特点是皮肤粗糙，干燥而不含油脂，小皱纹引人注目。平日洗脸时要用温水，洗脸后搽上湿润剂式的面霜，吸收空气中的水分，深入表皮，把水分储藏起来，以补充皮肤水分供应的不足。天寒地冻，或在大风、干燥的环境中工作时，干性皮肤的人必须使用保护霜。而烈日炎炎、光强烈时，干性皮肤的人切不可曝晒在阳光下，外出时必须搽防晒剂，来保护自己的皮肤。

中性皮肤是标准肤型，护理也比较简便，清洁皮肤是护理中性皮肤的重要一面。中性皮肤能够很快地调整变化，最好一年四季分别选用不同的化妆品。夏季炎热，最适合选用清爽型的化妆水与乳液：冬季寒冷，可改用营养价值较高的面霜，并用面膜敷面。

油性皮肤的特点是肤纹粗，毛孔容易张开，受外来刺激容易感染，所以清洁是至关重要的。只有油性皮肤才需要在 24 小时之内至少清洗面部两次以上，早上洗脸，睡前也应洗脸。在选用化妆品时，要注意用适合油性皮肤的化妆品。

敏感性皮肤的护理，对经常需要化妆的人来说，显得格外重要。敏感性皮肤常因气候的冷暖、阳光的曝晒、食物的不适、环境的污染等引起皮炎。皮肤比较脆弱，提高它的抵抗力是第一需要。最好每天进行一次冷热疗法，经常做脸部按摩与敷面膜。敏感性皮肤容易受刺激，易因敏感性强而引起不良反应，使用化妆品一定要慎重。化妆品中的香料常引起过敏反应，应避免使用香味重的、油性的化妆品。

第三节　美发

头发位于人体的“制高点”，俗话说“美丽从头开始”，发型构成了妆容美的重要内容。现代社会，发型的功能不仅是区分性别、美化容颜，更能反映一个人的道德修养、审美水平、知识层次。有时，人们可以通过一个人的发型准确地判断出他的职业、身份、受教育程度、生活状况和卫生习惯，更可感受出其是否身心健康以及对生活和事业的态度。美观的发型能给人一种整洁、庄重、洒脱、文雅、活泼的感觉。

美的发型，使人在社交中增强自我的自信心，陶冶人们的情操，领略对生活的热爱。不同的发型，能带给人整洁、庄重、洒脱、文雅、活泼的不同感觉，因而不同的气质、爱好、脸型、发质、年龄的人要针对自身情况，扬长避短，选择和修饰适合自己的发型。如图 7-3-1 所示是深受世界人民喜爱的美国著名影星奥黛丽·赫本的经典发型。美发主要应注意以下几方面。

图 7-3-1　影星赫本的经典发型

一、护发

要想拥有健康秀丽的头发，就要靠平时的保养和护理。如果不保养和护理，头发就会受到损伤，影响头发的健康。有一头健康的头发，才能实现美发，健康是美的前提。

1. 发质

头发因不同种族、不同肤色、不同年龄、不同健康状况而有着不同的发质。

（1）根据皮脂腺分泌情况分为不同类型

健康的头发因其皮脂腺分泌量的不同而大体上可分为以下四种发质：中性发质、干性发质、油性发质和混合性发质。

① 中性发质。中性发质是一种健康的头发，头发有自然光泽、润滑、柔顺、有弹性、易梳理、不分叉、不打结、梳理时无静电，做好发型后不易变形。但中性发质如同中性皮肤一样，比较少见。

② 干性发质。干性发质因头皮缺少皮脂或因水分丧失过快而显得干燥、暗淡无光泽、脆弱、僵直，易有断裂、分叉、缠结等现象；还因为发干易卷曲，发梢易分叉，头发僵硬，弹性下降，没有柔滑感，做好发型后很容易变形。干性头发多是由于衰老或护理失误造成。

③ 油性发质。油性发质因头皮皮脂腺分泌旺盛，故头发油腻、易黏附灰尘、易脏且易有头皮屑，造型难度大，常呈现平直软弱等特点。油性头发多与遗传有关，此外，也常与精神压力过大或性激素分泌旺盛有关。

④ 混合性发质。混合性发质处于头发多油和头发干燥的混合型状态，这种头发根部多油，发梢则易缺油脂而显干燥，行经期妇女和青春期少年多见。混合性头发因其头发生长处于最旺盛阶段，而体内的激素水平又不稳定，于是出现干燥与多油并存的状态。

（2）根据物理特性分为不同类型

头发根据其物理特性分为直性头发、柔软性头发、粗硬性头发、纤细性头发、稀疏性头发等。

① 直性头发。直性头发丰满厚实、又黑又亮，发丝直而粗。

② 柔软性头发。柔软性头发的发丝柔软，光滑而伏贴，易梳理。

③ 粗硬性头发。粗硬性头发的发质粗硬，含水量大，弹性较强，难梳理，不易成型，一旦成型后不易变形。

④ 纤细性头发。纤细性头发的发质纤细柔软且弹性不足，含水量较小，轻飘而难以成型。

⑤ 稀疏性头发。稀疏性头发的发质密度稀疏、脆弱、易断。

判断自己头发的软硬，可以从烫发后头发是否容易保持卷性来断定，较硬的头发保持卷性较好，较软的头发保持卷性较差。

【小故事 7-9】

气质魅力从头开始

华盛集团公司的卫董事长有一次要接受电视台的采访。为了郑重起见，事前卫董事长特意向公司为自己特聘的个人形象顾问咨询，有无特别需要注意的事项。对方专程赶来之后，仅仅向卫董事长提了一项建议：换一个较为儒雅而精神的发型，并且一定要剃去鬓角。对方的理由是：发型对一个人的上镜效果至关重要。果然，改换了发型之后的卫董事长在电视上亮相时，形象焕然一新。他的发型使他显得精明强干，他的谈吐使他显得深刻稳健，两者相辅相成，令电视观众纷纷为之倾倒。

2. 护发用品

护发用品一般可分成以下三大类。

（1）发乳。适用于一般头发，对发质较软者尤为适用。它能保护头发，使之不易断裂和脱落，保持自然光亮与润泽，还可随意梳理成自己需要的发型。发乳中的药性发乳则可以去屑、止痒、防脱发。

（2）发蜡。又称头蜡，是以凡士林为原料制成的，所以黏度较高，适于头发较多或硬性头发的人使用。由于这类头发难以梳理成型，使用发蜡后再用电吹风吹发则易于梳理成型，保持头发整齐，同时还能减少水分对头发的软化作用，增加头发的光泽。

（3）喷雾发胶。是一种使头发定型的用品。其使用方法是：在使用电吹风吹发后，将发胶均匀地喷在头发上，从而使发型固定，不怕风吹或震动，可较长时间地保持发型不变。

3. 头发护理的方法

（1）洗发。头发要定期清洗。洗发可清除头屑和污垢，防止头皮的皮脂分泌物堵塞毛孔而发痒。洗发时应选择适合自己发质的洗发水和护发素，水温在37℃右最适合，不可用力摩擦和抓揉头发，只可用手指肚轻轻按摩，然后用清水清洗干净，不要让洗发精、护发素残留在头发上。最后将头发用毛巾擦干或者用电吹风吹干。使用电吹风时，应距头发20～25厘米。洗发的间隔时间要根据具体情况而定：中性发质的人冬天4～5天洗一次发，夏天3～4天洗一次发；油性发质和干性发质的人则要分别缩短和延长1～2天。

（2）护发。焗油是最好的护发方法。有关专家研究发现，头发表层是由无数鳞片组成的，这种鳞状表层排斥头油、蛋白质、维生素、人参、当归等物质，只吸收与纤维质相关的特殊物质，而焗油膏中则含有这种头发易于吸收的营养物质。它们对于头发可以起到营养和修复作用，增加头发的弹性、柔软性和保湿性，使头发看起来光亮照人，如丝绸一般，并易于梳理。焗油一个月一次即可，可以自己焗也可以到发廊焗。

（3）养发。现代职业女性若想拥有一头秀发，还要注意养发，即在人体自身内部营养吸收及外部环境的适当调节上要做到以下四个注意。

① 注意保持饮食中的营养均衡，提高自身的健康素质。多吃含蛋白质、铁、钙、锌、镁的食物和鱼类、贝类、橄榄油、坚果类（核桃）等干果。

② 注意多参加运动，坚持锻炼。有规律的运动可消除工作、学习、生活紧张带来的压力。

③ 注意掌握并运用正确的梳头和洗头方法，勿损伤头发；还要注意按摩和擦发，早晚用梳子梳发3分钟，约100次左右，这样既可以刺激头发的神经末梢，调节头部神经功能，促进内分泌和头发的新陈代谢，有利于头发的新生，还可以刺激头皮活力，防头屑和脱发。

④ 注意防止和降低自然环境中损伤头发的因素，如注意防干燥、防曝晒、防潮湿、防寒冷。夏天游泳后要及时用清水将头发清洗干净，再让头发自然风干。夏天外出用遮阳伞，冬天外出戴防寒帽。

【小贴士 7-20】

发型的种类

1. 女士发型

（1）“马尾巴”。马尾巴是一种将头发一把扎在脑后而不编结成辫的发型。由于其简单易行，所以用途极广。这种发型会使女孩显得活泼可爱，但是，它会使背部不直的人看上去负荷过重。

（2）独辫子。独辫子是一种将长发在脑后编成一根辫子的发型，它给人以怀旧的情结。

（3）娃娃头。娃娃头又称童花头，它以齐眉的刘海和齐耳的短发塑造女孩乖巧可人的形象，可使女士看上去更年轻。

（4）直发。直发是一种将齐肩或披肩的长发拉直的发型，可使女孩变得青春靓丽。

（5）大波浪。“大波浪”是一种流行卷发发式，由于其发型纹理就像大海的波浪一样，故而得名。大波浪发型柔软又不失淑女形象，既有轻盈飘逸的发型轮廓，又有妩媚迷人的视觉冲击，是深得时尚女孩追捧的发型。

此外，还有高发髻、男士头等。

2. 男士发型

（1）西式发型。西式发型亦称西装头，泛指现代人三七分或四六分的一种露出后颈部的短发型，是正式场合最常采用的一种发型，给人以端庄和严谨的感觉。

（2）对分发型。对分发型是一种五五对开、额前头发比较长的发型。这种发型只适合前额宽大、脸型呈“国”字形的人，反之是橄榄头型人的大忌。

（3）卷曲发型。给人以异国情调或自由浪漫的感觉。

（4）板寸头。板寸头俗称平头。脑袋四周基本无发，只是头顶留有1~2厘米的短发，而且顶部呈水平面。这种发型给人以刚毅和果敢的形象。

此外，还有刺猬发型、爆炸发型和光头等。但是对于男职员来说，此类发型不适宜。

二、美发

当我们对自身头发的发质、护发、保养有了一定的了解后，还要选择一个有魅力的，与自己性别、发质、服装、身材、脸型等相和谐一致的发型，从而表现出与众不同的良好仪容——发型美。

【小故事7-10】

松下与理发师

日本著名跨国公司“松下电器”的创始人、被称为“经营之神”的松下幸之助，以前从不修边幅，企业也不注重形象，因此企业发展缓慢。一次他到银座的一家理发室去理发，理发师看到他的形象后，毫不客气地对他说：“你毫不重视自己的容貌修饰，就好像把产品弄脏一样，你作为公司代表都如此，产品还会有销路吗？”一句话将松下幸之助问得哑口无言。他将理发师的劝告牢记在心，此后对自己的外在形象十分重视，生意也随之兴旺起来。现在，松下电器的产品享誉天下，与松下幸之助长期率先垂范，要求员工懂礼貌、讲礼节是分不开的。

1. 发型与性别

对于男士来讲，头发的具体长度，有着规定的上限和下限。所谓上限，是指头发最长的极限。按照常规，一般不允许男子在工作时长发披肩，或者梳起辫子，在修饰头发时要做到：前发不覆额，侧发不掩耳。男士头发长度的下限是不允许剃光头。

对于女士来讲，在工作岗位上头发长度的上限是：不宜长于肩部，不宜挡住眼睛。长发过肩的女子在上岗之前，可以采取一定的措施，如将超长的头发盘起来、束起来、编起来，不可以披头散发。女士头发长度的下限也是不允许剃光头。

【小贴士 7-21】

男士发型长度

男士的发型一般是以头发顶部至发际线处的长度为依据，分为短发型、中长发型、长发型和超长发型。短发型一般留发较短，发式轮廓线在两鬓角处，给人精干年轻、充满活力的印象。中长发型一般留发适中，发式轮廓线在耳轮以上，是大多数男性，特别是中年男性喜爱的发长。长发型留发较长多是一些从事艺术类工作的男士，其发式轮廓线在后发际线上下，颇有艺术家的风采。但打理不好，容易给人不修边幅的感觉。留超长发型的男性留发很长，其发式轮廓线超过发际线，是追逐时尚、标新立异一族喜爱的发式。男士发型长度确定的方法如下。

（1）左右梳理确定法。左右梳理确定法是将头顶区的头发先梳到一侧，按侧区标准长度修剪。然后再将头顶区的头发梳至另一侧，按另一侧区标准长度修剪，最后再将顶区中心的头发垂直提起，将多余的长发剪去即可。这种方法适合于发丝后梳流向与旋转流向的男士发型长度定位。

（2）中心点定位设定法。中心点定位设定法是以中心点至肩尾的长度为基准建立设计线，按要求修剪顶区层次。这种方式适合一般按常规修剪的男士发型长度定位。

（3）分梳设定法。分梳设定法是以自然分界线为准，将头发自然梳至两个侧区，按侧区的标准长度进行修剪。此方法适合喜爱顶部留发较长或顶部头发较少的男士发型长度定位。

2. 发型与发质、服装

一般来说，直而硬的头发容易修剪得整齐，故设计发型时应尽量避免花样复杂，应以修剪技巧为主，做成简单而又高雅大方的发型。比如梳理成披肩长发，会给人一种飘逸秀美的悬垂美感；用大号发卷梳理成略带波浪的发型或梳成发髻等，会给人一种雍容、典雅的高贵气质。

细而柔软的头发，比较伏贴、容易打理成型，可塑性强，适合做小卷曲的波浪式发型，显得蓬松自然；也可以梳成俏丽的短发，能充分体现你的个性美。

在现代美容中，一个人的发式与服装有着十分密切的关系。什么样的服装应当有什么样的发式相配，这样才显得协调大方。假如一个高贵典雅的发髻配上一套牛仔服系列就显得不伦不类。因此，只有和谐统一才能真正体现美。

【小贴士 7-22】

发型与季节的配合

一年四季，由于气候的变化，人们的着装随之变化，发型设计也应随着季节的变化而变化。

（1）春季草木复苏，生机盎然，气候适宜，发型设计可根据自己的喜好加以选择，色彩可以丰富多彩，表现出积极进取、精力充沛的一面，长短、薄厚均可，不受限制。但发型一定要展示美的风范：流畅的线条、优美的造型。

（2）夏季由于气候炎热，人们的穿着也很简单，一般的服装都是开领、短袖，并露出颈部，发型设计多用短发或超短发，给人以凉爽、整洁、利落的感觉；长发可以盘起或编起，尽量露出脖颈，也可采取束发措施。发式外轮廓呈圆形，前高后低，额前呈花瓣形，两侧及顶部头发呈直线状比较时尚。

（3）秋季天气凉爽，草木枯黄，给人以萧条的感觉，人们着装也较随意，在发型上可以采用稳重、典雅的造型，也可以做出时尚前卫的造型。因为秋天也是个硕果累累、色彩斑斓的季节，因此色彩尽可以任意发挥。

（4）冬季气候寒冷，穿着笨重，头上常常戴围巾、帽子，发型很难保持长久，所以，发型处理应尽量简洁、易梳理。发型设计要偏长、偏厚和蓬松些，给人以温暖的感觉。留发宜长但发式可以是大波浪、中波浪，也可以是长直发，发色偏暖为宜。

3. 发型与身材

发型设计不应只是简单增加或减少身高的作用。发型、脸型和身材应该是和谐一致的。有时单看某一款发型很漂亮，与脸型和肤色都配合得很好，可是站起来一看就感到美中不足了，原来是发型太短或太长，导致头长和身高比例失衡，或头宽与身宽比例不相宜。根据人体美学测量学的研究，头长和身高的比例应该为 1:7.5 ~ 1:8。只有遵循形式美法则才能使发型设计具有增加体型美或修补体型缺陷的效果。

发型与体型的配合大致有下列几种情况。①

（1）身材矮小者的发型。身材娇小、脸型圆润的人会给人小巧玲珑之感，发型设计不宜破坏这种感觉。发型应以秀气、精致为主，避免粗犷、蓬松，否则会使头部与整个形体的比例失调，给人以大头小身体的感觉。烫发时应将花式、块面做得小巧、精致一些。或者选用偏分的短发或中长发，短发显得轻快活泼，富有青春魅力。身材矮小者也不适宜留长发，因为长发会使头显得大，破坏人体比例的协调性。留中长发时，可将发梢自然向里弯曲，任秀发自然飘逸。高耸的盘发可以增加身高错觉，但要视脸型或头长而定。

（2）身材矮胖者的发型。矮胖体形的人给人一种丰满健康、充满活力之感。发型要协调这种健康的美感，造成一种有生气的健康美，譬如选择运动式发型。此外应考虑弥补缺陷，胖人脖子短，不宜留披肩长发，不宜烫卷发，不宜让头发过于蓬松或过宽，尽可能让头发向高度发展，显露脖子以增加身体的视觉高度。也可以盘头，或选择让头发向上蓬松发展的发型（也要视头长与身长比例而定）。

（3）身材高瘦者的发型。高瘦体形的人细长而单薄，头部显小。若要弥补这些不足，发型就要求生动饱满，避免将头发梳得紧贴头皮，或将头发搞得过分蓬松，造成头重脚轻的印象。一般来说，高瘦身材的人比较适宜留长发和直发。应避免将头发削剪得太短薄，或高盘于头顶上。头发长至下巴与锁骨之间较理想，且要使头发显得厚实、有分量。也可将长发盘起，梳理成高雅的发髻，优雅而别致。发型的轮廓宜保持圆形或烫出有波浪的卷曲状并层次分明，也可将头发后梳显露丰满的面庞。

（4）身材高胖者的发型。男人的高大是一种魁梧，给人一种力量美，但高大对女子来说就会缺少苗条、纤细的美感。除了以服饰及化妆设计予以矫正外，发型设计也有一定的美化效果。为适当减弱这种高大感，发式上应以大方、简洁为好。高大妇女的发型一般以直发为主，以长发或中长发、大波浪卷发为好，即使做卷发也应服帖、紧凑，也可以做盘发或简单的短发，发型应简洁明快，线条流畅、大方、奔放、洒脱，不要追求繁杂的花样，头发不要太蓬松。总的原则是简洁、明快，线条流畅。

另外，如果上身比下身长，或上下身等长，则发式可选择长发以遮盖其上身；如果肩宽

① 顾筱君. 21 世纪想想设计教程[M]. 北京：机械工业出版社，2012.

臀窄，就应选择披肩发或下部头发蓬松的发式，以发盖肩，分散肩部宽大的视角；若颈部细长，可选择长发的发式，不适宜采用短发式，以免使脖颈显得更长；若颈部短粗，则适宜选择中长发式或短发式，以分散颈粗的感觉。

总之，进行发式选择时，必须根据自己的身材，选择一个与之相称的发型。

【小贴士 7-23】

发型与职业

根据职业的需要，设计一个很理想的发型对每个人都非常重要。以下是几种常见职业的发型。

1. 教师或机关人员的发型选择

发型要简洁、大方、朴素、明快，最好是剪成短发或烫后稍加修理。若是留成中长发，则可在自然蓬松的基础上以适宜的发卡装饰，给人以淡雅、端庄的感觉。

2. 公务人员或秘书的发型选择

由于社会活动较多，头发最好留得长一些，以便能经常变换发型。一般可以将头发烫成波浪或剪成披肩直发，这些发型稍加修饰或变动，即可适应多种场合。

3. 运动员或学生的发型选择

根据这类人员的职业特点，发型可以做成轻松活泼的短发，若留长发则扎成马尾状，看起来十分可爱、阳光，又易于梳理。

由于社会分工的不同，因而出现了各种不同的职业，所以设计出能衬托整体又能表现个性的发型，才能和谐统一。

4. 发型与脸型

【小贴士 7-24】

各种头形的特征

（1）长形头的顶部一般较尖，脸型较长，额骨突出。

（2）圆形头的骨骼生长较均匀，肌肉丰满，头型的前后左右圆润饱满。

（3）扁形头额骨不突出，枕骨部平坦，后脑勺扁平，没有立体感。

发型与脸型的配合要点主要是突出优点和遮盖缺点，达到美化面容的目的。人的脸型根据几何图形来分，大致可分为椭圆形、圆形、方形、长方形、三角形、逆三角形、菱形等七种，以椭圆形脸为标准脸型。

（1）椭圆形脸的发型。椭圆形脸通常被认为是标准脸型，俗称“鸭蛋脸”，尤其是女性，更能给人以高贵典雅的感觉。此脸型适合于各种发型，但发式不宜过分复杂，原则上以自然简单的发型为主，以免弄巧成拙，影响脸型的美丽。

（2）圆形脸的发型。圆形脸的特点是面部肌肉丰满、轮廓圆润，一般额部发际线生得低，下颌不长，给人以活泼年轻的印象，俗称“娃娃脸”。所以若留短发，发型应该顶部高，两侧略收紧，向椭圆形方向发展；若留长发，应利用直线条的发型削弱两侧的宽度，颈部不妨多留一些，可以改变脸型过圆的印象。圆脸形的人最好将额头露出，这样可以使脸型看起来比较椭圆。

（3）方形脸的发型。方形脸的特征是额部高而开阔，两腮突出，下颌较宽，面部方正，给人以刚毅顽强的阳刚美感。其缺点是脸部线条太生硬，脸型方而缺少柔和的感觉。发型要求自然，才能中和生硬的线条，显现女性的柔美。发型设计时应使顶部头发高而蓬松，两鬓收紧呈弧形，遮去方形额角，尽力减少方的感觉，造就圆润之感。

（4）长形脸的发型。长形脸的骨骼特点是上下宽度较窄，脸型过长，前额发际线生长较高，脸部肌肉不发达，下颌较宽较长，给人以朴实的印象。发型设计时应将顶部头发压低，脸部两侧多留一些头发，尽量以稍微弯曲的刘海、头花遮住过高的额部，这样可以缩短脸部的比例。两侧发蓬松自然略带波浪形，使脸型轮廓有椭圆感。脸型较大时，可将长发卷曲成大波浪，把两侧面颊略微遮掩。适合的发型是在脸的两侧部位加宽加厚发量。例如，头发较长的可以采用烫发蓬松处理，但顶部不要加高，以展示出女人优雅迷人的气质。

【小贴士 7-25】

发型与额头、颧骨的配合

（1）低额头多见于圆形脸，应把前额的头发稍稍上梳，露出前额，拉长脸形。

（2）高额角可利用刘海或使头发呈现波浪状，让头发遮住一部分前额，发梢应向下梳。

（3）宽额头可在太阳穴两侧做发卷或波浪，额前发梳高；也可以将发梢从两边向中间梳，用发卷、波浪遮盖住一部分额角；或者留刘海，把前额的发丝从中间分向两边，以自然的波浪线条遮盖宽大的额头。

（4）窄额头应把头发沿两鬓向后梳，尽量露出两太阳穴以增加额宽。如果做了刘海或波浪绝对不要让它延伸到太阳穴前边。

（5）高颧骨。高颧骨的脸型不要梳中分式，两鬓的头发可向前梳，超过耳线，盖住颧骨，刘海可略长些。

（5）三角形脸的发型。三角形脸有额窄腮宽、上小下大的特点，给人以持重、稳健的印象。其发型应顶部收紧、圆润，略遮过窄的额部；两侧放松，线条柔和，遮住过宽的腮部，尽量修正上小下大的三角形形象。

（6）逆三角形脸的发型。逆三角形脸与正三角形脸相反，特点是上额宽、两腮狭窄、轮廓呈倒置三角形，给人以瘦小灵敏的感觉。其发型若配上短发，会显得单薄，所以刚好过肩的长度较适合。若两颊太宽，可将两侧发自然下垂，使过宽的两颊不至于太明显。顶部头发应略高而收紧，额前中分式，略遮两额角，两侧头发略松，减少上大下小的倒三角形感觉。

（7）菱形脸的发型。菱形脸又称枣核形脸，骨骼特点是上额部和下颌部都狭小，两颧骨部位较宽，呈菱形，给人以灵巧的感觉。其发型应放宽两头，收缩中间，顶部圆润，不能太高，耳上部两侧头发应当蓬松一些，将发量放在颧骨之上，以起到平衡、柔化颧骨部位的作用，底部发也应该与整体丰盈度相适应，两侧弧形发线遮过额角，使轮廓带有椭圆形感。适合的发型是略显凌乱的较为浪漫的发型。

【小贴士 7-26】

用发型矫正面部缺陷的方法

1. 遮盖法。以头发组成适当的线条或块面来改变脸型的不足，主要是在视觉上把原来比较突出而不够完美的部分遮盖掉，冲淡突出的部分。

2. 衬托法。主要将顶部和两侧的部分头发梳得蓬松或紧贴，以增加或减少某部分的块面，改变其轮廓。如圆形脸顶发向上梳得高而挺，下颌两侧紧缩些，脸型即有拉长感。脸型平扁时，发型的起伏要大，以增加脸型的立体感等。

3. 填补法。利用头发或饰物来填补不足的部位。例如，头部有瘪塌部分，可用结扎蝴蝶结、发夹、插花或衬假发填补。

4. 增美法。脸型肤色都很美时，则要求发型不能破坏自然美，而应该衬托或者增加自然美。

三、美发的方法

【小故事 7-11】

毁了生意的“鸡窝头”

一个周五的晚上，几个好朋友为了给曹蒙庆祝生日，特意拉着他到理发店烫了个时髦的“鸡窝头”，然后又拉着他去一家知名的摇滚酒吧吃喝玩乐，直到凌晨四点，这帮朋友才各自回家睡觉。

第二天早上八点的时候，电话响了，一接，是单位经理的电话，因为经理临时有事，让曹蒙代他去和一个重要客户签合同，时间安排在上午九点。从曹蒙家到客户那里至少要 40 分钟的路程，要是堵车的话就可能迟到。曹蒙不敢怠慢，赶紧起床，穿上一套西装就出了门。

果然，曹蒙在去的路上遇上了堵车，还好他在最后几分钟顺利赶到了客户那里。一见到曹蒙，客户的眼里闪过耐人寻味的神色，他先让曹蒙坐下，然后就去了隔壁房间。过了一会儿，客户对曹蒙说：“我看今天这个合同就暂时别签了，咱们以后再约时间，好吧？这样，麻烦你跑了一趟，还请你先回去吧！”

曹蒙觉得莫名其妙，却又不便深问，只得怏怏地回去了。随后，曹蒙接到了经理的电话，问他搞什么鬼，顶着一个鸡窝头就去了，客户还以为他是个小混混呢，把客户吓了一跳，合同的事情也就暂缓了。

爱美之心人皆有之。礼仪专家金正昆认为现代职业女性可采用以下四种方法来美发，使自己的发式亦庄亦雅、亦美亦潮而不落俗套。

1. 烫发

现代人运用物理的方法或化学的方法，将头发做成各式各样的符合个人要求的形状的方法叫做烫发。现在各种五花八门的烫发术语使人眼花缭乱，所以我们在烫发前，首先要将本人的年龄、职业、脸型、发质等因素做综合的分析判断后，再做出是否烫发和烫何种式样的发型的选择，切勿盲从。

2. 做发

人们用发油、发乳、发胶、摩丝等美发用品，将头发塑造成各种形状，以达到显示个性化的目的的方法叫做发。现代职业女性发型不宜做得太夸张，应注重塑造端庄、稳重的良好职业形象。

3. 染发

现代人比较崇尚潮流，往往通过染发将自己的头发染成各种色彩，以突出个人的兴趣爱好和个性特点。现代职业女性染黑发无可厚非，除此之外，一般不适宜将头发染得太夸张。如果年轻的职业女性需要染其他色彩的头发的话，可选择栗色、酒红色、咖啡色等颜色，这样，既可显示活泼和有个性，又不失大方高雅的气质。

4. 假发

如果头发有先天的或者后天缺陷的人，可选择戴假发来弥补缺陷。选择假发也要考虑个人的年龄、职业、身材、肤色等因素，既不能过分夸张，也不要过分俗气。使用假发要注意选择仿真度较高的、质量较好的，切不可为了贪图便宜而使用那些太假、太俗气的假发。

总之，人的脑袋是一个人的制高点，是人们产生第一印象的第一道风景线，我们只有“从头做起”，才能真正地通过发型向他人传递性格爱好、文化修养等信息，也才能使自己的职业形象从头开始达到自然、和谐。

【小贴士 7-27】

青年的发型设计

青年的发型设计要新颖、活泼和时尚，有时代感，表现出青年朝气蓬勃、美丽动人和活泼向上的个性特点。采用直发、卷发、束发、盘发几种形式均可。

青年人适合的发型比较多，如飘逸大方的直长发或层次分明的短发，显得充满青春活力；麦穗、编发、浪板等发型也不错，能表达时尚的气息。

1. 直发

直发是指没有经过卷烫，只通过修剪成形的直发样式，基本上保持头发的自然状态。直发有普通直发、短碎发、中碎发、长碎发几种。直发具有清新自然、容易护理、流畅爽快、富有活力的特点，倘若用直板烫烫平服，更具有纯净、淑女味道，很受年轻女孩的青睐。

2. 卷发

卷发是指经过卷烫形成卷曲状态的发型，有柔美、温和、委婉的情调。现代青年女性流行将头发卷曲后自然下垂，显得飘逸、活泼、成熟大方。卷发适合二十几岁至三十几岁的成熟女性。

第四节　护手

有人说：手是人的第二张脸。的确，它是标志人的高雅尺度的重要器官。现代社交中要经常与人握手，要做各种手势，所以健康美观的双手和手上的指甲都是不可忽视的部分。

一、护理指甲

和保持身体其他部分的健康一样，指甲也必须从护理和营养着手，才可保持其健康。指甲是身体最先表露紧张、疾病或不良饮食习惯症状的部分。如果它们的健康被忽视，便会出现干燥、起薄片和脆裂的现象，因此必须注意日常的营养和定期护理。定期修剪指甲，将其修剪成椭圆形不仅使之变得美观，而且可保持它们的健康，手指简单的按摩运动，可促进指尖的血液循环，有利于营养和氧气输至指甲。另外，女性可根据不同情况的需要，涂上不同颜色的指甲油，来美化指甲。涂指甲油的步骤如下。

（1）先用蘸满洗甲水的棉花，彻底抹去原来所有的指甲油。

（2）将指尖浸在肥皂水中几分钟，会有舒缓作用。

（3）张开双手，在每只指甲根部涂点表层去除剂，两分钟后，用指甲签轻轻地将指甲根部的表皮向后推，直至显现指甲根部的半弯月位。

（4）涂上底层护甲油，以使指甲油更加持久，而且防止深色指甲油渗到指甲的缝隙中。

（5）涂指甲油时，每只指甲只需涂三下便足够，先是指甲中央，接着是两旁；待第一层指甲油干透后，再涂第二层。

（6）涂上表层护甲油，可在甲尖底部也涂护甲油，有助于防止折断崩裂。

二、滋润双手

拥有一双美丽的纤纤玉手对女性来说非常重要。在招待客人端茶给对方时，在签字仪式上众目注视时，如果自己的手非常漂亮，不但可表现出自己的魅力，同时也会让他人觉得非常舒服。因此，平时就要多注意手部的保养。

手部肌肤的油脂腺较少，较身体其他部分更易变得干燥，但又经常需要暴露于空气中，因此，细心呵护双手要注意以下几点。

（1）要勤洗手，以保证手的清洁和卫生；除天天洗手外，一个星期坚持两到三次用嫩手霜和柠檬片擦拭手背，还可以用煮过面的汤清洗手，这些方法均可以使手光滑细嫩。

（2）每晚用润手霜按摩双手。

（3）常除去手上的死皮。

（4）做家务或粗活时戴上手套。

（5）经常做手部运动，使之保持柔软。具体方法是：将拇指放在手掌内四指，紧握成拳突然放开，尽量将手指向外伸。这个动作可以促进血液循环，舒筋活骨和活动手部关节。

（6）偶尔可敷上一些现成或自制的护手膜。

（7）注意手部防晒。手与脸一样，外出时要抹防晒霜。

【小贴士 7-28】

标准的手

从美学的角度看，手掌有宽窄之分，手指有长短之别，其标准指数如下。

手宽（厘米）×100÷手长（厘米）=手掌宽窄指数

指数小于 42.9 为狭窄型，大于 48 为宽大型，在 43～47.9 为中间型。

手指长（厘米）×100÷手掌长（厘米）=手指长度指数

手指长度指数小于 95 者为手指偏短，大于 105 者为手指偏长，在 95～105 者为正常。

拓展阅读

一、面部局部矫正化妆

1. 眉部的矫正化妆

画眉首先要了解标准眉形的比例结构及在脸部的标准位置。

标准的眉形为：眉与眼的距离大约有一眼之隔；眉头在鼻翼与内眼角的垂直延长线上；

眉峰在眉头至眉梢的 2/3 处；眉梢在鼻翼与外眼角连线的延长线上；眉头与眉梢基本保持在同一水平线上。

几种常见眉形的修正方法如下。

（1）吊眉

特征：眉头位置较低，眉梢上扬。吊眉使人显得有精神，但也会使人显得不够和蔼可亲。

修正：将眉头下方和眉梢上方多余的眉毛修掉。描画时，要加宽眉头上方和眉梢下方的线条，这样才可以使眉头和眉梢基本在同一水平线上。

（2）八字眉

特征：眉尾和眉头不在同一水平线。这种眉形使人显得亲切，但过于下垂会使面容显得忧郁。

修正：修掉眉头上面和眉梢下面的眉毛。对眉头下面和眉梢上面的部分要适当补画，尽量使眉头和眉梢能在同一水平线上，或使眉梢略高于眉头。

（3）短粗眉

特征：眉形短而粗。这样的眉形显得粗犷有余，细腻不足，有些男性化。

修正：根据标准眉形的要求将多余的眉毛修掉，然后用眉笔补画出缺少部分，可适当加长眉形。

（4）眉形散乱

特征：眉毛生长杂乱，缺乏轮廓感，使得面部五官不够清晰、干净。

修正：先按标准眉形的要求将多余眉毛修掉，在眉毛杂乱的部位涂少量的专用胶水，然后用眉梳梳顺，再用眉笔加重眉毛的色调，画出相应的眉形。

2. 眼睛的矫正化妆

对眼睛的修饰主要是画眼影、眼线和对睫毛的美化。例如，利用不同颜色的眼影晕染，可以增加眼部神采，调整眼部结构；粗细不同、长短不一的眼线，可以改变眼睛的形状；不同假睫毛的配合，又可以加强眼睛的神韵。

（1）大眼睛

特征：大眼睛给人以可爱、美丽的印象，但过大的眼睛又令人觉得呆板。

修正：对于这种眼形在画眼影时可采用浅亮色的眼影平涂的手法，并在靠近睫毛根处选用眼影以增强眼部神韵。眼线不可画得太粗。

（2）小眼睛

特征：小眼睛的人在化妆时总想要达到双目生辉的效果，以弥补小眼睛在视觉上缺乏个性的一面。

修正：在眼影色的选择上有两种方法。一是画出上深下浅的假双眼皮，例如以深咖啡色与浅白色的配色，这种修饰多用于舞台妆，日常生活中不宜；二是用上浅下深的手法来晕染，不刻意强调上眼睑的褶皱。但小眼睛的人在化妆时尽量不要选用太刺目或另类的色彩，宜选择接近东方人肤色的暖色系色彩。

（3）上斜眼

特征：上斜眼是内眼角低垂，但外眼角向上飞起的形状。此种眼形给人以十分凌厉精明的印象。

修正：在修饰时，可在内眼角的上眼睑处涂以耀目的色彩；外眼角处不强调，以柔和的色调轻轻带过即可；内眼角的下侧可选用浅亮色提亮；外眼角下侧同样可以用点缀色来进行强调，并在画眼线时，加宽上眼线内眼角处及下眼线外眼角处，以此来达到视觉上的平衡。

（4）下斜眼

特征：下斜眼的形状与上斜眼恰好相反，此种眼形给人以和蔼可亲的印象，但易让人有衰老和忧郁的感觉。

修正：下斜眼的人在化妆前可用美目贴或深色纱布贴于上眼睑的外眼角处，令眼部弧度向上提升。在画眼影时，与上斜眼的画法恰好相反，外眼角的眼影位置可略向上提升，色彩可以鲜亮一些，也可加宽上眼线外眼角处的眼影宽度。

（5）肿眼睛

特征：上眼皮脂肪较厚，使得眼睑的厚度很突出，造成肿眼泡的视觉印象。

修正：肿眼睛在东方人群中十分常见，因此在选择眼影色时要十分谨慎。例如一些蓝、绿等冷色调的色彩，肿眼睛的人应尽量少尝试，因为它们会造成眼部更加突出的印象。可选择一些与东方人肤色相近的暖色系色彩，如咖啡色系即是肿眼睛的安全色系之一。此外可选用亮色提亮眉骨，选择较长的假睫毛等也可以削弱眼皮的厚重感。

（6）凹陷眼

特征：凹陷眼的眼形与肿眼睛恰好相反，它具有欧洲的风格。眼眶凹陷，较具现代感，但又易给人留下成熟、憔悴的印象。

修正：在选择眼影色时，可使用一些浅白色系使上眼睑突出，增加柔和的感觉；眉骨处的色彩不可太刺目，否则在强烈的对比之下，会使眼部的凹陷感加强。眼线的描绘也应采用自然的线条。

（7）圆眼睛

特征：圆眼睛给人留下机灵聪慧的印象，但同时又会有精明、厉害的感觉。

修正：圆眼睛的眼影画法可取几色横向并列的方法，尤其是外眼角处的色彩要鲜明、突出，整个眼影的位置不可过高。眼线的画法可细长一些，以增加眼部的视觉长度。

（8）长眼睛

特征：长眼睛常会给人以妩媚、女性化的感觉，但又会有缺乏神采的印象。

修正：画眼影时可采取上下几色并列的画法，眼影的位置可略高，但不可太长，可强调下眼睑处的眼影色。眼线的画法可采取中间粗、两头细的方法，以加强眼睛的视觉宽度。

3. 鼻部的矫正化妆

对于鼻子的修正方法主要是画侧影和涂抹亮色，对于不同鼻型，鼻侧影和亮色的使用也有所不同。

（1）塌鼻梁

特征：鼻梁低平，使面部显得呆板，缺乏立体感和层次感。

修正：在鼻梁两侧涂抹暗影，上端与眉毛衔接；在眼窝处颜色要深一些，往下逐渐淡化；鼻梁上较凹陷的部位及鼻尖处涂亮色。

（2）短鼻子

特征：鼻子的长度小于面部长度的 1/3，即常说的“三庭”中的中庭过短。鼻子较短会使五官显得集中，同时使鼻子显得较宽。

修正：鼻侧影的上端与眉毛衔接，下端直到鼻尖。亮色从鼻根处一直涂抹到鼻尖处，要细而长。

（3）鼻子较长

特征：鼻子的长度大于面部长度的 1/3，也就是中庭过长。鼻子过长使鼻形显细，并使脸型显得更长。

修正：鼻侧影从内眼角旁的鼻梁两侧开始，到鼻翼的上方结束，鼻尖涂阴影色。鼻梁上的亮色要宽一些，但不要在整个鼻梁上涂抹，只需涂抹鼻中部。

（4）鹰钩鼻。

特征：整个鼻梁弯曲呈钩状，并且鼻头较尖，鼻中隔后缩，面部缺乏柔和感，显得较为冷酷。

修正：鼻侧影从内眼角旁的鼻梁两侧开始到鼻中部结束。鼻尖部涂阴影色，鼻根部及鼻尖上侧涂亮色，鼻中部凸起处不涂亮色。

（5）宽鼻

特征：鼻翼的宽度超过面宽的 1/5，会使面部缺少秀气的感觉。

修正：鼻侧影涂抹的位置与短鼻相同，从鼻根至鼻尖处，并在鼻头处涂亮色。

4. 唇部的矫正化妆

唇形的修饰包括描画唇线和涂抹唇膏两个部分。唇形在矫正前，应选用与面部打底相同的遮盖力较强的粉底色，将原唇的轮廓进行遮盖，然后用蜜粉将其固定，再进行修饰，以便使矫正后的唇形效果自然。

（1）嘴唇过厚

特征：嘴唇过厚分上唇较厚、下唇较厚及上下唇均厚三种。嘴唇过厚使面容显得不够精致。

修正：保持唇形原有的长度，再用唇线笔沿较厚的唇部轮廓内侧画唇线。唇膏色宜选用深色或冷色以达到收敛效果，避免使用鲜红色、粉色和亮色。

（2）嘴唇过薄

特征：嘴唇过薄有上唇较薄、下唇较薄及上下唇均薄三种。嘴唇过薄，唇形缺乏丰润的曲线，使面容显得不够开朗或给人以刻薄的感觉。

修正：在唇周围涂浅色粉底，再用唇线笔沿原轮廓向外扩展。唇膏可选暖色、浅色或亮色，以增加唇的饱满感。

（3）嘴角下垂

特征：嘴角下垂容易给人留下愁苦的印象，且使人显得苍老。

修正：用粉底遮盖唇线和嘴角，将上唇线向上方提起，嘴角提高，上唇唇峰及唇谷基本不变，下唇线略向内移。下唇色要深于上唇色，不宜使用较多亮色唇膏。

（4）嘴唇凸起

特征：上、下唇突出会产生外翻的感觉，影响唇形的美感。

修正：沿原唇形的嘴角外侧画轮廓，上下唇线应平直一些，以缩减唇的突出感。唇膏宜选择暗色的。

（5）唇形平直

特征：唇峰、唇谷等曲线不明显，唇形的轮廓感不强。这样的唇形缺乏表现力，面部不生动。

修正：按标准唇形的要求勾画唇线，然后再涂抹唇膏。

二、不同职业角色的妆容技巧

每个人都有自己特定的社会角色。由于在不同的交际场所“扮演”的角色不同，因此，装扮或表现也要相应有所区别。每一个角色都有一个自己的定位。凸显角色是一种行为选择，也是一个人在自我定位时，决定哪一个角色比其他角色重要的过程。

1. 高级主管的妆容技巧

当一位新的部门主管走马上任，人们在观察他时，通常会较多地注意那些无形的价值，如个人形象、人际沟通能力、人品及性格等。因此，身为部门主管注意自己的妆容，不断强化自己的妆容技巧是必要的。

（1）女性主管

女性主管要在工作中做到真正与男性处于同等地位，必须从自信与装扮上提升自己作为一个独立人格存在的水准。要尽可能打扮得端庄得体，发型、妆容、首饰和衣服应该和谐统一。装扮要尽可能优雅、完美。

（2）男性主管

女士们通常羡慕男士不用花多少精力去装扮，以为他们只要穿上一套得体的西装就可以了，但在当今的市场竞争社会里，已有越来越多的男士开始意识到仅仅做到这些是远远不够的。男性主管也必须努力注意自己的妆容。

① 内衣不仅要干净，也要合身。

② 第一次与重要人物见面时，着装要尽可能含蓄，以免咄咄逼人。色彩和款式较含蓄的高级丝质领带比色彩艳丽的领带更好。

③ 眉毛间杂乱的毛发看上去不整洁，要设法修整。

④ 参加重要会议，首先要考虑清楚自己到底应以什么样的形象出现，然后再考虑相应的服饰。

⑤ 如果发型长期不变，肯定会显得落伍，甚至会显得比实际年龄老气。去设计一个更好的发型，改变原有的习以为常的形象。

⑥ 如果总是等鞋子脏了才去擦，那么皮革就很容易老化，一般穿三次就应该擦一次。

⑦ 一次性水性笔只适合学生或临时工用，优质钢笔更能反映出你的成功和个性。

⑧ 手指甲应每两个星期就修剪一次。

⑨ 有趣的塑料手表只是少年的玩物，包括潜水式的手表都会有损职业人士的形象。

⑩ 对于有机会单独与客户接触的职业男士来说，个人卫生是非常重要的。每天都应更换衬衣，早晨要洗淋浴，每天都要刷 3 次牙。此外，应选择能与裤装和鞋子相匹配的素色或黑色袜子。

2. 接待人员的妆容技巧

每个公司都应该注意公司形象与员工形象之间的协调，因为公司通过宣传等其他方式建立起来的形象，最终要由员工来体现和强化。公司应制订出一整套员工形象标准，以帮助他们维护公司的形象。

公司接待人员通常多为女性，公司主管应该让她们了解作为接待人员是代表公司接待宾客的，给来访者的第一印象非常重要。一个最佳的接待人员通常就是公司形象的代言人。因此，人事部门在招聘接待人员时必须严格筛选，并制订出严格的用人规范。

（1）女性应淡妆上岗，化妆与发式应整齐、清洁、端庄。不宜在接待宾客时整理卷发或补妆。

（2）珠宝首饰佩戴不宜超过三件，应选用无声响、不夸张、不招摇的饰品。

（3）手和指甲必须随时保持整洁。特别值得注意的是，不要把流行的“酷妆”带到工作岗位上来。在职场工作的每一位员工，都应按照职场的妆容礼仪规则要求自己，到公司接受服务的可能都是有业务关系的朋友或服务对象，因此，绝不能将私人化的妆容形象带到职场上来。一个人的形象应随着环境的变化而变化，在休闲环境下是良好的形象，到了职场环境下可能就不合时宜了。

3. 求职人员的妆容技巧

不论是已经有工作经验者或是刚毕业的学生，任何想获得一份工作的人都需经过面试。所以，专门探讨一下有关面试时的妆容技巧是有必要的。

面试最初三分钟的印象非常重要，在这三分钟里主考官会对求职者形成初步的感性认识。印象好可能会给求职者更多的时间以便对其深入了解，印象不好可能就会匆匆结束面试，或缩短面试过程。在相互不认识的人之间，以貌取人并没有错。因为在最初的印象中，形象是对方能够获取相关信息的最直观、最快捷、最有效的途径。因为，对方不可能在这么短的时间里准确得知一个人的全方位信息。比如，关于一个人的为人处世、人品才能等的信息，均需要经过较长时间的了解接触才能获取。所以，应聘时的外在形象对一个应聘者越过最初的障碍会起到非常重要的作用。在准备面试前要做到以下几点。

（1）面试前一晚必须睡眠充足，使皮肤保持光洁。

（2）女性要用浅色调彩妆化自然一些的淡妆。脸上有斑点的女性要用遮瑕膏将其遮盖。不化妆的女性以及蓄须的男性，在求职过程中容易遭遇偏见，从而会减少许多本应属于自己的机会。女性若浓妆艳抹，比没有化妆的应聘者更糟糕。化一点淡妆，让面部显得清新自然，是最受人们欢迎的。

（3）头发要保持干净，不要用油滑的定型液，否则会给人湿漉漉的感觉。留长发的女性，要把头发扎起来，束带应简单而自然，不要使人觉得稚气未脱。

（4）要洗净、修整指甲，因为在与人握手或做记录时，指甲不清洁总是让人感到尴尬的事情。女性应用无色自然的指甲油，这样看上去会显得更健康。

（5）不要用香水，否则会分散考官的注意力。

个人良好的妆容形象对获得一份理想的工作起着重要作用，尤其是当你还没有这方面的经验时，需要依靠自身良好的外在形象，把内在的潜质更好地表现出来，以便于他人能愉快地接受。

思考与训练

1. 仪容修饰对个人形象的塑造有何重要意义?

2. 作为女士，请用5分钟时间给自己化一个漂亮的工作妆。请实际操作，如果结果不令你满意，要继续实践，反复练习，直到取得满意效果为止。

3. 作为男士应如何保持仪容整洁？请每天早晨出门前对着镜子检查一下，在个人卫生方面还有哪些地方需要改进，要坚持一丝不苟。

4. 你的皮肤属于哪种类型？有什么特点？在保养方面要注意哪些要点?

5. 你的脸型、发质和职业最适合哪种发型?

6. 假如你是一名即将毕业的大学生，准备去参加招聘面试，为了能更好地展示自己良好的形象，在众多的应聘者中脱颖而出，除了注意服装搭配外，在仪容修饰方面你该如何准备?

7. 观看视频短片，学习偏重的化妆方法和技巧。

8. 搜集护肤品、化妆品的产品知识，学会选择适合自己的产品。

第八章　服饰形象塑造

一个人的穿着打扮，就是他的教养、品位、地位的真实写照。

——【英】莎士比亚

心理学家曾做过一个有趣的实验，把 10 张小姑娘的照片给被测试者看，其中 8 人容貌服饰姣好，另两位姑娘长相较差，衣服也破旧。心理学家告诉受试者，其中一人是小偷。结果，有 80%的受试者认为后者是小偷。这说明人们总是喜欢那些看上去令人感觉舒适、有美感的人。美好的长相、匀称挺拔的身材、美观大方的服饰均能增添人的仪表魅力，给人以舒服、美好的感觉。如果说，人的天生长相、身材高矮难以变更，而服饰却是可以变化的。

美国著名形象设计师乔恩认为，“我们的着装影响着外界对待我们的态度。”整洁美观的服饰是人们能用以改变自己或烘托自己的最好、使用最频繁的形象“武器”。早在 1972 年，世界著名心理学家及讲演大师肯利教授发现，在高中女孩的交往中，穿衣最重要，占留给别人印象的 67%之多。在多年之后，我们即便回忆不起当年的容貌，却对“当时穿什么”印象特深，其次才是个性，再次是共同的兴趣。因而他发现着装是一个强烈、显著的信号，并告诉人们一个原则：服装只要运用得当，就是最有力的沟通工具之一，也是最便捷的交际“名片”。同时，通过实验进一步证实，着装能让我们得到不同的待遇。假如穿戴像一个成功的人，就能让你在各种场合得到应有的尊敬和善待。肯利教授最后指出：在任何事业上，成功的穿着能够帮助你获得更大的成功。因此，我们要学会运用服饰这一武器来“武装”自己，塑造完美的个人形象。

【小故事 8-1】

服饰助希尔创业成功

美国商人希尔（Napoleon Hill）就清楚地认识到，在商业社会中，一般人是根据一个人的衣着来判断对方的实力的，因此，他首先去拜访裁缝。靠着往日的信用，希尔订做了三套昂贵的西服，共花了 275 美元，而当时他的口袋里仅有不到 1 美元的零钱。然后他又买了一整套最好的衬衫、领带及内衣裤，而这时他的债务已经达到 675 美元。每天早上他都会身穿一套全新的衣服，在同一时间里与同一位出版商“邂逅”相遇，希尔每天都和他打招呼，并偶尔聊上一两分钟。

这种例行性会面大约进行了一星期之后，出版商开始主动与希尔搭话，并说：“你看来混得相当不错。”接着出版商便想知道希尔从事的是哪一行业。因为希尔身上的衣着表现出来的这种极有成就的气质，再加上每天一套不同的新衣服，已引起了出版商极大的好奇心，这正是希尔所盼望发生的事情。于是希尔很轻松地告诉出版商：“我正在筹备一份新杂志，打算在近期内争取出版，杂志的名称为《希尔的黄金定律》。”出版商说：“我是从事杂志印刷和发行的。也许我可以帮你的忙。”这正是希尔等候的那一刻，而当他购买这些新衣服时，心中已料到了这一刻。这位出版商邀请希尔到他的俱乐部，和他共进午餐，在咖啡和香烟尚未送上桌前，已说服希尔答应和他签合约，由他负责印刷和发行希尔的杂志。发行《希尔的黄金定律》这本杂志所需要的资金至少在3万美元，而其中的每一分都是从漂亮衣服所创造的“幌子”上筹集来的。

第一节　着装的原则

着装应遵循以下原则。

1. 时间原则

时间原则是指在不同的时代、不同的季节、不同的时间应穿不同的服装。服装是有时代性的，例如，满清时代，女子一律穿旗袍，男子一律穿长袍马褂、对襟开衫，若有人穿西装就会被讥笑为“假洋鬼子”；新中国成立之初，男女老少大多是蓝制服或绿军装，谁若穿着讲究一点，必然被视为资产阶级情调；而现在，服装已成为显示风度气质、文化修养和身份地位的重要工具。服装是有季节性的，如在深秋时节穿一件无袖轻薄的连衣裙，很难给人留下美感。服装还有时间性，一般有日装、晚装之分。日装要求轻便、舒适，便于活动，但款式不宜使身体裸露；而晚装则要求艳丽、华贵、珠光宝气，可适当裸露。因此，日装、晚装不能颠倒。

2. 环境原则

环境原则是指不同的工作环境、不同的社交场面，着装要有所不同。比如，一个在外贸公司工作的公关小姐，总是喜欢穿款式陈旧、色泽暗淡的服装，尽管她努力工作，能力也不错，但好几次富有吸引力的合作机会都被那些衣着更时髦、打扮更得体的同事拿走了。因为她的衣着似乎在说：“我是一个安分守己的人，我对目前的状况很满意。”因此，着装还要根据环境场合的变化而变化。上班时不必穿高档服装，但也不能过于艳丽、裸露，而是穿端庄大方的西装、衬衫、套裙比较适合；上街不可穿居家服、睡衣睡裤；探亲访友时着装应沉稳；去医院看望病人，应随意大方；郊游运动，应轻松随便；晚会、舞会则可鲜艳华丽。

3. 个性原则

个性原则要把握两层含义：穿着对象和交际对象。也就是说，你的穿着既要适合自己，能表现自己的个性风格；同时，与你的交际对象保持协调一致。在生活中，我们常常会看到高高胖胖的女士，上穿一件淡红色紧身衣，下穿一条一步裙，露出过于丰满的前胸和粗壮的大腿，令人担心那身衣服随时会崩裂；而身材矮小的小姐，却上穿一件深色蝙蝠衫，下穿一条长长的黑色呢裙，宽松肥大的衣裙把她整个人都装了进去，越发显得瘦弱憔悴。同样，男士也是如此。如五短三粗的男子却穿着包臀的萝卜裤，让人看上去十分别扭。要穿得自然得体，就得根据自己的高矮胖瘦，选择不同质地、颜色、款式的服装加以调整。

着装，还受容貌、肤色、年龄、职业、性格等多种因素的影响。例如，你的相貌很老成，却总爱穿大花短上衣就显得很滑稽；你的肤色偏黄，却爱穿土黄色或黑色服装，越发像“出土文物”；你的年龄明明只有十八九岁，却总穿灰色服装，必然像三四十岁的大嫂。此外，着装还要综合考虑自己各方面的条件和社会条件，使之穿出自我、穿出个性。又如，外形和气质都比较活泼的公关小姐，其穿着可以比较艺术、夸张，一件洋红色的旗袍既可显示出身材美，又可将其容貌映衬得鲜亮高雅。而一位女市长的服饰设计则必须在精明干练、独立果敢中透出一股温和娴雅的天性，如一套银灰色套裙外加一件外套，较适合她的身份。

另外，在一些重大的社交场合。你的穿着在表现自我的同时，还必须与他人保持一致。曾有一位企业家去会见前来考察的德国同行，由于天气很热，他便像往常一样，穿着汗衫、短裤和凉鞋去了。岂料对方见到他后立刻露出不悦的神色，没谈几句就起身告辞了。因为，外国人在这种重要场合，彼此都要西装革履，否则就意味着对别人的不尊重。因此，在与人约见之前，一定要仔细考虑对方可能的穿着，并加以对应。这样，才能迅速缩短与对方的心理距离，博得好感和信任。

【小故事 8-2】

你代表不了公司

一个炎热的下午，一位销售钢材的专业推销员走进了一家制造公司的总经理办公室。这个推销员身上穿着一件有泥点的衬衫和一条皱巴巴的裤子。他嘴角叼着雪茄，含糊不清地说：“早上好，先生，我代表森筑钢铁公司。”

“你也早上好！你代表什么？”这位总经理问，“你代表森筑公司？听着，年轻人，我认识森筑公司的高层领导，你不能代表他们——你的形象和外貌代表不了他们。”

第二节 着装的“三注意”

一、注意和谐

所谓穿着的和谐，是指一个人的穿着要与他的年龄、体形、职业和所处的场合等吻合，表现出一种和谐，这种和谐能给人以美感。

1. 穿着要和年龄相和谐

在穿着上，要注意与年龄相和谐。不管青年人还是老年人，都有权利打扮自己。但是，在打扮时要注意，不同年龄的人有不同的穿着要求。年轻人应穿着鲜艳、活泼、随意一些，这样可以充分体现出青年人的朝气和蓬勃向上的青春之美。而中、老年人的着装则要注意庄重、雅致、整洁，体现出成熟和稳重，透出那种年轻人所没有的成熟美。因此，无论你是青年、中年，还是老年，只要你的穿着与年龄相和谐，那么都会使你显出独特的美来。

【小贴士 8-1】

服装款式与年龄

少女应尽量避免穿着过于艳丽豪华的衣服，如闪光面料制作的、豪华或开放的款式，或缀有很多装饰物的衣裙。过分的衣着装扮常常掩盖她们天然的清纯气质，青春少女的服装款式应以突出自然美为主。世上没有什么事物比人体更美的了，那是一种完全和谐的自然美，而人们的一切形象设计都在于修饰或装扮人体的自然美，并努力突出和赋予其更旺盛的生命活力和蓬勃朝气，渲染年轻人特有的热情和个性气质。少女的服装款式若选择短裙、素雅的上衣及运动装、休闲装，并在颜色上体现少女纯真浪漫、活泼可爱的个性的色彩，就会起到很好的效果。

二十五六岁的黄金时代，正是“兰幽趣雅痴寻梦，梅馥枝横淡淡霜”的年龄，风华正茂的她们刚刚摆脱少男少女的稚气，走向生命的全盛时期，一切正在开始。这个时期的形象是最美好的，她们穿任何衣服，都会显得美丽或时尚、或典雅、或张扬、或含蓄，一切尽在一念之中。

三四十岁的女性，从身体到个性都已趋于成熟，她们中大多数都是职业女性，她们更追求自身的成熟魅力，以及端庄秀丽和恬静大方的风格。此年龄段的着装范围的灵活性比较大，但若选择整体性呈静态而不流动的套装，也许更宜于她们展示自己成熟端庄的魅力和高雅气质。

中老年女性更希望通过自己的服饰体现出雍容、华贵、高雅、深沉的气质，除在服装色彩上加以推敲外，在款式上也应该注意，一般以简洁端庄为佳，而不要追求线条复杂的式样。由于体态的改变，体形已不如年轻时婀娜美妙，因此不要选择紧箍在身上的服装，要求有适当的宽松度，当然也不宜选过于肥大的款式，应趋向于含蓄、高雅、比较挺括的式样。

2. 穿着要与体形相和谐

关于人体美的标准，古今中外众说纷纭。有关专家综合我国人口的健美标准，提出两性不同的体形标准。女性的标准体形是：骨骼匀称、适度。具体表现为：站立时头颈、躯干和脚的纵轴在同一垂直线上。肩宽、四肢比例以及头、颈、胸的比例：以肚脐为界，上下身的比例符合“黄金分割”的 1.618 : 1，也可用近乎 8 : 5 来表示。若身高 160 厘米，则其较为理想的体重是 50 ~ 55 千克，肩宽是 36 ~ 38 厘米，胸围是 84 ~ 86 厘米，腰围是 60 ~ 62 厘米，臀围是 86 ~ 88 厘米。男性的标准体形，应基本遵循两臂侧平举等于身高的原则。若身高为 167 ~ 170 厘米，则其较为理想的体重是 68 ~ 70 千克，胸围是 95 ~ 98 厘米，腰围是 75 ~ 78 厘米，颈围是 30 ~ 40 厘米，上臂围是 32 ~ 33 厘米，大腿围是 55 ~ 56 厘米，小腿围是 37 ~ 38 厘米。

然而，在现实生活中，并非每个人的体形都十分理想，人们或多或少地存在着形体上的不完美或欠缺，或高或矮，或胖或瘦。若能根据自己的体形挑选合适的服装，扬长避短，则能实现服装美和人体美的和谐、统一。

一般来说，身材较高的人，上衣应适当加长，配以低圆领或宽大而蓬松的袖子，宽大的裙子、衬衣，这样能给人以“矮”的感觉，衣服颜色最好选择深色、单色或柔和的颜色；身材较矮的人，不宜穿大花图案或宽格条纹的服装，最好选择浅色的套装，上衣应稍短一些，使腿比上身突出，服装款式以简单直线为宜，上下颜色应保持一致；体形较胖的人应选择小花纹、直条纹的衣料，最好是冷色调，以达到显“瘦”的效果，在款式上，胖人要力求简洁，中腰略收，后背扎一中缝为好，不宜采用关门领，以“V”字形领为最佳；体形较瘦的人应选择色彩鲜明、大花图案以及方格、横格的衣料，给人以宽阔、健壮的视觉效果，在款式上，瘦人应当选择尺寸宽大、上下分割花纹、有变化的、较复杂的、质地不太软的衣服，切忌穿紧身衣裤，也不要穿深色的衣服。另外，肤色较深的人穿浅色服装，会获得健美的色彩效果，肤色较白的人穿深色服装，更能显出皮肤的细洁柔嫩。

3. 穿着要与职业相和谐

穿着除了要和身材、体形和谐之外，还要与你的职业相和谐。这一点非常重要。不同的职业有不同的穿着要求。例如，教师、干部一般要穿得庄重一些，不要打扮得过于妖艳，衣着款式也不要过于怪异，这样可以给人留下一个良好的印象；医生穿着要力求显得稳重和富有经验，一般不宜穿着过于时髦给人以轻浮的感觉，这样不利于对病人进行治疗；青少年学生穿着要朴实、大方、整洁，不要过于成人化；而演员、艺术家则可以根据他们的职业特点，穿着时尚一些。

4. 穿着要与环境相和谐

穿着还要与你所处的环境相和谐。办公室是一个很严肃的地方，因此在穿着上就应整齐、庄重一些。外出旅游，穿着应以轻松为宜，力求宽松、舒适，方便运动。平日居家，可以穿着随便一些，但如有客人来访，应请客人稍坐，自己立即穿着整齐，如果只穿睡衣睡裤来接待客人，那就显得失礼。除此之外，在一些较为特殊的场合，还有一些专门的穿着要求。例如，在喜庆场合不宜穿得太素雅、古板；庄重场合不能穿得太宽松、随便；悲伤场合不能穿得太鲜艳等。对于这些穿着要求，后面还要做具体的介绍。

二、注意色彩

古话说“远看色，近看花”，这句话无疑和“首因效应”相呼应。人通过视觉对对象形成了第一印象，而对视觉影响最大的则是色彩，色彩搭配的和谐程度直接决定了个人形象的视觉效果，从而起到形象视觉传达的重要作用。色彩作为一种设计语言，早在原始社会图腾、纹身、岩画上就起着很强的装饰效果。然而其真正在人类历史长河中科学的使用还是源于一次偶然的实验，牛顿发现了照在地下室棱镜片上的太阳光，投射出我们现在所熟知的红、橙、黄、绿、青、蓝、紫七色光谱，于是色彩才真正以科学的姿态迈入我们的生活。

色彩，是服装留给人们记忆最深的印象之一，而且在很大程度上也是服装穿着成败的关键所在。色彩对他人的刺激最快速、最强烈、最深刻，所以被称为“服装之第一可视物”。

一般来讲，不同色彩的服饰在不同的场合所产生的效果是不同的。为此，我们需要对色彩的象征性有一定的了解。

【小贴士 8-2】

颜色的象征意义

黑色，象征神秘、悲哀、静寂、死亡，或者刚强、坚定、冷峻。

白色，象征纯洁、明亮、朴素、神圣、高雅、恬淡，或者空虚、无望。

黄色，象征炽热、光明、庄严、明丽、希望、高贵、权威。

大红，象征活力、热烈、激情、奔放、喜庆、福禄、爱情、革命。

粉红，象征柔和、温馨、温情。

紫色，象征谦和、平静、沉稳、亲切。

绿色，象征生命、新鲜、青春、新生、自然、朝气。

浅蓝，象征纯洁、清爽、文静、梦幻。

深蓝，象征自信、沉静、平静、深邃。

灰色，是中间色，象征中立、和气、文雅。

人们在穿着服装时，在色彩的选择上既要考虑个性、爱好、季节，又要兼顾他人的观感和所处的场合。所以，明代卫泳在《缘饰》中说："春服宜清，夏服宜爽，秋服宜雅，冬服宜艳；见客宜重装；远行宜淡服；花下宜素服；对雪宜丽服。"古人对服饰的讲究的确值得我们借鉴。

对一般人而言，在服装的色彩上要想获得成功，最重要的是掌握色彩的特性、色彩的搭配，以及正装色彩的选择等方面。

1. 色彩的特性

色彩具有冷暖、轻重、缩扩等特性。

色彩的冷暖。使人产生温暖、热烈、兴奋之感的色彩为暖色，如红色、黄色；使人有寒冷、抑制、平静之感的色彩为冷色，如蓝色、黑色、绿色。

色彩的轻重。色彩的明暗变化程度被称为明度。不同明度的色彩往往给人以轻重不同的感觉。色彩越浅，明度越强，它使人有上升之感、轻感。色彩越重，明度越弱，它使人有下垂之感、重感。人们平日的着装，通常讲究上浅下深。

色彩的缩扩。色彩的波长不同给人收缩或扩张的感觉有所不同。一般来讲，冷色、深色属收缩色，暖色、浅色则为扩张色。运用到服装上，前者使人苗条，后者使人丰满，二者皆可使人在形体方面避短扬长，运用不当则会在形体上出丑露怯。

2. 服饰色彩的搭配

有时，单看某件服饰色彩是很难判断它的设计成败的，不起眼的服饰色彩会因与其他着装色彩因素搭配而左右逢源，达到意想不到的效果，而看似漂亮艳丽的服饰有时却左穿右戴都不顺眼。因此，服饰色彩必须经搭配组合后构成一个有机的整体美，才是着装色彩形象最后取胜的关键。对于着装色彩美的配套组合，设计专家关洁总结了如下几种具体方法。

（1）统一法

统一法，在一种色调中的着装色彩，有时会出现意想不到的效果。具体操作有两个方法。

其一，可以由色量大者（面积色）着手，然后以此为基调色，依照顺序，由大至小一一配色。如先决定服装色，再决定采用的帽色、鞋色、袜色、提包色等。

其二，可以从局部色、色量小的色着手，然后以其为基础色，再研究整体的大量色的色搭配。这种从局部入手的搭配，一定要有整体统一的观念。着装色彩设计中的统一法，对小面积的饰物色彩也极为重视。表面上看饰物色彩本是"身外之物"，与着装无直接关系，但由于是日常"随身之物"，故与着装形象可构成统一的服饰艺术形象整体。像雨伞、背包、发饰、手帕等饰物，似乎可有可无，但当单独摆在那里，即脱离开着装以后，也可以有独立的形象价值，如果是高水平的穿着创作，整体考虑服饰与饰物组合后的色彩统一性，必会出现预想不到的整体美。

（2）衬托法

衬托法，在着装色彩设计中，主要是要达到主题突出、宾主分明、层次丰富的艺术效果。具体而言，它有点、线、面的衬托，长短、大小的衬托，结构分割的衬托，冷暖、明暗的衬托，边缘主次的衬托，动与静的衬托，简与繁的衬托，内衣浅、外衣深的衬托，上身浅、下身深的衬托等。例如：以上衣为有色纹饰、下装为单色，或下装为有色纹饰、上装为单色的衬托运用，会在艳丽、繁复与素雅、单纯的对比组合之中显示出秩序与节奏，从而起到以色彩的衬托来美化着装形象的作用。

（3）呼应法

呼应法，也是着装色彩设计配套中能起到较好艺术效果的一种方法。着装色彩中有上下呼应，也有内外呼应。任何色彩在整体着装设计上最好不要孤立出现，需要有同种色或同类色块与其呼应。比如：服饰为玫红色，发结也可选用此色，以一点与一片呼应；裙子确定为藏蓝色，项链坠和耳饰可以用蓝宝石，以数点与一片呼应；项链、手表、戒指、腰带卡和鞋饰都用金色，可形成数点之间彼此呼应；领带与西服外衣都是深灰色的，以小面与大面形成呼应。总之使对比各方面在呼应后，得以紧密结合成统一的整体。

（4）点缀法

着装色彩设计中的色彩点缀至关重要，往往起着画龙点睛的作用。如在素净的冷色调中，点缀暖色调，使色彩显得高雅而有生机。如穿蓝底黑花上衣和裙子，深蓝色内衣，配上蓝色帽子，帽边镶黑色，仅以金色项链和朱红鸡心宝石来点缀，显得格外高雅大方。一般来说，点缀之色，面积不大，但与大面积色调往往是对比之色，起到一种强调与点睛之笔的效果。

（5）谐调法

这种方法可以使对比的或强烈的色彩柔和、谐调起来，起着微妙的联结作用。如穿红衣裙和红皮鞋，套上白色抽纱外衣，外面配上白色绢花，戴上白色耳环，手提白色皮包，以白色来缓冲红色，使红色因淡化而柔和一些，显得艳而不俗、动中有静、典雅大方。在色彩对比与和谐关系上，色彩与色彩之间缓冲过渡与衔接非常重要。七色顺序排列衔接，既鲜明生动又和谐。如果上衣大红色，裙子是绿色，就有不谐调、不衔接之感，但若要腰上扎上一条黑色宽腰带、肩上背个黑书包，就会使强烈的红绿对比谐调起来。

3. 正装的色彩

非正式场合所穿的便装，色彩上要求不高，往往可以听任自便，而正式场合穿的服装，其色彩却要多加注意。总体上要求正装色彩应当以少为宜，最好将其控制在三种色彩之内。这样有助于保持正装保守的总体风格，显得简洁、和谐。正装若超过三种色彩则给人以繁杂、低俗之感。正装色彩，一般应为单色、深色并且无图案。最标准的正装色彩是蓝色、灰色、棕色和黑色。衬衣的色彩最佳为白色，皮鞋、袜子、公文包的色彩宜为深色（黑色最为常见）。

【小贴士 8-3】

上装和下装色相的和谐搭配

服装色彩主要由上装和下装的色相搭配而成。其搭配原则可有以下几种方式。

（1）服装同一色相搭配。服装同一色相搭配即是指上、下装采用同一色相配色。其特点是不但使服色显得柔和优雅，而且使人产生心理平稳感，服装也具有活力，是服色中最常见的搭配方式。一般用于职业装、宴会装、套装和套裙等。

（2）类似色搭配。类似色相配色和同一色相的搭配有殊途同归的效果。但因其色相略有变化，除具备同一色相配色的优点外，还兼有调和和愉快的感觉。此类搭配方式一般在休闲服装类比较多见。

（3）同一色调搭配。同一色调中有活泼色调、浅灰色调、灰色调、浅色调和深色调等。

一般来说，活泼色调的上、下装会使人充满青春气息，显得绚丽夺目，尤为广大青春少女所喜爱；精干简洁的灰色调搭配具有淡雅祥和的特点；浅色调搭配具有高雅、清爽的特点；深色调则显得庄重得体。这几种色调的搭配均是中老年职业女性最常见的搭配方法，可以根据个人兴趣爱好及穿着场合具体确定。

（4）类似色调的配色。服装类似色调的配色较多，可有活泼色调或暗色调与灰色调或浅色调的搭配、活泼色调与暗色调的搭配、亮色调和活泼色调的搭配、纯色调和暗色调的搭配、灰色调和纯色调的搭配等；另外，还有活泼、暗和灰三色调的搭配等。由于活泼色调具有活泼、欢快、热情、蓬勃的特征，因此一年四季均为广大青春少女所喜爱。色调的标准搭配常具有优雅、纯真、活泼、欢畅的特点，也是服色搭配中最常见的方式。

（5）对比色调的配色。由于对比色调都具有强烈的、令人难忘的视觉冲击力，所以生活中不很常见，多用于舞台装、宴会装的色彩搭配。

4. 肤色与着装的色彩

服装色彩的选择应注意与肤色的协调、和谐，尤其要注意服色与肤色相互作用所产生的美学效果。既要使肤色增加服色的艳丽和庄重，更要注意服色对肤色的美化提升作用。适宜的搭配会使皮肤变得鲜嫩、白皙，使人显得精神焕发；不适当的搭配可起相反的效果。例如肤色黑红者要避免粉绿色或浅粉色服装，肤色红艳者要避免选择浅绿色或蓝绿色服装，否则，在强烈的色彩对比下会使肤色更红而发紫，肤色偏黄者不宜选择宽度大的色彩；肤色暗的人则应避免深色服装。

【小贴士 8-4】

肤色与服色的忌配

（1）肤色略黄。肤色略黄的人不宜着紫色服装。因为紫色与黄色是对比强烈的互补色，在大面积紫色衬托下，皮肤的黄色会更明显。

（2）肤色黄里透白。肤色黄里透白的人不宜着雪白服装，否则会给人一种面色苍白的印象。宜多选择暖色系列作为主色调。

（3）肤色黄中偏红。肤色黄中偏红的人不宜选择带鲜艳绿色的服装及蓝色、紫色的冷色服装。因为红色与蓝色、紫色是互补色，在这种强烈对比下，红色倾向会更趋明显突出。宜选择灰棕、藏青等作为主色调。

（4）肤色黄中带绿。肤色黄中带绿的人不宜穿晦暗色调的服装，如暗绿色、冷紫色、烟蓝色等，否则会给人以憔悴的病态印象。宜选择玫瑰红、粉红色、灰棕色、象牙色、黑色、炭色等作为主色调。

（5）肤色偏黑。肤色偏黑的人忌穿纯白色、粉红色和奶黄色等色彩鲜艳的服装。因为鲜艳的色彩会使脸色偏黑的人显得更加黑和暗。

5. 体形与着装色彩

要使着装的色彩更配自己的体形，首先必须了解自己属于什么体形，可利用服装色彩掩饰其缺陷或改变体形。就女性而言，一般主张分四种体形进行服色搭配。

（1）圆形体形。此类女性略显肥胖，着装应避免雪白、米黄、橙色等高明度色彩的衣服及浅色服装。比较明智的选择是：因为深色可以使人苗条，如可选择深而有光泽的墨绿、咖啡、藏青、深黑等服装。矮胖者上、下身的着装不宜使用强烈的对比色，但若上半身较瘦而下半身太胖时，上身可采用稍浅色，下身可着深色、直条纹或花纹单纯的裙或裤等。

（2）运动体形。一般胸部丰满度中等，臀部稍有曲线变化，较瘦者宜穿具有夸张感的服装，略增加一些胖的感觉，服色以红、黄、橙、白等色为宜。而身材健硕者可穿对比色和浅色的服装，花纹也可丰富一些。太高者可利用间色穿法，即上、下部分用不同色调，腰部再用一条对比色调的腰带分割颜色，使之不致过高。

（3）正三角形体形。正三角形体形肩狭窄，上身细长，胸部小，臀部丰满。此类女性上身和下身服色不宜相差太小，如上黑下灰，浑然一体，会显得更加矮小。但可用统一色调来加强其高度，避免用对比色或过宽的腰带，也不要用虚线条纹的图案，务必强调连贯性。

（4）一般体形。胸部不丰满，腰部、臀部也比较均匀，服色应选择偏浅偏淡的颜色，它能使你显得丰满些。只要感觉身体哪部分稍瘦，就可以用浅色来修正它。

【小贴士 8-5】

职业与服装色彩

形象设计专家顾筱君认为：不同的职业，应选择与它相适应的不同服装。不同的服装，可以显示着装者的身份和工作性质，不同的服装色彩可以时时向着装者提示他们的身份，以激发其责任感、使命感，促进他们忠于本职工作，并促使其产生崇高的信念。例如，医生和护士所从事的是一种纯洁高尚的职业，选用洁净淳朴的白色来做其职业服装，不仅给人以清洁、卫生的感觉，还能使患者在心理上感觉到尊重、庄严，从而增加对医生的信任感；工人的服装结实、耐脏，不仅体现工人体格强健，还挥洒出劳动者的质朴气质;学生装要求款式活泼，色彩简单明快，既体现青少年活泼好动的性格，也给人整齐、蓬勃向上的感觉，有利于学生集中精力学习;军人的服装以黄绿色为主，既是野外作战的保护色，也耐脏，战时还体现出军人的威严和英勇;展览馆、博物馆工作人员的工作服色彩，既要求与展品的色彩、展厅的氛围相协调，又要给人以舒适雅致的感觉。

职业服装色彩设计不仅应具备实用性、象征性、审美性特点，还应给人清新感、时代感及责任感。

6. 季节与服装色彩

我国大部分地区地处地球北半球的温带，一年四季分明，因而在不同的季节，需要以不同的基调来处理服饰色彩。而在这一点上，又与人体肤色有着密切关系。由于人生活在自然界，形成了自然界四季色彩对人的肤色的影响，因此，人的肤色也不是凝固不变的，而是随着四季的变化而变化。如春天阳光明媚，在暖融融的季节里，人的肤色相应地呈现出粉黄色，就像盛开的鲜花，故春装的色彩应以清淡的杏黄色为基调，如金褐色、桃红色、桃色、淡蓝色、金黄色等，使之与春天的气候相协调。夏季天空晴朗、树木苍绿，人们的肤色呈现出米黄色，故夏装的色彩应选择浅淡色为基调，如白色、浅蓝色、淡粉色、玫瑰色、灰色、淡紫色等，使之与夏季的气候相协调。秋天天高气爽，是丰收的季节，到处五彩缤纷、异彩纷呈，这时人的肤色因人而异。白肤色的人以象牙色为主，黑黄肤色的人以古铜色居多，故秋装的色彩应选择金黄色为基调，如深褐色、米色、明黄色、深黄色等，使之与秋季的气候相协调。冬天万物萧瑟，大自然是一片冷色调，这时人们的肤色多为灰褐色或米色，故冬装的色彩应以深色为基调，如蓝色、灰色、黑色、藏青色等，使之与冬季的气候相协调。

三、注意场合

服饰美能增强自信与自尊，能树立良好形象。服饰穿着整洁大方、自然得体，不仅是对别人的尊重，也反映了自身形象、尊严与素养。服装根据适用的场合不同，一般可分为功能与特点都不相同的两大类别，即在正式场合中穿的礼服、职业装等和在非正式场合穿的家居服、休闲服等便装。便装较注重自我感觉，方便、舒适、轻松；而正式服装较注重社会评价，严谨、规范、时宜。

所谓穿着要注意场合，是说要根据不同场合来进行着装。这些场合包括如下方面。

1．正式场合

正式场合指的是商务谈判、重要的商务会议、求职面试等正规、严肃的场合。男士在正式场合通常穿严肃的西服套装（上下装面料相同、颜色相同）。纯黑色西服在西方通常用于婚礼、葬礼及其他极为隆重的场合，而正式的商务场合最常使用的西服套装颜色为深蓝色和深灰色，深蓝色或深灰色西装搭配白衬衫，是商务场合男士的必备服装。女士在正式的商务场合当中，与男士西装相对应的是女士西服套裙或套裤（上衣领子与男士西装领子相似），而西服套裙又比西服套裤更正式。

【小故事 8-3】

面试因何失败

南山宾馆根据收到的求职材料约见小赵作为预选对象。面试时，小赵涂着鲜艳的口红，烫着时髦的发式，穿着低领紧身的吊带，首饰华丽而夸张，给人以一种轻佻的感觉。第一轮面试小赵就落选了。事后一位人事总监对她说："我认为你不可能仅仅由于化了美丽的妆而取得一个职位，但是我可以肯定你穿错了衣服就会使你失去一个职位。"

2．半正式场合

商务人员的半正式场合是指无重大活动、无重要严肃事务的商务场合（需要注意的是，有些着装要求非常严格的公司只有周末才允许穿半职业装）。男士在半正式场合，不用系领带，可以选择不太正式的西服上衣，如亲切感更强的咖啡色西服，以及其他权威感较弱的明快的颜色，面料可以选择更随意舒适的粗花呢等。上装和长裤可采用不一样的面料和不一样的颜色，看上去更加轻松。搭配的时候要注意颜色与面料上下的平衡感。男士半职业装可以搭配高品质的针织衫以及时尚感、休闲感较强的衬衫，衬衫的领型可有较多变化。长裤的面料和颜色可以更加自然随意。需要注意的是，长裤的款式还是以西裤款式为主，不可出现宽松裤、萝卜裤、牛仔裤等休闲时尚裤型。女士的半职业装款式变化与组合非常丰富，可以将正装的西服套裙与套裤分开来穿，搭配经典款式的连衣裙、针织衫、短裙、衬衫。各个款式的细节处理可以更加富有创意，颜色可以更加明亮丰富，但仍然要保持躯干线条的清晰干练。

3．休闲场合

所谓休闲，指的是"停止工作或学习，处于闲暇轻松状态"。在这种休闲状态下，服装应当舒适、轻松、愉快，因此在款式上，男士和女士都应采用宽松的款式，如夹克衫、T 恤衫、棉质休闲裤、牛仔装等。服装颜色可以选择鲜艳新奇的色彩。女士连衣裙、短裙或衬衫的款式细节、图案和色彩都可以更大胆、更丰富。

【小故事 8-4】

小李的尴尬

小李和几个外国朋友相约周末一起聚会娱乐。为了表示对朋友的尊重，星期天一大早，小李就西装革履地打扮好前去赴约。北京的八月天气酷热，他们来到一家酒店就餐，边吃边聊，大家好不开心快乐！可是不一会儿，小李已是汗流浃背，不住地用手帕擦汗。饭后，大家到娱乐厅打保龄球。在球场上，小李不断为朋友鼓掌叫好。在朋友的强烈要求下，小李勉强站起来整理好服装，拿起球做好投球准备。当他摆好姿势用力把球投出去时，只听到“嚓”的一声，上衣的袖子扯开了一个大口子，弄得小李十分尴尬。

4. 商务酒会场合

西方男士在特殊场合的礼服分为晨礼服、晚礼服等，但近年来有逐渐简化的趋势。国内一般公司的小型商务酒会、聚会，男士穿深色西装即可，但是领带的图案和颜色都需要更加华丽一些。女士的服装尽量以小礼服风格的款式为主，但不宜过于暴露肌肤，领、袖、肩既不可过于裸露又不可过于严实，千万不要过于隆重、夸张，裙长在膝盖上下比较妥当。布料可以选用带丝缎短裙、纱裙等，也可用无领无袖单色连衣裙搭配亮丽的首饰、富有质感的毛皮围巾、丝巾等增强闪光点和华丽感。酒会穿的鞋可以选有丝缎面料、露趾的晚装鞋，提包换成小巧一些的晚装包。

5. 晚宴场合

国际商务场合的隆重晚宴需要穿晚礼服。晚礼服是晚上八点以后穿用的正式礼服，是礼服中档次最高、最具特色、最能充分展示个性的礼服样式。女士的晚礼服常与披肩、外套、斗篷等相搭配，与华美的装饰手套等共同构成整体装束效果。西方传统晚礼服款式强调女性窈窕的腰肢，夸张臀部以下裙子的重量感，肩、胸、臂的充分展露为华丽的首饰留下表现空间。面料通常选用闪光缎、丝光面料，充分展现华丽、高贵感。多配高跟细带的凉鞋或修饰性强、与礼服相宜的高跟鞋。中国女性的身材和西方女性有所不同，因此可以选用面料华丽、制作精美的旗袍式晚礼服，同样能够产生惊艳的效果。男士参加晚宴的时候可以根据自身的喜好选择正式晚礼服或黑色西装，但一定注意细节处理要恰到好处。

6. 运动场合

商务人员会经常参加公司组织的体育比赛或观看体育比赛,参加此类活动应当穿运动装。运动装与休闲装都具有宽松、舒适的特点，但是运动装比休闲装更加适宜人体运动。不同的体育比赛有不同的运动装款式，参加活动之前应当准备好相应的服装。

7. 家居场合

下班回家之后通常应当换上家居服。家居服也有晨衣、睡衣等诸多款式，但其一致的特点是非常舒适、宽松、随意。因此，需要提醒商务人员注意的是，假如有客人来访，只要不是非常熟悉的人，就一定要换上休闲服或半职业装会见客人。即使是在家里，穿着睡衣之类的家居服见同事或客户也是非常不礼貌的。有些家居服的款式是会客时穿的，但也只适用于见很熟的私人朋友或邻居等。最后要提醒大家的是，家居服绝不可以穿到自家大门以外，哪怕你只是去楼下小卖店买瓶酱油，穿着睡衣也是非常失礼的。

【小故事 8-5】

银行职员如何着装

礼仪专家英格丽·张曾讲过这样一个案例：英国阿比银行实行了全周休闲服制。开始时，人们感到突然地解放了，再也不用每日熨衬衣、打领带、擦皮鞋了，职员们开始穿着自己舒适的衣服上班。一天，当实在找不出得体的搭配，印度职员纳师就穿着黑色牛仔裤来上班。

部门经理把他叫到办公室："我们公司虽然实行休闲服制度，但并不意味着什么都可以穿到公司。前几天，你穿着民族特色的衬衣，考虑到你的民族文化，我没有干涉。但是，牛仔裤是不利于我们公司形象的服装，公司明文规定不能穿牛仔裤上班。请不要让我再看到你穿着它上班。"纳师听从了经理的告诫，从此把牛仔裤留到了周末。

几天之后，纳师穿着短袖保罗 T 恤衫上班，他又被叫到了经理室："我希望你在着装上注意，T 恤衫和露出肌肤的衣服不符合我们公司的穿衣原则，请你不要再穿着它上班了。"纳师百般不解地抱怨道："什么才是真正的休闲服？休闲服不是为了解放我们的压力，让我们自由地选择吗？现在，休闲服制度带给我这么多的'不允许'，让我并不休闲！这么多禁忌，我真不知道还会触犯哪条规定！穿西服的日子远比现在的所谓休闲服的日子好过得多。现在，每天晚上，我不得不为第二天的穿着而伤脑筋。"

第三节　男士西装的穿着

西装是男士最常见的办公服，也是现代社交中男子最得体的着装。国外很多机构，包括一些大企业，规定工作人员不能穿休闲短裤、运动服上班，要求男士必须穿西服打领带；一些剧院也规定观看者必须西装革履。为了塑造良好的个人形象，男士必须学会穿西装。

一、男士西装的选择

1. 选择合适的款式

西装的款式可分为英国、美国和欧洲三大流派。尽管西装在款式上有流派之分，但是各流派之间的差异并不很大，只是在后开衩的部位、扣子的排数、领子的宽窄等方面有所不同。不过，在胸围、腰围的胖瘦，肩的宽窄上还是有所变化的。因此，我们在选择西装时，要充分考虑到自已的身高、体形，如身材较胖的人最好不要选择瘦型短西装；而身材较矮者也最好不要穿上衣较长、肩较宽的双排扣西装。

2. 选择合适的面料和颜色

西装的面料要挺括一些。正式礼服的西装可采用深色（如黑色、深蓝、深灰等）颜色的全毛面料制作。日常穿的西装颜色可以有所变化，面料也可以不必讲究，但必须熨烫挺括。如果穿着皱巴巴的西装，是会损坏自己的交际形象的。

3. 要选择合适的衬衣

穿着西装时，一定要穿带领的衬衣。花衬衣配单色的西装效果比较好，单色的衬衣配条纹或带格西装比较合适；方格衬衣不应配条纹西装，条纹衬衣也不要配方格西装。

4. 选择合适的领带

在交际场合穿西装必须打领带，领带的颜色、花纹和款式要与所穿的西装相协调。领带的面料以真丝为最优。在领带颜色的选择上，杂色西装应配单色领带，而单色西装则应配花纹领带；驼色西装应配金茶色领带，褐色西装则需配黑色领带等。

【小贴士 8-6】

领带的来历

领带起源于英国男子衣领下的专供男子擦嘴的布。工业革命前，英国也是个落后国家，人们吃肉时用手抓，然后大块大块地捧到嘴边去啃，成年男子又流行络腮胡子，大块肉一啃就把胡子弄油腻了，男人们就用袖子去擦。为了对付男人这种不爱干净的行为，妇女们在男人的衣领下挂了一块布专供他们擦嘴用，久而久之，衣领下面的这块布就成了英国男式上衣传统的附属物。工业革命后，英国发展成为一个发达的资本主义国家，人们对衣食住行都很讲究，挂在衣领下的布就演变成了领带。

二、男士西装的穿着

1. 合体的上衣与衬衣

合体的西装上衣应长过臀部，四周下垂平衡，手臂伸直时上衣的袖子恰好过腕部，领子应紧贴后颈部。

穿西装时必须穿长袖衬衣，衬衣最好不要过旧，领子一定要硬扎、挺括，外露的部分一定要平整干净。衬衣下摆要掖在裤子里，领子不要翻在西装外，衬衣袖子应长于西装袖子。衬衫领子稍露出外衣领。衬衫的袖口也应长出外衣袖口 1～2 厘米。

2. 注意内衣不可过多

穿西装时切忌穿过多的内衣。衬衣内除了背心之外，最好不要再穿其他内衣。如果确实需要穿内衣的话，内衣的领圈和袖口也一定不要露出来。如果天气较冷，衬衣外面还可以穿上一件毛衣或毛背心，但毛衣一定要紧身，不要过于宽松，以免穿上显得臃肿，影响穿西装的效果。

3. 打好领带

正式场合的领带以深色为宜，非正式场合的领带以浅色、艳丽为好。领带的颜色一般不宜与服装颜色完全一样（参加凭吊活动穿黑西装系黑领带除外），以免给人以呆板的感觉。具体做法：一是领带底色可与西装同色系或邻近色，但二者色彩的深浅明暗不同，如米色西装配咖啡色领带；二是领带与西装同是暗色，但色彩形成对比，如黑西装配暗红色领带；三是一色的西装配花领带，花领带上的一种颜色尽可能与西装的颜色相呼应。

领带主要有五种打法，见图 8-3-1～图 8-3-5。[①]

（1）平结

平结为男士选用最多的领结打法之一，几乎适用于各种材质的领带。要诀：领结下方所形成的凹洞，需让两边均匀且对称。

① 选自：http://q.chinasspp.com/n53473.html 2010-02-01。

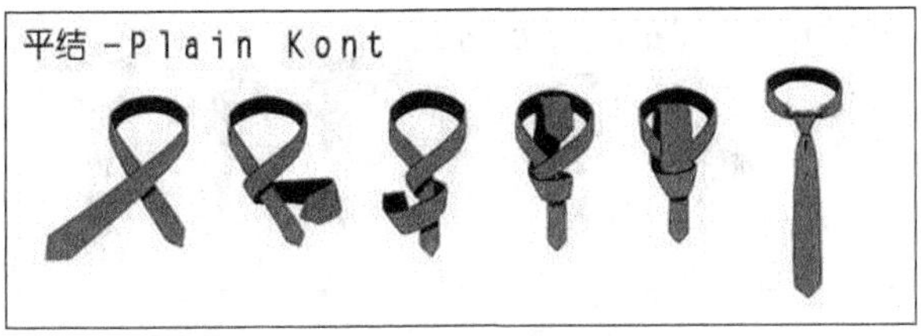

图 8-3-1　平结

（2）交叉结

这是适合单色素雅、质料较薄的领带选用的领结。对于喜欢展现流行感的男士不妨多加使用。

图 8-3-2　交叉结

（3）双环结

双环结能营造时尚感，适合年轻的上班族选用。完成后的特色就是第一圈稍露出第二圈之外，可别刻意给盖住了哦。

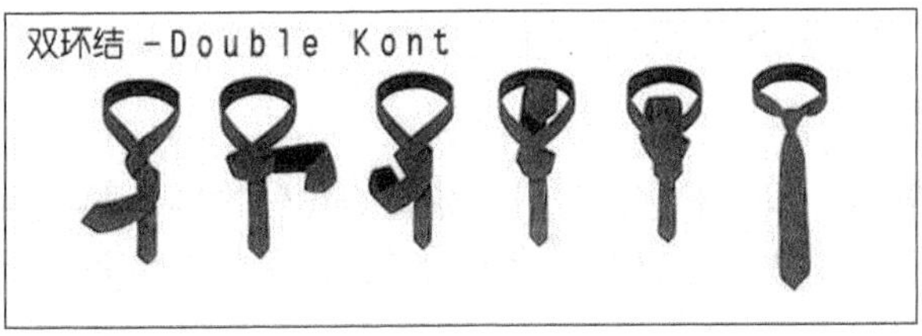

图 8-3-3　双环结

（4）温莎结

温莎结适用于宽领的衬衫。该领结应多往横向发展，应避免材质过厚的领带，领结也勿打得过大。

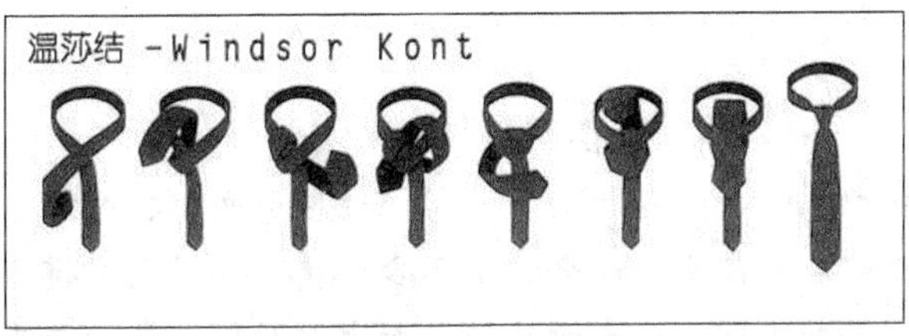

图 8-3-4　温莎结

（5）双交叉结

这样的领结很容易给人一种高雅且隆重的感觉，适合正式活动场合选用。应多运用在素色且丝质领带上，若搭配大翻领的衬衫，不但适合，而且有种尊贵感。

图 8-3-5　双交叉结

领带结需靠在衣领上，但不能勒住脖子，也不能太往下，显得松松垮垮、不精神。领带系好后，垂下的长度应触及腰带，超过腰带或不及腰带都不符合要求。领带应用领带夹固定。西装上衣左胸部的装饰袋，可用来插放绢饰，但不可用来放钢笔之类的其他东西，钢笔应放在衣服内袋中。

【小故事 8-6】

领带的问题

某家大型企业面向北京各高校发出了招聘业务员的启事，希望能招到具有专业知识的有志青年，充实企业的第一线。根据收到的求职材料，企业招聘人员约见了一位经济管理专业的男生面试。这位男生身材微胖，个头不高。面试时，他面容修饰一新，衣着也十分正式，穿西装，系领带，但可能是为了舒服，他的领带松松垮垮地挂在脖子上，衬衣最上面一粒扣子也解开着。正是因为这一形象使他没有通过面试。一位人事总监说："我认为你不可能仅仅由于系了一条领带而得到一个职位，但是我可以肯定系错了领带会使你失去一个职位。"

4. 裤子合体

西装的裤子要合体，要有裤线，裤长要触及脚面余 1 ~ 2 厘米。西装裤兜内不宜放沉东西。

5. 鞋袜整齐

穿西装一定要穿皮鞋，而不能穿布鞋或旅游鞋。皮鞋的颜色要与西装相协调。皮鞋还应擦亮，不要蒙满灰尘。穿皮鞋还要配上合适的袜子，袜子的颜色要比西装稍深一些，使它在皮鞋与西装之间显示一种过渡。

6. 扣好扣子

西装上衣可以敞开穿，但双排扣西装上衣一般不要敞开穿。在扣西装扣子时，如果穿的是两个扣子的西装，不要把两个扣子都扣上，一般只扣上面一个。如果是三个扣子，只扣中间一个。

【小贴士 8-7】

西装纽扣的系法

如果穿单排一粒扣西装，扣与不扣均可。如果是单排两粒扣西装，扣子全部不扣表示随意、轻松；扣一面上粒，表示庄重，而全扣就不合适了。如果是单排三粒扣西装，扣子全部不扣表示随意、轻松；只扣中间一粒表示正统；扣上面两粒，表示庄重，全扣也是不对的。如果是双排扣西装，可全部扣，亦可只扣上面一粒，表示轻松 、时髦，但不可不扣。如果穿三件套西装，则应扣好马甲上所有的扣子，外套的扣子不扣。

关于男士西装扣子的扣法还有"站时系扣，坐时解扣"的说法。男士在站立的时候，把西装扣好，这样在讲话、做手势的时候，西装才不会随着肢体乱跑，整体线条看起来更显干净利落。在坐着的时候，男士必须解开西装扣，如此西装才能随着身体的弧度，自然服帖地顺势而下，线条看起来比较流畅，也不会有束缚的感觉，才能舒适自在地坐在位子上。

在日常工作及非正式场合的社交活动中，男士可穿西服便装。西服便装上下装不要求严格配套一致。颜色可上浅下深，面料也可以上柔下挺。可以衬衫、领带配西裤，也可以不扎领带、不穿衬衫，而穿套头衫或毛衣。

此外，男士参加社交活动也可穿中山装、民族服装或夹克。尤其是在国内参加活动时，如出席庆典仪式（包括吊唁活动）、正式宴会、领导人会见国宾等隆重活动，可穿中山装与民族服装。穿中山装应选择上下同色同质的深色毛料中山装，一般配以黑色皮鞋。中山装衣服要平整、挺括，裤子要有裤线，穿着时要扣好领扣、领钩、裤扣。

在非正式社交场合中，男士也可穿夹克衫等便装，但同样应注意服装的清洁与整齐。

男士外出还可准备一件大衣或风衣，但在正式场合一般不宜穿风衣或大衣。如在需要室外活动的场合，大衣或风衣既可保暖挡风，又可增添不少潇洒的风采。

标准的男士西装穿着如图 8-3-6 所示。

图 8-3-6　标准的男士西装穿着

【小贴士 8-8】

男士穿衣的 20 条黄金法则

（1）黑色是庄重、富有乃至豪华的象征，所以，男士的第一套西服应该是黑色素面的。

（2）男士的第二套西服应为深灰色素面，然后是深蓝色素面、深灰色细条纹、深蓝色细条纹、深灰色方格。

（3）细条纹或者方格越不明显越好，选择那种只有细看才能看得出图案的面料。

（4）欧式对排扣西服由于钮扣位置较低，有一种上半身显长的感觉，所以身材较矮的男士应该慎重穿着。

（5）衣领带纽扣的衬衫不能搭配双排扣西服。

（6）如果拥有一件大衣，那么应该是灰色的，第二件大衣应该是黑色的，第三件是咖啡色的，第四件是藏青色的。

（7）皮鞋应该是纤尘不染、光亮可鉴的，所以任何时候都不要让它显得风尘仆仆。

（8）300 元皮鞋的寿命不及 600 元皮鞋的一半，而 1200 元的皮鞋也许能穿一世。

（9）即使是 1200 元的皮鞋也不要连续穿着 N 天以上。

（10）如果你还不能理直气壮地使用香水，那么一定要选择气味清爽的香皂。

（11）有些纯棉衬衫特别便宜，别忘了它们的寿命也特别短，经不起熨烫。

（12）如果不系领带，那么不要扣紧衬衫的领。

（13）对于一位要求体面的成熟男士来说，领带上的图案如果是卡通人物或动物、人像，那么绝对无法搭配西服。

（14）领带尖不应低于皮带扣，但也不要高于它。

（15）腰带和鞋在质料和颜色方面都要一致。

（16）绅士风度始于足下，正式西服只能以传统、庄重的系带式皮鞋相配。

（17）不要在正式、隆重的场合穿着非黑色皮鞋，即使它被擦拭得十分光亮，也会显得你本人不懂体面。

（18）千万不要买所有成分都是人造纤维的袜子，最好是羊毛、丝毛或毛棉混纺、纯棉袜子。

（19）年过 24 岁，应该摒弃白色袜子，它会使你显得像一个学生。

（20）不论年龄几何，花袜子总是不适合男性的。

第四节　女士服装的穿着

【小故事 8-7】

女王的着装

1986 年英国女王伊丽莎白二世访问我国，走出机舱门第一个亮相，穿的是正黄色西服套裙，戴正黄色帽子，在阳光下显得非常绚丽、典雅。这位女王本人喜欢红色和天蓝色，很少穿黄衣服。但在中国，几千年的历史上黄色是皇帝的专用色。女王来中国访问穿正黄色裙装，既体现了自己高贵的气质，也显示了她作为一国君主的尊严与威仪，还表现出尊重中国传统文化习俗的友好姿态。

女士服装应讲究配套，款式较简洁，色彩较单纯，以充分表现出女士的精明强干，落落大方。

一、女士西装套裙

1. 选择合适的套裙

面料：最好是纯天然质地，又是质量上乘的面料。上衣、裙子及背心等应选用同一种面料。在外观上，套裙所用的面料，讲究的是匀称、平整、滑润、光洁，不仅有弹性、手感好，而且应当不起皱、不起毛、不起球。

色彩：应当以冷色调为主，借以体现出着装者的典雅、端庄与稳重。一套套裙的全部色彩不要超过两种，不然就会显得杂乱无章。

图案：按照常规，商界女士在正式场合穿着的套裙，可以不带任何图案。

点缀：不宜添加过多的点缀。一般而言，以贴布、绣花、花边、金线、彩条、亮片、珍珠、皮革等点缀或装饰的套裙都不适宜商界女士穿着。

尺寸：上衣不宜过长，下裙不宜过短。裙子下摆恰好达小腿最丰满处，乃是最为标准、最为理想的裙长。紧身式上衣显得较为正统，松身式上衣看起来则更加时髦一些。

造型："H"字形上衣较为宽松，裙子多为筒式；"X"字形上衣多为紧身式，裙子大多为喇叭式；"A"字形上衣为紧身式，裙子则为宽松式；"Y"字形上衣为松身式，裙子多为紧身式，并以筒式为主。

款式：套裙款式的变化主要体现在上衣和裙子方面。上衣的变化主要体现在衣领方面，除常见的平驳领、驳领、一字领、圆领之外，青果领、披肩领、燕翼领等并不罕见。裙子的式样常见的有西装裙、一步裙、筒式裙等，款式端庄、线条优美；百褶裙、旗袍裙、"A"字裙等，飘逸洒脱、高雅漂亮。

2. 选择与套裙配套的衬衫

与套裙配套穿着的衬衫，有不少的讲究。从面料上讲，主要要求轻薄而柔软，比如真丝、麻纱、府绸、罗布、涤棉等，都可以用作其面料。从色彩上讲，则要求雅致而端庄，不失女性的妩媚。除了作为"基本型"的白色外，其他各式各样的色彩，包括流行在内，只要不是过于鲜艳，并且与所穿套裙的色彩不相互排斥，均可用作衬衫的色彩。不过，还是以单色为最佳选择。同时，还要注意，应使衬衫的色彩与所穿套裙的色彩互相协调，要么外深内浅，要么外浅内深，形成两者的深浅对比。

3. 选择与套裙配套的内衣

一套内衣往往由胸罩、内裤以及腹带、吊袜带、连体衣等构成。它应当柔软贴身，并且起着支撑和烘托女性线条的作用。有鉴于此，选择内衣时，最关键的是要使之大小合适。

内衣所用的面料，以纯棉、真丝等面料为佳。它的色彩可以是常规的白色、肉色，也可以是粉色、红色、紫色、棕色、蓝色、黑色。不过，一套内衣最好同为一色，而且其各个组成部分宜为单色。就图案而论，着装者完全可以根据个人爱好加以选择。

内衣的具体款式甚多。在进行选择时，特别应当关注的是，穿上内衣之后，不应当使它的轮廓一目了然地在套裙之外展现出来。

4. 选择合适的鞋袜

选择鞋袜时，首先要注意其面料。女士所穿的与套裙配套的鞋子，宜为皮鞋，并且以牛皮鞋为上品。同时所穿的袜子，则可以是尼龙丝袜或羊毛袜。

鞋袜的色彩有许多特殊的要求。与套裙配套的皮鞋，以黑色最为正统。此外，与套裙色彩一致的皮鞋也可选择。但是鲜红、明黄、艳绿、浅紫的鞋子，则最好莫试。穿着裙装时所穿的袜子，可有肉色、黑色、浅灰、浅棕等几种常规选择，只是它们宜为单色。多色袜、彩色袜，以及白色、红色、蓝色、绿色、紫色等色彩的袜子，都是不适宜的。

鞋袜在与套裙搭配穿着时，要注意其款式。与套裙配套的鞋子，宜为高跟、半高跟的船式皮鞋或盖式皮鞋。系带式皮鞋、丁字式皮鞋、皮靴、皮凉鞋等，都不宜采用。高筒袜与连裤袜，则是与套裙的标准搭配。中筒袜、低筒袜，绝对不宜与套裙同时穿着。

女士西装式样较多，它的领型有"V"字领、青果领、披肩领等；款式有单排扣、双排扣；衣长也有变化，或短至齐腰处，或长至大腿；造型上有宽松的、束腰的，还可有各种图案的镶拼组合。女士西装有衣裤相配的套装，也有衣裙相配的套裙。在社交场合，无论西服套装或西服套裙款式都宜简洁大方，避免过分花哨和夸张。

女士西服套装给人以精明干练、富有权威的感觉，显得比较严肃，更适合成熟的女士或职位较高的女领导工作时穿用。如今，西服套装已成为社交中女士普遍适用的服装。

西服套裙的上装是西装，下装是腰裙（如西装裙、喇叭裙、百褶裙等）。交际中西服套裙的面料应是高档面料，如夏季用丝绸，华贵柔美；春秋用各类毛料，考究挺括；冬季用羊绒或毛呢织物，高贵典雅。西服套裙的色彩应呈中性，也可偏暗，一色的面料适宜，各种条子、格子、点子面料也常用。西服套裙上下一色显得端庄，有成熟感；色彩上浅下深或上深下浅，式样上简下繁或上繁下简，花色或上轻下杂或上杂下轻，可以搭配出动感和活力，适合女士在不同场合穿出不同的风貌。

标准的女士套裙穿着如图 8-3-1 所示。

图 8-4-1　标准的女士套裙穿着

【小故事 8-8】

裙裤的麻烦

郑小姐在一家国内的公司里工作。有一天，上级派她代表公司前往南方某城市 Y 去参加一个大型的外贸商品洽谈会。为了给外商留下良好印象，郑小姐在洽谈会上专门穿了一件粉色的上衣和一条蓝色的裙裤。然而，正是她新置的这身服装，使不少外商对她敬而远之，甚至连跟她正面接触一下都很不情愿。

原来，国外商界人士一向崇尚传统，讲究男女着装有别，认为在正式场合以裙装为正装，而视着裤装为不务正业。

二、女士旗袍

旗袍被公认为最能体现女性曲线美的一种服装。我国是有着 300 年旗袍历史的国度，近年来，旗袍带着一股从未有过的震撼力在影响着世界各地女性的穿着，它像一种特殊的世界语，迅速被各种族的人们所接受，打破了只有东方女性才适合穿着的传统论断。因而，旗袍也可作为社交中的礼服。旗袍作为礼服，一般采用紧扣的高领、贴身、身长过膝、两旁开叉、斜式开襟、袖口至手腕上方或肘关节上端的款式，面料以高级呢绒绸缎为主，配以高跟鞋或半高跟鞋。

【小故事 8-9】

总统夫人与旗袍

1984 年春，里根总统和夫人访华时，挑选面料做旗袍。她先看中一种金色的织锦缎，但考虑到没有带金色的皮鞋与之配套，便改选一种以深红色为底色的中国织锦缎旗袍。在里根总统的告别招待会上，她穿上这件深红底色的中国织锦缎旗袍，配上一双深色的高跟鞋，显得特别雍容华贵，无懈可击。

三、女士连衣裙

连衣裙是上衣和裙子的结合体，它不但能尽显女士特有的恬静和妩媚，而且穿着便捷、舒适。连衣裙也可与西装外套等组合搭配，提高服装的使用率。连衣裙的造型丰富多彩，有前开襟、后开襟、全开襟和半开襟的；有紧身的、宽松的、喇叭形、三角形、倒三角形的；有无领的、有领的；有方领的、尖领的、圆领的；有超短的、过膝的、拖地的等，它们为各种身材的女士在不同场合提供了大量的选材。

穿连衣裙应以个人爱好、流行时尚而定，但在交际场合，穿连衣裙还应以大方典雅为宜。单色连衣裙在大多数场合效果都很好，点、条、格等面料的连衣裙图案要力求简洁。穿连衣裙要注意避免：一是受时髦潮流的影响，太流行或趋于怪异，变得俗不可耐或荒诞不经；二是不顾及环境，而穿着过低的领口、过紧的衣裙、过透的面料，使人感到极不雅观。正所谓“酌奇而不失其真，玩华而不坠其实”。

【小贴士 8-9】

女士穿衣的 20 条黄金法则

（1）由浅入深，穿衣有三层境界：第一层是和谐，第二层是美感，第三层是个性。

（2）聪明、理智的你买衣服时可以根据下面三个标准选择，不符合其中任何一个的都不要买：你喜欢的、你适合的、你需要的。

（3）经典很重要，时髦也很重要，但切不能忘记的是一点匠心独具的别致。

（4）衣服和鞋子一样，适合自己的就是最好的。

（5）不要太注重品牌，这样往往会让你忽视了内在的东西。

（6）衣服可以给予女人很多种曲线，其中最美的依然是 S 形，可衬托出女性苗条、修长的身段，女人味儿十足。

（7）应该多花些时间和精力在服装的搭配上，不仅能让你以 10 件衣服穿出 20 款搭配，而且还锻炼自己的审美品位。

（8）即使你的衣服不是每天都洗，但也要在条件许可的情况下争取每天都更换一下，两套衣服轮流穿一周比一套衣服连穿 3 天会更加让人觉得你整洁、有条理。

（9）选择精良材质的保暖外套，里面则穿上轻薄的毛衣或衬衫，这样的国际化着装原则将会越来越流行。

（10）绝没有所谓的流行，穿出自己的个性就是真正的流行。

（11）无论在色彩还是细节上，相近元素的使用虽然安全却不免平淡，适当运用对立元素，巧妙结合，会有事半功倍的美妙效果。

（12）优雅的衣着有温柔味道，但对于成熟的都市女子来说，最根本的是高贵和冷静。

（13）时尚发展到今日，其成熟已经体现为完美的搭配而非单件的精彩。

（14）闪亮的衣饰在晚宴和 party 上将会永远风行，但全身除首饰以外的亮点不要超过两个，否则还不如一件都没有。

（15）一件品质精良的白衬衫是你衣橱中不能缺少的，没有任何衣饰比它更加能够千变万化。

（16）每个季节都会有新的流行元素出台，不要盲目跟风，让自己变成潮流预报员，反而失去了自己的风格。关键是购买经典款式的衣饰，耐穿、耐看，同时加入一些潮流元素，不至于太显沉闷。

（17）黑色是都市永远的流行色，但如果你脸色不太好则最好避免，加入灰色系则彩色既亮丽又不会太跳，不挑人，是合适的选择。

（18）寻找适合自己肤色的色彩，一定要注意服装是穿在自己身上的，而不是白色或者黑色的模特衣架。

（19）重视配饰，衣服仅仅是第一步，在预算中留出配饰的空间，认为配饰可有可无的人是没有品位的。

（20）逐步建立自己的审美观和色彩体系，不要让衣橱成为色彩王国。选择白、黑色、米色等基础色作为日常着装的主色调，而在饰品上活跃色彩。这样有助于建立自己的着装风格，给人留下明确的印象。

第五节　服装的饰物佩戴

【小故事 8-10】

饰品佩戴

小刘大学毕业后在一家公司担任销售代表，平时就很讲究衣着打扮。一次，她去本市一家大型国有企业洽谈业务。这次业务对公司非常重要，为了给对方留下好印象，她做了精心的打扮：穿了一套流行的韩国服装，左右手各戴着一只造型独特的戒指，右手腕上戴着一只时尚的手镯，脖子上戴着一条亮闪闪的白金项链，耳朵上戴着一副新潮的耳坠，随着她的走动，耳坠还发出清脆悦耳的声音。接待她的是一位五十岁左右的中年人和一位二十来岁的小伙子。在洽谈过程中，年轻人不时盯着她看，使她很不好意思，当她站起来将有关材料递给对方时，耳坠又不小心勾住了中年人的衣袖，使得双方都很尴尬。结果在谈判中，小刘频频出错，谈判结果很不理想。

在现代修饰中，饰物显得越来越重要，尤其在女性的装扮中，饰物更是得宠。它不仅可遮掩身材、服装、发型等不足，还可以使整体形象提亮，达到画龙点睛的效果。譬如，在某一场合，每个人都穿着相同的礼服，可其中一位却显得特别突出，而究其原因，可能完全是因为一件小饰物的作用：可能他（她）戴了一顶漂亮的帽子、别致的项链、精巧的别针、优雅的腰带，或是穿了一双特别出众的鞋子或丝袜。有时，为使发型美丽动人，可以配上一只发夹或一根发带；要显示颈部的光洁与修长，或服装色彩低调沉闷需要提亮，颈饰更是常用的饰物。另外还有手饰、胸饰、耳饰、脚饰，甚至鼻饰、脐饰等，五花八门，只要用心选配，不仅可增加装扮的色彩、气质，也使生活充满了变化多端的乐趣。“牡丹虽好，尚需绿叶扶持”。小小的饰物，就好比绿叶，衬托或提亮了个人独具风格的整体形象。

【小贴士 8-10】

饰物佩戴的原则

1. 符合身份

饰物的佩戴不仅要照顾个人的爱好，更应当使之服从于本人身份，要与自己的性别、年龄、职业、工作环境保持大体一致，不宜使之相去甚远。例如，医务工作者、宾馆服务员、厨师等由于行业的特点，不宜佩戴首饰，对此，从业人员应无条件地遵守。

2. 搭配得宜

穿工作装的最好饰物是金银饰物，一般不戴珠宝饰物。同时，饰物最好能与服装搭配和谐，而且在颜色、样式、整体效果上，都应该仔细协调，尽量让其浑然天成。另外，男士应该审慎选择饰物，尽量不要赶时髦。例如，戴耳环就不太适合服务这一行业。

3. 以少为好

有些人总爱显示自己的优越性，好像自己佩戴了什么，就比别人高一等似的，于是将身上能戴饰物的地方全部武装起来。其实，这大可不必。即使你有这样的心态，也不一定非要在数量上与他人一决高下。试问：品质不是更能显示出气质吗？何必非要把自己打扮成一个珠宝推销员一样？一般而言，正确的佩戴原则：以一般不超过两种为限，而且，同样的品种也不能超过两个。

一、发饰

发饰有发卡、发插（发簪）、发花等，是辅佐做发型或妆饰发型用的物品。发饰式样极多，有的艳丽、晶莹，有的简洁、庄重，佩戴者可根据自己的发型、年龄、场合和自己的偏好选配。头饰配得恰到好处时，不仅会为发型增辉，也会显著增加容貌的秀丽。另外，有人把冬天的帽子、头带、发网、头巾、彩绸及鲜花等作为头部或发型的装饰，因此有时也称它们为发饰或头饰。

这些饰物的选配对人的整体形象影响很大，譬如一块丝巾可扎出许多韵味，大大改变个体形象；一顶帽子也可以改变一个人的角色装扮。可见在整体形象设计中，头面部的修饰是最重要的，应当精心设计。许多少数民族更是把头饰作为富有民族特色的装饰。

二、耳饰

耳饰一般有耳环、耳钉、耳坠等，其形状大小也不一样。根据外形可将其分为以下三大类。

1. 贴耳式

此类耳环小巧可爱，可以是各种形状，也可由金银玉石等不同材料制成，贴在耳垂上既轻便好看也端庄典雅，尤受成熟女性的喜爱。

2. 吊坠式

一般设计成长形，轻巧别致，长短各异，多以金银或其他金属制成，常为年轻人佩戴，或在正式场合中佩戴。

3. 环状式

小环状的耳环比较适合保守的女孩，显得庄重娴静，活泼新潮的年轻女性更喜欢大环状，以显示浪漫时尚气质。现代还有些耳环是多环相扣，或小环大环相间，多姿多彩，尤为演员或社交广泛的年轻时尚女性青睐。佩戴此类耳环者，发型、化妆和服饰等均应有相应的时髦格调。

佩戴耳环还要注意以下几点：一是耳环选择应根据脸型决定。瘦长脸型可戴环状耳环，给人以横面的感觉；脸型宽的人宜选用贴耳式或长型小耳环。二是戴耳环一般不宜戴胸针，但与同色系的项链和戒指相配，效果会很好。三是戴眼镜者一般以小耳环为宜。

耳钳（耳夹）专为没有耳环眼的女性设计，选配原则同耳环。

三、颈饰

颈饰主要有项链、项圈、颈坠、串珠等。以金银或白金项链最多见，常见种类有方丝链、马鞭链、花式链、绳套链、双套链、三套链、铿链、机制链等，长度、粗细和含金量不一；项圈较少用。坠子是挂于项链下部的饰物，可以是大块精美宝石或仿金、仿银制品，有美化修饰及拉长颈部的效果；串珠是用珍珠、景泰蓝、瓷器、漆器、水晶、孔雀石、软玉、象牙以及五光十色的变色玻璃、彩塑、贝壳等制成，有很好的颈部修饰效果，其中尤以珍珠、水晶项链最常见。项链的选择和佩戴应注意与脸型及颈部的特征相适应。颈部稍长、白皙者，可选精细的中短链或彩色大珠的长脖链。颈部稍短者应选择纤细的长链，颈部粗短者以不戴项链为好。圆脸者即使颈部修长也不宜佩戴卡脖式项链；长脸型而颈粗短者应避免佩戴长项链，可选择中等长度的项链。

颈饰也包括丝巾、围巾、领带、领结、小方巾等。其选择方法与颈链相同，注意与头型及颈部的配合；所有的颈项饰物又均须与肤色、发色、化妆色、服色及其他特性气质等相适应。

丝巾是女士最钟爱的饰物之一。不管什么场合，利用飘逸柔媚的丝巾稍作点缀，一下就能让你的穿着更有味道。挑选丝巾的重点是丝巾的颜色、图案、质地和垂坠感。可以用丝巾调节脸部气息，如红色系可映得面颊红润；或是突出整体打扮，如衣深巾浅、衣冷色巾暖色、衣素巾艳。但佩戴丝巾要注意：如果脸色偏黄，不宜选用深红、绿、蓝、黄色丝巾；脸色偏黑，不宜选用白色、有鲜艳大红图案的丝巾。不要将丝巾放到洗衣机里洗，也不要用力搓揉和拧干，只要放入稀释的清洁剂中浸泡一两分钟，轻轻拧去多余水分再晾干就行了。

围巾的花色品种很多，与帽子一样，起御寒保暖和美观的作用。巧妙地选戴围巾，效果远远超过不断地更新衣服。围巾的面料有纯毛、纯棉、人造毛织物、真丝绸、涤丝绸等。围巾的色彩及图案也名目繁多。男士一般应选用纯毛、人造毛织物制作的围巾，色彩应选用灰色、棕色、深酱色或海军蓝，不能选用丝绸类的围巾。女士对围巾的选择范围极大，可选用丝绸类及色彩多样的三角巾、长巾及方巾等。围巾除可用来围在脖子上取暖外，还可以将围巾扎在头发上、围在腰上做装饰品。如果配上丝巾扣，围巾围、戴的变化就更多了。对女士来说，不论怎样选戴围巾，都要与年龄、身份和环境相协调，与所穿衣服的面料、款式、颜色及使用者的肤色相配。围巾一般在春冬季节使用得比较多。它的搭配要和衣服、季节协调。

厚重的衣服可以搭配轻柔的围巾，但轻柔的衣服却绝不能搭配厚重的围巾。围巾和大衣一般都适合室外或部分公共场所穿着，到了房间里面就要及时摘掉，不然会让人感到压抑。

领针也可归为颈饰的一种，用来别在西式上装左侧领上，男女都可以用。佩戴时戴一只就行，而且不要和胸针、纪念章、奖章、企业徽记等同时使用。在正式场合，不要佩戴有广告作用的别针，不要将它别在右侧衣领、帽子、书包、围巾、裙摆、腰带等不恰当的位置。

四、手饰

手饰主要指手镯、手链、戒指、袖扣、臂镯、手袋（手包）等，可以是金、银、玉等材质制成，也可以镶嵌宝石、玛瑜、玉石等。戒指是最常用的手指装饰品。传统戒指主要是条式黄金戒指和各种宝石戒指，外国戒指除条式外，大多为宝石镶嵌戒指。现代戒指造型独特，构思新颖，充分体现个性和立体感。袖扣和臂镯一般较少应用。

手镯的佩戴要根据手腕类型、年龄及服装而定。手臂短粗者宜选用稍窄细的式样，手臂细长者可选择宽大些的手镯。适合年轻人的手镯种类较多，金、银或非金属均可选配，中老年者可选用高 K 金的手镯，如龙凤锡、天元镯、纹丝镯等。手镯佩戴规则：戴一只时，只戴左手；戴两只时，可全戴左手，或左、右手各一只；戴三只亦可全戴左手。戴手镯一般不戴手表。

戒指的选择与佩戴的注意点以及象征意义更多。佩戴戒指的目的应当明确：第一，戒指是权力和富有的象征。戴得越多、越名贵，越能显示富有（当然应当注意不要流于浅薄）。第二，戒指是吉祥的标志物。第三，戒指是爱情信物和婚配标志。我国人习惯把戒指戴在无名指上，若表示婚姻，一般左手无名指上戴结婚戒指，左手中指上戴订婚戒指。原则上除拇指外的各指均可戴，但表达的意义不一样。比如：戴在食指上表示求婚或想结婚，戴在中指上表示热恋，戴在无名指上表示已订婚或结婚，戴在小指上表示独身或终身不娶不嫁。

【小故事 8-11】

小芳的戒指

小芳毕业后到一家公司做文秘工作不久，一次在接待客户时，领导让她照顾一位华侨女士。临别时，华侨对小芳的热情和周到的服务非常满意，留下名片，并认真地说："谢谢！欢迎你到我公司来做客，请代我向你的先生问好。"小芳愣住了，因为他根本没有男朋友，何谈"先生"呢。可是，那位华侨也没有错，她之所以这么说，是因为看见小芳的左手无名指上戴有一枚戒指。

手套不但有保暖保洁等防护作用，也是重要的手饰之一。作为一种装饰品，手套起源于西方，最早曾是君王权威和圣职的象征。在皇宫贵族的舞会上，身穿礼服的绅士和贵妇都戴着白色丝绸手套，以显身份和华贵。中世纪的骑士最早戴着手套作战，以后在部队检阅或仪仗队中，军官的服装均与白色手套相配。手套的品种、款式和颜色基本上都是依据服装的需要而设计，如白纱、白汗布或丝绸制作的礼服手套，冬季保暖的棉绒手套，与皮衣皮靴相配的皮手套等。戴一副漂亮的皮手套，有时会起到意想不到的装饰效果。戴手套要讲究礼仪，和别人握手，不管冬夏，都要摘掉手套；女士握手，有时不摘手套显得更礼貌；进屋以后，一般要马上摘下手套；吃饭的时候，必须摘下手套。

手袋（手包），特别是女士用的小型手袋是女士出席各种社交活动的重要饰物。手袋的面料很多，可用皮革、金属、塑料、串珠、刺绣等材料制成。

五、胸饰

胸饰包括胸花、胸针等多种。胸花是用金属或塑料、绢绸或羽毛镶嵌的水晶式宝石制作的，造型俏丽雅致，常由女性佩戴于左胸前。胸针是一种饰用别针式插针，常佩戴于西装驳领上，或用于羊毛衫、衬衫的胸前。胸针有大、小型之分，大型的直径约 5 cm，图案纹饰较复杂，大多镶有天然宝石或人造宝石，式样新颖，做工别致；小型胸针长度或直径仅 2cm，可用于服装的前胸或围巾等处，还可在领口、驳领口使用。

胸针是别在服装上的饰品，因此服装的款式、面料、色彩对挑选胸针有很大的影响。如大衣比较宽大，胸针要大一些；反之，装饰在春秋衫、羊毛开衫或西装上的胸针应小一些。胸针的颜色要与服装的颜色有明显对比，一般以深配浅或浅配深为原则，多用于单色服装上，以便突出胸针的装饰效果或起到提亮效果。若大花的色彩鲜艳的服装佩上胸针，胸针会黯然失色。因为服装有四季的变化，则胸针也应有相应的变化。春秋两季大自然呈暖温色调，胸针相应也可选绿色或金黄色相配；冬季冷，衣服多，胸针应采用大型金属类，式样精美、材料华贵，给人以沉稳、庄重之感；夏季胸针以轻巧型，尤以非金属片状为好。社交场合胸针的佩戴也有讲究，形状和质地应与社交场合相适应。晚上可配以闪闪发光的钻石胸针，白天则配以金属式塑料胸针等。胸针佩戴要注意与服式、发型等相适应。

胸花是专为女性设计的，用于装饰女性的胸、肩、腰、头、领口等部位。胸饰红花代表喜庆、白花代表节哀等。但凡喜庆场合，红花的佩戴不仅增加艳丽，也极大地渲染了喜庆的氛围。胸花有鲜花和人造花（如绸布花、塑料花等）两种。相比之下，鲜花佩戴起来更显高雅，但不能持久。选择胸花时，一定要考虑服装的类型、颜色、面料，所出席的社交活动的层次，以及自身的体形和脸型。例如，个子矮小的女士适合小一点的胸花，佩戴时部位可稍高一些；个子高大的女士可选择大一点的胸花，佩戴时位置可低一些。戴胸花要注意别的部位，穿西服应别在左侧领上，穿无领上衣时应别在左侧胸前。发型偏左时胸针应当居右，发型偏右时胸针应当偏左，其高度应从上往下数第一粒、第二粒纽扣之间。

【小故事 8-12】

一枚胸针，毁了一桩生意

方小姐作为一家公司的英文翻译，经常需要和经理一起去见客户。方小姐本人对穿衣戴帽也很在行，她知道见什么样的客户该穿什么样的衣服。

一次，方小姐和经理去跟一个外商谈业务。方小姐选择了一件浅白色的碎花短旗袍，下面搭配了一双白色高跟皮鞋，中国情调十足。正好前段时间方小姐过生日，好友赠送了一个夸张的骷髅头胸针，款式十分别致，方小姐特别喜欢，这段时间天天都戴着。这次的旗袍打扮，方小姐也没忘记别上这枚骷髅头胸针。方小姐和经理此次前去拜访的外商是英国人，他们刚一见面，方小姐的衣着就引起了英国商人的注意。他刚想夸方小姐会穿衣服时，却一眼看到了那枚夸张的骷髅头胸针，欲言又止，原本欣喜的神色顿时黯淡下来。

在接下来的谈判中，那位英国商人的情绪不高，多少显得有些敷衍。最后，双方未能达成协议。经理大为不解：原来还谈得好好的，英国商人兴趣很高，怎么这次见面他的态度这么冷淡？

事后经理从那位英国商人的中国翻译那儿得知，原来那位英国商人极其注重服装礼仪，那天方小姐在极具中国风情的旗袍上点缀了那么夸张的一个骷髅头胸针，显得十分突兀，甚至有些不伦不类，十分碍眼，当时就让英国商人倒了胃口，失去了谈判的兴致。方小姐怎么也想不到，她的一枚胸针，毁了一桩生意。

六、其他饰物

1. 鼻饰

有些少数民族，在鼻中隔前部穿一孔，带上环形的金属圈。因戴在鼻上又称其为鼻环。

2. 眼镜

随着现代人装饰意识和审美情趣的变化，眼镜已成为一种修饰脸部的饰物了，男女皆用，属于集应用和装饰为一体的常见饰物。

3. 腰带

腰带更重要的是装饰作用。男士的腰带一般比较单一，质地大多是皮革的，没有太多的装饰。穿西装时，都要扎腰带；而其他的服装（如运动、休闲服装）可以不扎。夏季只穿衬衫并把衬衫扎到裤子里去的时候，也要系上腰带。女士的腰带很丰富，质地有皮革的、编织物的、其他纺织品的，款式也多种多样。女士使用腰带要注意这样几个问题：一是与服装的协调搭配，包括款式和颜色。比如穿西装套裙一般选择皮革或纺织的、花样较少的腰带，以便和服装的端庄风格搭配，要是穿连衣裙，则腰带的选择余地大一些；暗色的服装不要配浅色的腰带，除非出于修正形体的需要。二是要与体形搭配。比如个子过于瘦高，可以用较显眼的腰带，形成横线，分割一下，增加横向宽度；如果上身长下身短，可以适当提高腰带到比较合适的上下身比例线上，形成比较好的视觉效果；如果身体过于矮胖，就要避免使用大的、花样多的腰带扣（结），也不要用宽腰带。三是要与社交场合协调。工作场合不要用装饰太多的腰带，而要显得干净利落一些；参加晚宴、舞会时，腰带可以花哨些。

无论男女，扎腰带一定要注意：出门前看看你的腰带扎得是否合适，腰带有没有“异常”，在公共场合或别人面前动腰带是不合适的；在进餐的时候，更不要当众松紧腰带，这样既不礼貌，也不雅观；如果必要，可以起身到洗手间去整理。要经常检查自己的腰带是不是有损坏，以提早替换，避免发生“意外”。

4. 皮包

皮包具有使用及装饰作用，在现代服饰中起着画龙点睛的作用。皮包的种类很多，有肩挂式、手提式、手拿式及双肩背式等，在选购时要考虑它的适用范围。正式场合应选用质地较好、做工精细、外观华丽，体积不宜大，横长形的皮包；平时上班和日常外出使用的皮包不必太华丽，以实用和耐用为主；使用皮包要考虑其颜色与季节和着装是否相一致。皮包与使用人的体形也有很大关系，例如，体形小巧的人不能选用太大的皮包；体形矮胖的人不要选用太秀气的皮包；瘦高的人虽有较大的选择余地，但也不能选用太大或太小的皮包。在参加公务活动时应携带公文包。

5. 手表

在社交场合佩戴手表，通常意味着时间观念强、作风严谨。在正规的社交场合，手表往往被视为手饰。它也是一个人地位、身份、财富状况的体现。所以男士的手表，往往引人瞩目。在正式场合佩戴的手表，在造型上要庄重、保守，避免怪异、新潮，尤其是尊者、年长者更要注意。一般正圆形、正方形、长方形、椭圆形和菱形手表适合在正式场合佩戴，而那些新奇、花哨的手表造型，仅适合少女和儿童佩戴。正规场合佩戴手表适合选择单色或双色手表，色彩要清晰、高雅。黑色的手表最理想。除数字、商标、厂名、品牌外，手表没必要再出现其他无意义的图案。像广告表、卡通表等不宜出现在工作人员的手腕上。另外，在交际场合，特别是和别人交谈时，不要有意无意地看表，否则对方会认为你对交谈心不在焉、不耐烦，想结束谈话。

6. 脐链

有些少数民族（黑人多见）女性在肚脐的皮肤皱褶处穿孔，戴上金属环，或者连着链条，挂在腰间，更显出裸体的美感。

7. 脚饰

脚饰有脚链、脚镯、脚链环、脚链镯等，戴于足踝部，或在脚趾上套金属环等。脚饰的佩戴也主要见于少数民族，热带地区人们赤脚不穿鞋袜，脚饰更盛行。

脚链是当前比较流行的一种饰物，多受年轻女士的青睐，主要适合在非正式场合佩戴。佩戴它，可以吸引别人对佩戴者腿部和步态的注意，如果腿部缺点较多，就不要用。一般只戴一条脚链。如果戴脚链时穿丝袜，就要把脚链戴在袜子外面，让脚链醒目。

8. 鞋袜

鞋袜也应作为脚饰看待，实际上它们又是整体服装的主要附件。鞋的种类繁多，如皮鞋、时装鞋、旅游鞋等。因为足部负载着全身的重量，所以选择鞋子首先以舒适为宜，其次才考虑式样、价格以及与服装形体相协调；一般不宜选择太笨重的鞋，否则会使细长的腿显得更细，粗壮的腿显得更粗；鞋跟的高度也要适当，在鞋子的结构上要求美观与实用相统一；在材料上讲究轻软、富有弹性，在款式上应追求艺术和流行相结合。

袜子也是日常生活中不可或缺的饰品，尤其对女士来说，丝袜是不可或缺的。

丝袜，在服装整体搭配中起着举足轻重的作用。在国外，正式场合中如果女性不穿丝袜，就如同不穿内衣一样十分不雅。丝袜不仅能保护腿、足部的皮肤，掩盖皮肤上的瑕疵，还能与衣服相搭配，使女性更添魅力。

在工作场合穿着裙装及皮鞋时，一定要穿丝袜，而且必须是连裤丝袜。这样可以避免丝袜因质量问题掉落，也不会将袜口露在外面。有的人因为怕热而穿中长袜或短丝袜是不符合职业着装规范的做法。而平时穿连衣裙及凉鞋时，就不要再穿丝袜，因为凉鞋本来就是为了凉快的，再穿袜子就显得多此一举了。不过现在有一种前后包脚的凉鞋，属于较为正式的款式，穿这种凉鞋时就必须穿袜子。穿凉鞋时，要注意脚趾和脚后跟的洁净，不要把黑乎乎的指甲缝和老茧丛生的脚后跟露在外面，平时应注意保养。

丝袜的选穿不能敷衍了事，但要根据自身特点和着装风格做到合理选穿，也不是件容易的事，你最好知道选穿袜子的窍门，以下是一些供你参考的经验：对于日常忙于上班的职业女性，不妨选一些净色的丝袜，只要记住深色服装配深色丝袜，浅色服装配浅色丝袜这一基本方法就可以了。丝袜和鞋的颜色一定要相衬，而且丝袜的颜色应略浅于皮鞋的颜色（白皮鞋除外）。颜色或款式很出位的袜子对腿形要求很高，对自己腿形没有自信的女孩不可轻易尝试。品质良好的裤袜要比长筒丝袜令你更有安全感，能够避免袜头松落。白丝袜令人看上去又胖又矮，应该避免。上班族不要穿彩色丝袜，它会令人感到轻浮，缺乏稳重感。参加盛会穿晚装时，配一双背部起骨的丝袜，可使高雅大方的格调分外突出。但穿此类丝袜时，切记别将背骨线扭歪，否则极其失仪。

9. 帽子

世界著名法国电影明星索菲亚·罗兰说："一个戴帽子的女人是令人难以忘怀的，没有什么东西能像帽子那样，可以给人画龙点睛的装饰效果。"从中世纪至今，在欧洲，无论男女，帽子一直是人们形象设计所要着力推崇的装饰品之一。

帽子是由头巾演变而来的。在当代生活中，帽子不仅有御寒遮阳的作用，还具有装饰功能。在男女衣着中，帽子占据着举足轻重的地位。戴帽子时，一定要注意帽子的式样、颜色与自身装束、年龄、工作、脸型、肤色相和谐。一般来说，圆脸适合戴宽边顶高的帽子，窄脸适合戴窄边的帽子。女士的帽子种类繁多，不同季节造型和花色不同。例如，在冬天，女士可戴手工织的绒线帽；地位较高的女士可选择小呢帽；年轻姑娘可选择小运动帽。戴帽子的方法也很多，例如，帽子戴得端端正正显得很正派，稍往前倾一些显得很时髦。另外，戴眼镜的女士不适宜戴有花饰的帽子；身材矮小者，应戴顶稍高的帽子。戴帽子应注意的一般礼仪是：戴法要规范，该正的不能歪，该偏前的不能偏后；男性在社交场合可以采用脱帽方式向对方致意；在庄重和悲伤的场合，除军人行注目礼外，其余的人应一律脱帽。

帽子的种类繁多，大致可分为运动帽、遮阳帽、时装帽、嬉皮帽、休闲帽等。帽子的形状也有很多，有鸭舌帽、宽边帽、窄边帽、无檐帽、花边帽、卷边帽等。帽子在色彩上也有很多突破，大多采用自然色系的米白、纯白、米色、咖啡色、藕荷色、粉蓝色、粉绿色等，并且更讲究与服装色调的搭配效果，追求典雅、自然的风格。帽子上的装饰物更多：一个别针、一个蝴蝶结、一个吉祥物等，都可以给人增添一分俏皮童真或浪漫妩媚。

拓展阅读

一、特殊体形女性的服饰选择

有些职业女性身体的某一部分达不到理想的比例，这可以通过服饰错觉效应来产生新的效果。

1. 肩宽

肩宽的女性宜选择大"V"字领或"U"字领的服装款式，这是因为穿着大"V"字领服装时，借由"V"字领的视线延伸，可巧妙地隐藏住肩宽的缺点，而同样，深"U"字领的服装也能"缩肩"，由于"U"字领使颈部露出一片"开阔地带"，颈部修长了，肩部自然也就变窄了；深色系上衣同样具有神奇的"缩肩"效果，因此在上衣色彩的选择上，最好考虑深色系；还有一种就是选用下垂性比较好的面料做衣服，这样肩膀看起来也会窄一些。

2. 胸部小

胸部小的女性可尝试下面的选择。

（1）穿一件胸前带有口袋或特别花样的上衣，这样可以增加发散的效果。或者穿一件胸前有荷叶边、波浪边或绑带的上衣，会让胸部看起来比较丰满。

（2）对于上衣的面料而言，选择有纹路的布料会让胸部看起来更加丰腴些。还有一点就是，布料亮度比较高的衣服，也能使胸部看起来更丰满些。

（3）泳装的款式不妨选择胸线有褶边或褶皱的。

（4）对于衣服的款式而言，有垫肩设计的外套会使胸部看起来比较挺。

（5）较宽版的连身长裙，里头搭配衬衫或针织衫也是小胸女性的选择。

（6）人们在宽松的造型以及层叠的效果中，会忽略对胸部的关注，这样也可以掩饰胸部过小的缺陷。

（7）两件式和多层次的穿法可造成视觉上的错觉，制造出丰满的效果。

（8）舒适而贴身的衣服会显露胸型，在外面搭配背心或小外套，胸部看起来就会显得比较丰满。

3. 胸围过大

胸围过大的女性可选择背心式或围裙式的长洋装，这是因为可以搭配不同颜色的上衣而适时造成前胸围的视觉切割，使得胸围看起来顺畅些。但有一点要注意：选择此类洋装时，布料尽可能以平织布为主。此外，一套双排纽扣中长套装同样也可以把过于丰满的胸部掩饰起来。

4. 背肥

背肥的女性忌露背装，其次就是背心了，因为会给人虎背熊腰的感觉。可以穿深色短袖上衣，会起到一定效果。款式以简单为主，如果嫌单调可以把细节留在下身发挥，以转移别人的注意力，使自己看上去瘦一些。

5. 腰粗

腰粗的女性忌放太多细节在腰部以引人注意。有一个改善的办法就是穿质地柔软的连身裙。因为连身裙通常在胸部以下就开始散开，它会令人看不见腰的真正位置，从而掩饰腰粗的缺陷；也可以穿“A”字裙，使腰部细点，同时增加肩部装饰，使视线移到上身。

6. 臀部过大

臀部过大的女性不宜穿紧身裤，可以选择略为宽松些的深色布料的裤子，不会引人注目，起到转移视线的作用。首先，女性服装可以在上衣的腰部加上腰带，通过腰带同裤子的调整，使臀部得到一定的掩盖；其次，还可以将细节放在颈项上（如佩戴耳环、项链、胸花等），从而把别人的注意力集中到身体上部；另外，有这类缺陷的人，她们的身体重心往往过低，并且还会有运动不太灵便之感，这种现象势必加剧形象上的缺陷，为此，适当增加皮鞋鞋跟的高度和培养良好的举止，也是改变形象所不能忽视的。

7. 腿粗

腿粗的女性不太适合穿紧身的裤子，而且穿短裤时，不要在膝盖位置翻边；上衣避免穿双排扣的，可以穿单排扣的；同样不可以穿太短的裙子，为了掩饰缺陷，最好穿筒裙、长裙或喇叭裤；可以穿粗高跟鞋，使腿看起来细长些。

8. 腿细

腿细的女性不太适合穿紧身裙，却比较适合造型修长、挺拔的裤子。因为这样看起来会比较漂亮，比如用全毛面料制作的长裤。另外，腿细的女性在色彩的选择上以偏向明亮、淡雅的色调为宜。

9. 腿短

腿短还可以分好几种。腿短并且腰比较细、臀围比较宽的人最适合穿裙子或者穿可盖住臀围线，稍微长些的上衣，而且是不收腰身的，这样可以扬长避短。但是这类人不适合穿直筒裤，如果能顺其自然地穿萝卜裤，不失为因势利导的一种穿着。专家建议：如果想让腿部变得修长一点，最好穿一些窄身的直脚裤或者及膝裙，还要加一对尖头凉鞋或高跟鞋。

10. 脸大而圆

脸大而圆的女性要注意把握以下六点。

（1）样式简单、大方的领型是最好的选择，她们不适宜穿带花边的衣领或过于复杂的衣服。

（2）下身最好穿紧身裤或是紧身裙。

（3）肩膀设计需稍宽阔，有垫肩更佳。

（4）妆容的色彩以明亮的单色或浓色为宜，如桃红等。

（5）耳环可选用三角形状的。

（6）胸针宜选用大型的，项链以选择长形的为最佳。

11. 脸部瘦小

脸部过于瘦小的女性与身体其他部位的比例不协调，无疑是不漂亮的，这时候就可以通过服饰来掩饰这个缺陷。可以运用如下方法。

（1）大衣领或领口宽大的衣服是这些女性的首选。

（2）肩膀部分不宜放垫肩，不能宽大，顺其自然为好。

（3）在色调选择方面，不宜采用淡色系列，应巧妙地配合浓淡部分，否则，会使脸部更加显小。

（4）宜佩戴中等大小的耳环。

（5）项链不宜过长，能至胸口即可。

12. 颈部粗短

颈部粗短者可简单地利用某些领型和发型来改变颈部的外观。具体包括如下几项。

（1）在领型上，一般比较适合“U”字形或“V”字形的低领型服装。

（2）衬衫的领口扣不要扣，要打开。

（3）在衣服前面部分设计纵方向的条纹，这样就会给人一种纵向上的直观感觉，从而掩饰颈部粗短的缺陷。

（4）避免用围巾、短项链等饰物来突出脖子。

（5）避免穿高领毛衣或把脖子包围的领型，冬天穿浅色轻薄高领毛衣。

（6）在发型上，一般比较适合选用长至双肩的发型，使其自然地遮盖住颈部，减少颈部的宽度。

13. 小腹突出

突出的小腹，永远是一个美丽女性的缺陷，也是穿衣时的一大难题。如果处理不当，便会破坏了一件漂亮服装的所有美感。对于这样的情况，必须学会通过服饰来掩盖。可以运用如下方法。

（1）上身佩戴美丽的首饰，以转移视线。

（2）适合穿那种比较长的上衣，利用它的长度遮住微突的小腹。不过，穿着此类上衣时，要注意将露在裙或裤外的衣服下摆整理好。

（3）最好选择有伸缩效果的面料。

（4）复古的花衬衫或T恤，配上背心或外套，用服装的这种花纹来转移别人的视线。

（5）"A"字形的窄裙也有很好的修饰效果。但有一点要尽量避免：把衬衫扎到裙或裤腰内，或是穿腹部剪接的打褶时装，这样会使腹部显得更加醒目。

（6）避免系腰带，这样只会使腹部更突出。

（7）避免穿发亮的面料。

14. 手臂太粗或太细

手臂太粗或太细就会显得比例不协调，因此，在穿衣服的时候要特别注意，用美丽的服装来掩饰这个缺陷。具体包括如下几条。

（1）手臂太细的人应该选用长袖衣衫，而袖长以盖住腕关节为好，或可选用打皱褶的袖子以及喇叭袖，通过这种皱褶的装饰来转移别人的注意力。

（2）手臂细的人如果不得不穿那种无袖的衣服，则衣服必须能盖住肩膀。

（3）手臂太粗的人最好选用那种面料略微贴身的、穿起来不太紧的衣服。

（4）手臂粗的人应选择宽袖口的衣服，如果是短袖的话，长度应为上臂的3/4。

（5）以织花或绵绸的长披肩遮住肩膀和手臂，通过这种方式来掩饰手臂太粗的缺陷。

二、职业装穿着八禁忌

（1）忌残破。职业装该洗就洗，该换就换，该淘汰就淘汰，宁可不穿也不能穿破衣服。

（2）忌杂乱。服装穿着要讲规则，不能杂乱、不够协调。例如，男士穿西装的时候穿布鞋或运动鞋；女士穿很高档的套裙，却光脚穿露脚趾的凉鞋，这些都不符合职业着装的规范。

（3）忌鲜艳。从制作的角度来讲，应该统一颜色，不能太鲜艳。一般要遵守三色原则，也就是说颜色不能超过三种。

（4）忌暴露。职业装不能过于暴露。不能穿露脐装、露背装、低胸装、露肩装。职业装要"四不露"，即不露胸、不露肩、不露腰、不露背，否则一弯腰走光了，令人尴尬。

（5）忌透视。不能让人透过外衣看到内衣的颜色、款式、长短或图案，这都是非常不礼貌的。

（6）忌短小，就是不能太短。该省的面料要省，但别乱省。

（7）忌紧身。紧身衣，搞不好走光了，如扣子绷了、开线了，蹲着也不方便呀。衣服过于紧身，甚至显现出内衣、内裤的轮廓，既不雅观也不庄重。

（8）忌怪异。职业人士不是时装模特，不能过分追求新奇古怪，标新立异。

思考与训练

1. 作为男士，请每天出门前对照以下“男士仪容仪表自我检测”来仔细审视自己，看看自己哪些方面需要改进，以养成良好的习惯。

男士仪容仪表自我检测

发型款式大方，不怪异，头发干净整洁，长短适宜。无浓重气味，无头屑，无过多的发胶、发乳。

鬓角及胡须已剃净，鼻毛不外露。

脸部清洁滋润。

衬衣领口整洁，纽扣已扣好。

耳部清洁干净，耳毛不外露。

领带平整、端正。

衣、裤袋口平整伏贴。衬衣袖口清洁，长短适宜。

手部清洁，指甲干净整洁。

衣服上没有脱落的头发和头皮屑。

裤子熨烫平整，裤线清晰。裤腿长及鞋面。拉链已拉好。

鞋底与鞋面都很干净，鞋跟无破损，鞋面已擦亮。

2. 作为女士，请每天出门前对照以下“女士仪容仪表自我检测”来仔细审视自己，看看自己哪些方面需要改进，以养成良好的习惯。

女士仪容仪表自我检测

头发干净整洁，有自然光泽，不过多使用发胶；发型大方、高雅、得体、干练，前发不遮眼、不遮脸。

化淡妆：眼亮、粉薄、眉轻、唇浅红。

服饰端庄：不太薄、不太透、不太露。

领口干净，脖子修长，衬衣领口不过于复杂和花哨。

饰品不过于夸张和突出，款式精致、材质优良，耳环小巧、项链精细，走动时无声响。

公司标志佩戴在要求的位置，私人饰品不与之争夺别人的注意力。

衣袋中只放小而薄的物品，衣装轮廓不走样。

指甲精心修理过，不太长，不太怪，不太艳。

裙子长短、松紧适宜。拉链已拉好，裙缝位正。

衣裤或裙子以及上衣的表面无明显的内衣轮廓痕迹。

鞋洁净，款式大方简洁，没有过多装饰与色彩，鞋跟不太高、不太尖。

衣服上没有脱落的头发和头皮屑。

丝袜无勾丝、无破洞、无修补痕迹，包里有一双备用丝袜。

3. 如何进行服饰的色彩搭配？

4. 请根据你同事的脸型、形体和个性特点，给他（她）在服饰运用上提些合理化建议。

5. 请对以下三个事例加以评价。

事例 1：一所名气很大的幼儿园老师上门家访，结果引出了转学风波。原来，幼儿园老师上门家访，前脚离开，后脚就引起了一场家庭会议，“我们一定要转园!”妈妈、奶奶斩钉截铁。园长想不通了，别人抢着要求进园，这家却强烈要求退园，一问原因才知：“不能把宝贝交给这样的老师”——挨个家访的女老师穿着吊带背心，还是露脐装!

事例 2：一位大型国有企业的秘书正在陪同外商参观，他举止优雅、谈吐得体，外商却意外地发现秘书小姐的丝袜破了个洞。

事例 3：小刘是公司办公室主任，他十分注意正装的穿着，穿西服套装，袖长及手腕，裤长及鞋面，上衣下摆及臀部；衬衣领子高出外套 1 厘米，袖边长出外套 1 厘米；领带尖对着皮带扣；黑色皮鞋和深色袜子。

6. 你到某公司应聘营销员这一职位，将如何着装?

7. 在一个阳光明媚的春天，某公司举行盛大的 10 周年庆典晚会，时间是晚上 7: 00—9: 00，地点在一个五星级酒店宴会大厅。请问男士和女士应分别如何穿戴入场?

8. 思考题

面试因何失败

南山宾馆根据收到的求职材料约见小赵作为预选对象。面试时，小赵涂着鲜艳的口红，烫着时髦的发式，穿着低领紧身的吊带，首饰华丽而夸张，给人以一种轻佻的感觉。第一轮面试小赵就落选了。事后一位人事总监对她说：“我认为你不可能仅仅由于化了美丽的妆而取得了一个职位，但是我可以肯定你穿错了衣服就会使你失去一个职位。”

（1）本案例对你有何启示?

（2）结合本情境内容谈谈面试时应该怎样着装。

第九章　职业气质培养

这是一个两分钟的世界，一分钟展示给别人你是谁，另一分钟让他们喜欢你。

——【美】罗伯特·庞德

气质是一个古老的概念。早在公元前 5 世纪，古希腊医生希波克拉特就认为，人体内有四种体液，即黏液、黄胆汁、黑胆汁和血液，由于这四种体液在各人身体中的比例不同，而产生了不同的行为表现和气质特点。后来，古罗马医生盖伦把人的气质分为胆汁质、多血质、黏液质和抑郁质四种典型类型。我国古代从类似气质的角度把人做过分类。如孔子把人分为"中行""狂""狷"三类。子曰："不得中行而与之，必也狂狷乎。狂者进取，狷者有所不为也。"春秋战国时期，有人依据阴阳五行学说，把人的某些心理特点和生理解剖特点联系起来，按照阴阳的强弱——即好动或喜静的程度，把人的气质分成 5 种类型，即好动的太阳型、少阳型，喜静的太阴型、少阴型和动静适中的阴阳和平型，同时又根据五行法把人分为"金行""木行""水行""火行"和"土行"等类型。在心理学上，气质是人的个性心理特征之一，它是指每个人在心理活动中所表现出来的独特的比较稳定的动力特征。即心理过程的强度、速度与稳定性以及心理活动的指向性特点等方面在行为上的表现。它与日常生活中人们所说的"脾气"含义相近。在日常生活中，气质是指人相对稳定的个性特征、风格以及气度，是个体内在素养的外在显现。职业气质是指影响职业活动选择及结果的个人气质特点，是从事某种职业的群体普遍的、外在显现的独特的风格气度。

职业气质研究表明，个体气质不仅影响其职业选择，还直接影响其在职业中以何种方式、格调或节奏来从事与适应工作，从而影响具体工作的成败。因而气质特征既是职业选择的依据之一，也是影响工作绩效的因素之一。

【小故事 9-1】

驴子与狗

驴子很羡慕狗的生活，因为它什么活也不用做，只要摇摇尾巴，和主人亲热亲热，就能够得到主人的宠爱。而自己每天累个半死，却只能得到一捆干草，最后年老无力了还可能被送进屠宰场。于是驴子决定学着做狗所做的事，它冲进主人卧室，围着主人又蹦又跳，甚至想舔主人的脸。结果，卧室里的家具被它踢得支离破碎，驴子的下场也可想而知了。

为什么会这样呢？因为驴子做了不适合自己做的事，驴子的气质适合做一些负重的工作，它做宠物狗的事只能让人觉得不伦不类。所以择业要选与你个性相近、气质相符的工作。

良好的职业气质是职业形象塑造的一个重要方面。气质不是天生的，良好职业气质的拥有关键在于气质培养。我们这里所说的气质培养，实际上主要是人格（如气质、性格、能力）的培养，因此，这里所讲的气质，是一种内在修养和外在形象的结合，是一种说不清、道不明却又让人真真切切感受到的美，是可以征服人的内心的一种形象，与漂亮不漂亮无关，是厚重的文化底蕴与素质修养的升华，是经得起时间考验的人格魅力与高雅气质。如果想要提升自己的气质，做到气质出众，首先要明确良好气质的基本要求，然后掌握正确的培养方法，长期坚持，一定会达到完善原有气质特征，塑造完美形象的目的。

因此，职场中人在不断提升个人专业水平与业务技能的同时，千万别忽略了培养个人气质。拥有良好的气质，在职场中会令你事半功倍。

第一节　良好气质的要求

良好的气质包括内在气质和外在气质，是以其丰富的内在素养为底蕴，加上外在形象的塑造而构成的。内在的优良气质应该是：远大的理想和坚定的信念、高尚的道德品质、扎实的文化知识、良好的心理素质以及积极的创新精神和实践能力。外在的优良气质应该是：在待人接物、为人处世和日常外事等交往中行为得体、语言文明、礼仪庄重、着装得体大方。通过这种内在和外在的气质培养，可塑造一个既有人格魅力又具有高雅气质的比较完整的优良气质形象。

如果一个人没有理想、缺乏道德、知识匮乏，会造成内心空虚，那就无法表现出内在的气质美。而外在的气质又是通过在内在素养孕育的基础上，加上得体的行为举止、文明的语言、庄重的礼仪礼节、大方得体的着装等多方面体现出来，形成一个比较完整的优良气质形象。

良好气质的要求有以下几点。

1. 合适的感受性和灵敏性

感受性是指个体对外界刺激达到多大强度时才能引起反应；灵敏性是指个体心理反应的速度和动作的敏捷程度。感受性过高，势必造成精力分散，注意力不集中，影响正常工作；感受性太低，也会出现怠慢现象，必须随时调节感受性和灵敏性至合适状态。

2. 忍耐性和情绪兴奋性不能太低，可塑性强

忍耐性是指个体遇到各种刺激和压力时的心理承受力。情绪兴奋性是指个体遇到高兴或扫兴的事情时，是否能够控制自己的情绪。人在遇到挫折、压力、巨大挑战的时候，思想情感都会有波动，如遇到尖酸刻薄的人、不可理喻的事，能控制情绪，保持良好状态，体现出很高的素养就显得很重要。面对这样的问题，选择积极的、催人奋进的语言给自己打气，进行心理暗示，告诉自己一定可以战胜挫折。

驾驭情绪可采用如下方法。

（1）解除不良刺激源。如果一个人对周围的环境感到不适而开始情绪焦虑时，一定要努力寻找使自己情绪不好的刺激源，从根源上消除不良情绪。

（2）与快乐的人为伍。情绪是可以感染的，与快乐的人相处，他们积极乐观的情绪会影响周围的人，从而减少或消除悲观情绪的产生。

（3）转移注意力。当有不良情绪困扰时，可以转移注意力，并将其投入到学习、工作或

者其他事情上。

（4）适度地宣泄。在实际生活中，始终以积极乐观的心态面对一切不顺心的事情是非常难的。人们在控制情绪时用得最多的方法是忍耐。但是每个人的忍耐是有一定限度的。因此要懂得适当地宣泄，将内心的烦恼痛苦通过一定方式有意识地释放出来。需要强调的是，适当地宣泄必须在法律和道德允许的范围内进行。

【小故事 9-2】

心理实验

美国心理学家从 20 年前就开始控制情绪方面的研究，他们曾对一群 4 岁的孩子进行了一次实验，测试者告诉孩子："我现在要出去办事，20 分钟以后回来，现在发给每人一块糖，如果你等我回来才吃，可以多得一块糖，否则就只能得一块。"结果有些孩子抵制不住糖的引诱，提前吃了那块糖，而有些孩子克制了自己的欲望等测试者回来，得到了两块糖。心理学家随后对这些孩子进行了 20 年的追踪调查，结果显示，那些得两块糖的孩子比只得一块糖的孩子在各方面发展优秀。由此可见，能否控制自己的情绪是一个人情商高低的主要表现，也对一个人以后的事业发展有很大影响。

3. 自信

自信就是相信自己，深信自己有能力去完成自己所负担的各种任务。自信心就像人的能力的催化剂，将人的一切潜能都调动起来，将各部分的功能推到最佳状态。而高水平的发挥在不断反复的基础上，会逐渐巩固成为人的本性的一部分。自信的人表现在对工作的积极性和主动性上，会产生战胜困难的巨大勇气；缺乏自信是一个人性格软弱的表现，表现为缩手缩脚、犹豫不决，丧失勇气而自卑。

【小故事 9-3】

小泽征尔因自信而取胜

小泽征尔是世界著名的交响乐指挥家。在一次世界优秀指挥家大赛的决赛中，他按照评委会给的乐谱指挥演奏，敏锐地发现了不和谐的声音。起初，他以为是乐队演奏出了问题，就停下来重新演奏，但还是不对。他觉得乐谱有问题。这时，在场的作曲家和评委会的权威人士坚持说乐谱绝对没有问题，是他错了。面对一大批音乐大师和权威人士，他思考再三，最后斩钉截铁地大声说："不！一定是乐谱错了！"话音刚落，评委席上的评委们立即站起来，报以热烈的掌声，祝贺他大赛夺魁。

原来，这是评委们精心设计的"圈套"，以此来检验指挥家在发现乐谱错误并遭到权威人士"否定"的情况下，能否坚持自己的正确主张。前两位参加决赛的指挥家虽然也发现了错误，但终因随声附和权威们的意见而被淘汰。小泽征尔却因充满自信而摘取了世界指挥家大赛的桂冠。

4. 诚实

诚实待人和诚实待己。一是对人讲真话，忠诚老实，不弄虚作假，不阳奉阴违；二是要诚实地对待自己，如实地反映自己的优缺点，恰当地评价自己。相信别人，待人真诚。能积极倾听别人的想法，从他们的行为中寻找优点。恰到好处地推崇赞扬别人。

5. 谦虚

谦虚是一种公认的美德，是一种良好的个性品质。“满招损，谦受益”，“莫言人非，莫道己长”确实是一种境界和修养。

6. 宽容

宽容，就是能够容忍，有气量，不过分计较和追究，能够谅解他人。做到：一是能以大局为重，不计较个人得失，在非原则问题上能够忍让；二是团结和自己意见不同甚至相反的人一道共事，求大同存小异，保持良好的人际关系；三是不嫉贤妒能，绝不能心胸狭窄。

宽容不是简单地忍受，而是理解、同情、练达、包涵，是因大而容，因容而大。无论遇到多么大的困难，都要认真解决，任何时候都不要为自己的错误找借口，诚恳地感谢指出自己错误的人，有利于错误的改正，同时当他人做错事时要给予谅解与包容。保持心情愉快、舒畅，不为芝麻小事烦心，保持阳光心态。

7. 具有较强的观察力和准确的判断力

具有敏锐的观察力，通过着装、表情、言谈举止对人和事进行准确的判断。

8. 出色的表现能力和表达能力

通过自己的语言、行动和表情，完整、准确、恰当地表达自己的观点和思想，展示自身的魅力。

这些是很完善的人格特征，是人的一生中努力追求和完善的一个目标，完美的人格，散发出无尽的气质魅力。

【小贴士 9-1】

职场人士的气质表现

据哈佛大学研究，职场人士的气质体现在沉稳、细心、胆识、大度、诚信和担当六个方面。

1. 沉稳

- 不要随便显露你的情绪；
- 不要逢人就诉说你的困难和遭遇；
- 在征询别人的意见之前，自己先考虑，但不要先讲出来；
- 不要一有机会就唠叨你的不满；
- 重要的决定尽量有别人的商量，最好隔一天再发布；
- 讲话不要有任何的慌张，走路也是。

2. 细心

- 对身边发生的事情，常思考它们的因果关系；
- 对做不到位的执行问题，要发掘它们的根本症结；
- 对习以为常的做事方法，要有改进或优化的建议；
- 做什么事情都要养成有条不紊和井然有序的习惯；
- 经常去找几个别人看不出来的毛病或弊端；
- 自己要随时随地对有所不足的地方补位。

3. 胆识

- 不要常用缺乏自信的词句；

- 不要常常反悔，轻易推翻已经决定的事；
- 在众人争执不休时，不要没有主见；
- 整体氛围低落时，你要乐观、阳光；
- 做任何事情都要用心，因为有人在看着你；
- 事情不顺的时候，歇口气，重新寻找突破口，结束也要干净利落。

4. 大度

- 不要刻意把有可能是伙伴的人变成对手；
- 对别人的小过失、小错误不要斤斤计较；
- 在金钱上要大方，学习三施（财施、法施、无畏施）；
- 不要有权力的傲慢和知识的偏见；
- 任何成果和成就都应和别人分享；
- 必须有人牺牲或奉献的时候，自己走在前面。

5. 诚信

- 做不到的事情不要说，说了就努力做到；
- 虚的口号或标语不要常挂在嘴上；
- 针对客户提出的“不诚信问题”拿出改善的方法；
- 停止一切“不道德”的手段；
- 勿耍弄小聪明；
- 计算一下产品或服务的诚信代价，那就是品牌成本。

6. 担当

- 检讨任何过失的时候，先从自身或自己人开始反省；
- 事项结束后，先审查过错，再列述功劳；
- 认错从上级开始，表功从下级启动；
- 着手一个计划，先将权责认定清楚，而且分配得当；
- 对“怕事”的人或组织要挑明了说；
- 因为勇于承担责任所造成的损失，公司应该承担。

第二节　良好气质的培养

举止得体、语言文明大方、人际关系和谐，是完美人格、高雅气质的展现，那么如何培养良好的气质，树立良好的个人形象呢？

一、培养内在美

精神世界的美与丑是形成气质的内在根源。唯有美好的情操，才有照人的风采。长期的思想文化和道德品质的修养是形成良好气质的重要因素。为此要倍加珍惜自己的青春年华，立志高远，努力学习，加强道德文化修养。培根说过，“读史使人明智，读诗使人灵秀，数学使人周密，科学使人深刻，伦理学使人庄重，逻辑学使人善辩：凡有所学，皆成性格。”唯有内在美，才能导致外在美。而内在美的形成非一日之功，它需要不懈地努力，不断地积累，不断地进行思想文化和道德情操的修养，才能逐渐培养起来。

首先要树立崇高的理想信念。这是现代人培养气质美的基本前提。理想信念是人生奋斗的目标和指路明灯，没有理想信念的追求和支撑，人只能浑浑噩噩、内心空虚、萎靡不振。所以有人说：没有理想信念的青春是灰色的，没有理想信念的行为是盲目的，没有理想信念的生活是乏味的。现代人一旦树立了坚定的理想信念，就会朝气蓬勃、充满斗志、乐观向上，朝着明确的目标，以坚强的毅力，努力提高精神境界，塑造高尚的人格。这样，就会在工作和生活中塑造出美好、阳光的气质和风度。

其次要培养高尚的道德品质。道德品质的纯洁高尚或庸俗低下是一个现代人是否受欢迎的分水岭。道德高尚的人具有爱心、诚信、真心；以热爱祖国、服务人民、崇尚科学、辛勤劳动、团结互助、诚实守信、遵纪守法、艰苦奋斗为自己的道德准则，使自己成为引领社会主义道德风尚的楷模。

【小贴士 9-2】

职场：比能力更重要的 12 种品格

1. 忠诚——忠心者不被解雇。
2. 敬业——每天比老板多做一小时。
3. 主动自发——不要事事等人交代。
4. 负责——绝对没有借口，保证完成任务。
5. 注重效率——算算你的使用成本。
6. 结果导向——咬定功劳，不看苦劳。
7. 善于沟通——当面开口，当场解决。
8. 合作——团队靠前，自我退后。
9. 积极进取——永远跟上企业的步伐。
10. 低调——才高不必自傲。
11. 节约——别把老板的钱不当钱。
12. 感恩——想想是谁成就了今天的你。

评价：人是要积攒些“人品”的。没有哪个老板会喜欢那些没有职业素养、没有品格的员工，相反，他们更喜欢那些具有优良品格的职员。职业素养的高低、品格的优劣，对人一生的成就有重大影响。

二、培养语言美

古人云：“言，心声也；书，心画也。”语言是心灵之窗，其粗俗与文雅，是一个人道德情操和知识水平的反映。因而大学生要在培养健康、文雅、深刻的语言上下功夫。首先，要有健康的语言，即语言所表达的内容要健康、高尚、端正。健康的语言产生于美好的心灵。一个志向远大、品德高尚、内心充实的大学生，自然会将粗鄙的内容排斥于谈吐之外；相反，满嘴污言秽语的人，也正反映出他心灵深处的肮脏。因此，语言美首先要使语言的内容美。其次，要有文雅的语言，即语言要讲究艺术。语言是人与人交往的桥梁。俗话说：“良言一句三冬暖，恶语伤人六月寒。”高雅优美的语言可以消除误会，增进友谊；相反会造成隔阂，甚至酿成大祸。再次，大学生的语言一定要有深刻性。无论是与人交谈、会上发言，还是写文章，都要有深度，有一定的见解和水平，切忌言之无物的空话。因此大学生要在培养健康、文雅、深刻的语言上下功夫。

三、培养鲜明的个性

良好的气质还表现在鲜明的个性上。现代人要注意个人的涵养，遇事不急、不慌、不怒、不狂；待人接物有主见、有智慧、有度量、有修养，能体贴人、谦让人、帮助人。要做到：高雅但不高傲、自尊但不自负、温柔但不懦弱、活泼但不轻浮、开朗但不粗俗、天真但不幼稚、成熟但不世故。

四、培养高雅的兴趣爱好

兴趣爱好的广泛也是气质美的内涵之一。作为现代人要努力做到一专多能。一专就是对自己所学的专业、所从事职业的相关知识、业务能力要刻苦钻研、专心致志、有所发明、有所创造。多能就是兴趣爱好广泛，培养爱美之心。如爱好文学，喜欢读书可以让你了解人情世故，还可以提高语言表达能力，显得有书卷气；爱好音乐可以让你更热爱这个动感的世界；爱好美术可以让你感受色彩的美丽，享受这五彩缤纷的世界；爱好体育和舞蹈可以让你身健体美，让病痛远离你，让健康伴随你。总之，高雅地脱离了低级趣味的广泛的兴趣爱好，使人在其中学会欣赏美、追求美、创造美、表现美、演绎美，处处散发出特有的魅力，显示出与众不同的高雅气质。

五、培养高雅的举止

高雅的举止不仅能在外观上给人以美感，而且有利于团结与合作，是气质美的重要标志。培养高雅的举止，应做到如下几点。

1. 彬彬有礼

中华民族素称礼仪之邦，彬彬有礼的气质风度历来受人们赞誉。待人彬彬有礼，获得的将是友谊和尊敬。

2. 严守纪律

遵守纪律恰恰是有知识、有教养的表现。每个人都应该养成严守纪律的良好习惯。

3. 豁达大度

豁达大度是一种性格、气质美，它表明待人接物通情达理颇有胸怀，有最大限度的理解和容忍，能够抛弃心胸狭隘和易怒的性格。有的人心胸狭窄，不能容人，常因一点小事就暴跳如雷，或出口伤人，或大打出手，这是个性修养上的一大缺陷。因此，应注意克服这些缺陷。

六、培养美观的仪表

仪表是首先映入人们眼帘的气质表现。注重仪表美是热爱生活、积极向上的表现，而不修边幅、邋遢则是消极颓废的反映。对每个人来说，整洁、朴素、大方的仪表最美。前苏联诗人马雅可夫斯基（Mayakovsky）赞美说："世界上没有任何一件衣衫能比健康的皮肤和发达的肌肉更美丽。"每个人在珍惜自己的自然美的同时，如果能根据自身的形体特点和情趣爱好，恰到好处地锦上添花，使本来的自然美与修饰浑然一体、相映生辉，那就更美了。爱美是可贵的，但美并不等于浓妆艳抹，不流于花哨。托尔斯泰（Lev Tolstoy）在《安娜·卡列尼娜》一书中描写了这样一个故事：年轻的姑娘吉堤为了和安娜争美，参加舞会前打扮了一整天，她穿上最华贵的衣服，连裙子的每一个褶皱都考虑过了，以为稳操胜券。可是到舞会上一看，安娜只穿了一件黑色天鹅绒长袍，未做任何修饰。然而她在那些珠光宝气、浓妆艳抹、五光十色的贵夫人之间翩翩起舞，却显得冰清玉洁，光彩照人，使举座倾倒。这时的吉堤感到自己身上的装饰品和华贵的衣服是多么多余，那些贵夫人就更显俗气了。从这个故事中可以看出，过多的修饰只能破坏青春之美，而淡雅、朴素、大方的服饰却能起到绿叶映红花的作用。

【小贴士 9-3】

职场人士良好个人形象的"6 字"标准

1. 在仪容服饰方面，强调"洁""整""精"

"洁"主要是指洁净。要注意仪容卫生、头发干净、服饰整洁，不能面泛油光、胡子拉碴、指甲乌黑、头发蓬乱、衣服不洁。

"整"主要是指整齐、整体。头发要梳理整齐，服饰要穿戴齐整。另外，还要有整体感，也就是整体协调，使之浑然一体。

"精"主要是指精神、精练。商务人员应是精神抖擞、精力充沛的。此外，在服饰的色彩和款式选择方面要少而精。

2. 在仪态谈吐方面，强调"雅""温""度"

"雅"主要是指文雅。不能乱用粗词秽语、不雅动作，其举止动作和交谈用语都要尽可能文雅。

"温"主要是指温和。举止要能体现内在与人为善的温和，语气语调应以温和为标准，尽量减少不必要的言语冲突。

"度"主要是指适度。表情举止和语言都应该适度，不应过于夸张和卑谦。表情真挚而不过度热情，含蓄而不过度冷淡，举止恭敬而不过度卑微，语言谦虚而不过度迂腐。

七、树立正确的职场心态

人与人之间只有很小的差异，但这种很小的差异往往造成了巨大的差异，很小的差异就是心态的差异，巨大的差异就是成功与失败，因此修炼职业情商应首先从树立正确的心态开始。

牢记吃亏是福。这里强调吃亏是福，就是要磨练和锻造人的一种承受能力，学会甚至习惯承受，这样做起事来就能百折不挠，在哪里跌倒，在哪里爬起来，成为一粒蒸不熟、煮不烂、打不碎、响当当的金豌豆。再者，吃亏可以强化记忆，促使吃亏者进行自我反思，并了解人情世故，可以从中总结经验，得出教训。在职场中有的人总怕自己干得多获得少而吃亏，殊不知"干得多"已经为自己积攒了很多的实践经验，并在无形中提升了自己解决问题和处理问题的能力，而这些能力正是获得职场成功的优势，往往受益者正是当初被认为做傻事、吃大亏的人。

常用同理心处理与上级、同事、下级的关系。同理心是人们常说的设身处地、将心比心的做法。在发生冲突或误解的时候，当事人如果能把自己放在对方的处境中想一想，也许就更容易了解对方的初衷，消除误解。因为每个人做的每一件事都有其内心锲因和动机，要善于换位思考才会实现双赢的沟通，从而获得良好的人际关系。

八、建立处事积极的态度

了解自己在工作中的情绪是为了控制自己的情绪。职业情商对职业情绪的要求就是保持积极的工作心态。具体表现在：① 工作状态要积极。如果你每天都是一副无精打采的样子，是永远得不到上级和同事们的好感的。② 工作表现要积极。积极就意味着主动，称职的员工应该在工作上表现出的主动性有主动发现问题、主动思考问题、主动解决问题、主动承担责任和主动承担分外之事。可以说，做到这五点主动是获取职场成功的基础。③ 工作态度要积极。面对工作中遇到的各种问题，积极想办法去解决，而不是千方百计找借口推脱。成功激励大师陈安之说："成功和借口永远不会住在同一屋檐下。"遇到问题习惯找借口的人永远不会成功。④ 工作信心要积极。只有抱着积极信心工作的人，才会充分挖掘自己的潜能，为自己赢得更多的发展机遇。

总之，良好的气质不是生来就有的，而是经过后来努力，长期培养起来的。人的气质美是各具特色的，气质美的表现形式是因人而异的，不能生硬机械地模仿，只能长期培养。

拓展阅读

一、形体训练与良好气质的培养

当今社会不仅拜金，也拜美。千姿百态的美激起了不同时代的人们对不同美的欣赏与追求。事实证明，形体之美胜于容颜之美，而气质之美是最高境界的美，历久弥芳。形体训练不仅可以增进健康、增强体质、改善和塑造人的体形与体态、陶冶美的情操，还可以培养良好的气质，从而达到外在的形体美与内在的气质美的完美统一。

1. 形体美与气质美

人体美包括两个方面：一是作为自然人外在的形体美，二是作为社会人内在的气质美。

形体是指人身体的形态，由体格、体形、姿态三个方面构成。形体美是一种综合的整体美，它既包含了人体外表形状、轮廓的美，又包含了人体在各种活动中表现出来的体态美。所谓形体美，就是健壮体格、完美体形、优美姿态融会而成的、展现出来的和谐的美。男性的粗犷强壮和女性柔美的曲线是人们不断追求的形体美的目标。

气质美，属于一种内在美、精神美，是以一个人的文化、知识、思想修养、道德品质为基础的，通过对待生活的态度、情感、行为等直观地表现出来。人们观察、评价一个人的气质时，往往是"由表及里"，透过对方的眼光、神情、谈吐，才能观察到一个人的气质。在现实生活中，气质好的人，的确能给人以美的享受。例如外貌秀丽、举止端庄、性格温柔的人，给人以恬静的静态气质美；身材魁梧、行动矫健、性格豪爽的人，给人以粗犷的动态气质美；

外貌英俊、举止文雅、性格沉稳的人，给人以高洁优雅的气质美。但也有相当数量的人只注意穿着打扮，并不太注意自己的气质是否给人以美感。这种简单的外表美总是肤浅而短暂的，如同天上的流云，转瞬即逝。气质美看似无形，实为有形，它是通过一个人对待生活的态度、个性特征、言行举止等表现出来的。气质外化在一个人的举手投足之间。追求美而不误解美、亵渎美，这就要求我们每一个热爱美、追求美的人都要从生活中领悟美的真谛，把美的外貌和美的气质、美的德行与美的语言结合起来，展现出人格、气质、外表的一个完整的美好形象来。

形体训练可以强健身体、优化姿态，使动作准确。通过科学的形体训练能够有效地塑造身体的健美姿态，还能学会正确地鞠躬、挺拔地走路、优雅地伸手等；能让学习者的动作和姿态变得更为漂亮，能让学习者的形体和气质修养得到更好的完善。

2. 形体训练是培养良好气质的重要途径

良好气质的培养有很多途径，如得体的穿着、恰当的修饰、谨慎的小节、适中的言谈、高雅的品位、良好的品德等，而形体训练不失为是培养良好气质的一个重要途径。

（1）通过人体力学原理来改变人的体态

在当今社会，有相当一部分人呈现弓腰驼背的体态。用人体力学的理论来解释这一不良体态，表现为脊柱弯曲。脊柱弯曲基本都是前后方向的，通常是弯腰驼背。腰弯一般都是向前弯，根本原因在骨盆，因为骨盆是向前倾斜的。所以要从根本上矫正腰的弯度，就得矫正骨盆的前倾。人体重心在盆的位置，重心前移和骨盆前倾同步。相对于脚的位置来说，脊柱挺拔者的重心在脚跟部位，弯腰驼背者的重心在前脚。所以，要想让脊柱变直，只有把重心移到脚跟，才是最根本的矫正方法。形体训练的脚位训练方法有五种，其中“一位脚”的训练方法正是这样的，它要求把双脚横过来，呈“一”字站立，当双脚成一位站立时，人体重心后移，那么骨盆由前倾变为直立，腰部和脊柱的弯曲问题就解决了。所以，形体训练可以通过脚位的变化来调整人体的重心，从而调整人的体态，目的是“雕刻”外在体形，提升内在气质，丰富肢体语言。

（2）通过芭蕾美学的原则来改变人的体态

芭蕾的美学可概括为“开、绷、直、立”四大原则。所谓“开”，是指无论男女舞者均要从肩、胸、胯、膝、踝五大关节部位，左右对称地向外打开，尤其是两脚应该向外打开 180 度。每个正常人的肢体内都蕴藏着巨大的运动潜力，对正常人的运动潜力进行科学、充分的开发，可使肢体原有的线条得到充分的延长。所谓“绷”，指的是无论男女，均将肢体各个部位绷起，尤其是膝关节与踝关节及脊椎和颈椎诸关节。芭蕾是一种线条性、放射性的艺术，只有通过绷，才能将肢体各个部位的肌肉能量向身体中心的垂线凝聚。所谓“直”，指的是无论男女舞者，均要使背部像门板似的向上挺直。所谓“立”，是指无论男女舞者，均要使头、颈、躯干和四肢作为一个整体，像古典的宫殿似的傲然挺立，器宇轩昂。通过长期的、规律的、科学的训练，练习者可达到姿态体态优美、大方，拥有与众不同的气质。可以说芭蕾美学的四原则是训练形体与气质的最佳手段之一。

（3）通过规范各种姿态来完善形象，打造完美气质

姿态，指人的坐、立、行走等各种基本活动的姿势。优美的姿态不仅能充分表现体形美，弥补体形上的某些不足，还能反映出一个人的精神面貌与气质。优美的站姿使男子看起来挺

拔刚健，女子亭亭玉立。站立姿态是一个很简单的动作，要求肩部下沉，从而突出胸部和颈部的美好线条；要求腿部收紧腰部直立，以使姿态挺拔仪态端庄。这个简单的动作除了美观，对健康和减肥也有直接的帮助。形体训练都是在极舒缓的音乐下进行的，轻缓柔韧、循序渐进地增加强度，形体中不雅的地方及身体上多余的脂肪，通过运动调节而变得柔和匀称。女子在训练中可把自己想象成一位公主，很清高，很美丽，通过这样的“内外兼修”，形体与气质都练就出来了。优美的坐姿使男子看起来温文尔雅，女子端庄高雅。动作要求：女子两膝并拢，男子双膝可稍分开，略窄于肩宽；腰背要挺直，肩放松，挺胸收腹，脊椎与臀部成一直线，微收下颌，目视前方。优美的走姿使女子看起来轻捷自如，优美大方，男子自然稳健，风度翩翩。动作要求：以标准站姿为基础，走时头与躯干成直线，目视前方；步位正确，步幅基本一致，双臂自然摆动。

形体训练包括人的精神、气质、风度的培养，人们在训练中把握住精、气、神，就会逐渐形成一种高雅的气质和风度。健美的形体、端庄的仪表、优雅的举止，能够对人的心灵世界产生较大的影响，能够让练习者拥有优雅的气质。这种优雅的气质是外部形态与精神世界紧密结合的产物。正如儒家所认为的：人的内在精神状况是通过外部的形体表现出来的，而人格美、精神美不应只是道德情操的美，而应该是内在的精神和外在的形体统一的美。毋庸置疑，形体训练是纠正不良体态、塑造优美体形与优雅气质的最佳法宝。

二、职业气质测量

回答下列问题，如果所描述的与你平时的表现完全符合，计 3 分；不太确定的，计 2 分；大部分不符合的，计 1 分，完全不符合的，计 0 分，完成后每组分别累加。

A 组

1. 对人、对事注重感情，情绪高涨时，工作效率高，干劲大；情绪低落时，萎靡不振，无精打采。
2. 喜欢新颖的活动，喜欢场面壮观、气氛热情的活动，其间能保持旺盛的精神状态。
3. 做事匆匆忙忙，完成任务比别人快，办事干脆利落，不拖泥带水。
4. 讲究效率，干事喜欢一气呵成，对有兴趣的事情，可以废寝忘食、夜以继日地去做。
5. 理解力强，但不求甚解，喜欢边思考边动手。
6. 声音洪亮，善于争辩。
7. 行为急躁，容易激动，因情急而中伤了别人，自己还不曾察觉。
8. 喜欢表现自己，自我感觉良好，希望占上风、争上游，不甘示弱。
9. 走路、讲话的手势上摆幅度大，表情丰富，动作夸张。
10. 宁肯一个人干事，也不愿很多人在一起。
11. 和人争吵时总是先发制人，喜欢挑衅。
12. 做事总是有旺盛的精力。
13. 情绪高昂时，觉得干什么都有兴趣；情绪低落时，又觉得干什么都没意思。
14. 宁愿侃侃而谈，不愿窃窃私语。
15. 认准一个目标就希望尽快实现，不达目的，誓不罢休。
16. 做事有些莽撞，常常不考虑后果。
17. 喜欢参加各种文娱活动，特别是运动量大的剧烈体育活动。

18. 爱看情节起伏跌宕、激动人心的小说。

19. 别人说自己出语伤人，可自己并不觉得这样。

20. 兴奋的事常使自己失眠。

B组

1. 感情丰富，喜怒于色，稍不如意就会暴跳如雷，或大声痛哭，但稍感宽慰又会破涕为笑。

2. 做事时，开头劲头很大，但表现散漫，有始无终。

3. 喜欢直观、形象的思考，而对抽象的分析、概括感到枯燥无味。

4. 注意力很不集中，容易见异思迁。

5. 自我评价的好坏，多受别人态度的影响，注意别人对自己的评价，也好评论别人。

6. 善于交际，对朋友重感情、讲义气，但友谊不巩固，缺少知心、稳定的朋友。

7. 活泼敏捷、举止轻盈，但不老成稳重。

8. 到一个新环境很快就能适应。

9. 兴趣广泛而不稳定，钻研精神不足。

10. 善于同别人交往。

11. 在人群中从来不觉得过分拘束。

12. 理解问题总是比别人快。

13. 符合兴趣的事情，干起来劲头十足，否则就不想干。

14. 讨厌做需要耐心、细心的工作。

15. 工作、学习时间长了，常常感到厌倦。

16. 疲倦时只要短暂的休息就能精神抖擞，重新投入工作。

17. 能够很快忘却那些不愉快的事情。

18. 能够同时注意几件事。

19. 希望做变化大、花样多的工作。

20. 反应敏捷，头脑机智。

C组

1. 面部表情不丰富，举止幅度也不大。

2. 不喜欢引人注目，也不易激动，行为平静。

3. 能长时间地从事一项工作，长时间地保持一种姿势。

4. 自制力较强，能尊重社会上的各种制度规范，在工厂、学校是遵守纪律的人。

5. 理解问题比别人慢，但能认真听讲，并希望多听几遍。

6. 工作认真，有始有终，工作进程有条不紊，工作安排井井有条，不做没把握的事，容易被人信任。

7. 兴趣集中，有毅力，不受环境干扰，注意力集中，不容易分散。

8. 对工作环境的要求高，喜欢安静的工作环境，渴望平静地工作。

9. 平时沉默寡言，说话声调不高，慢条斯理。

10. 做事力求稳当，不做无把握的事。

11. 生活有规律，很少违反作息制度。

12. 遇到令人气愤的事能很好地自我克制。

13. 当注意力集中于一事物时，别的事情很难使自己分心。
14. 能够长时间做枯燥、单调的工作。
15. 与人交往不卑不亢。
16. 不喜欢长时间谈论一个问题，愿意实际动手干。
17. 理解问题常比别人慢些。
18. 不能很快地把注意力从一件事移到另一件事上去。
19. 认为墨守成规比冒风险强些。
20. 对工作抱认真严谨、始终如一的态度。

D 组

1. 内心体验深刻，情感发生缓慢但持久，动作缓慢，具有悲观消极的体验与态度。
2. 情绪暗淡，表情总是平淡中带有哀愁。
3. 不合群，喜欢独来独往，善于独自深思。
4. 感情脆弱，常为一点小事而愁眉苦脸，怕与生人打交道。
5. 对别人的态度体验深刻，喜欢算计，耿耿于怀。
6. 对新知识、新观念接受较慢，但接受之后，很难忘记，对过去的事比别人记得清楚。
7. 精力充沛，但容易疲倦。
8. 有惊人的观察力，别人注意不到的细小变化，你都能了如指掌。
9. 不善于交往，不喜欢吵闹、繁杂的环境，但友谊感很强，有知心朋友。
10. 遇到可气的事就怒不可遏，想把心里话全说出来才痛快。
11. 厌恶强烈的刺激，如尖叫等。
12. 碰到陌生人觉得很拘束。
13. 遇到问题常举棋不定，优柔寡断。
14. 碰到危险情景，有极度的恐惧感和紧张感。
15. 一点小事就能引起情绪波动。
16. 常看感情细腻、描写人物内心活动的作品。
17. 心里有话愿意自己思考，不愿说出来。
18. 学习、工作同样一段时间后，常比别人更疲倦。
19. 做作业或完成一件工作总比别人花的时间多。
20. 喜欢复习学习过的知识，重复做已经掌握的工作。

【职业气质量表示例简析】

本气质量表示例 A 组为胆汁质气质，B 组为多血质气质，C 组为黏液质气质，D 组为抑郁质气质。按照提示的记分方法，如果一组得分为 40 分，便是该组的典型气质。各类气质与职业的关联如表 9-1 所示。

表 9-1　气质特点与适合职业

类　型	特　点	适合职业
胆汁质	情绪兴奋性高，发生很快，带有爆发的性质，如暴风骤雨，情绪体验强烈，外部表现明显，但爆发之后又很快平静下来；感情与动作迅速，直爽、热情，精力充沛，脾气暴躁，但不灵活	导游员、推销员、节目主持人、新闻记者、外事接待员、监督员、演员、消防员、采购员等

续表

类型	特点	适合职业
多血质	热情、开朗、无忧无虑、活泼好动，对外界事务感受迅速、强烈，但不深入，不能持久；兴趣广泛但注意力易分散，感情易变化	管理工作、服务工作、驾驶员、律师、运动员、记者、外交人员、警察、侦探、政治辅导员等
黏液质	情绪不易激动，内向冷漠，动作稳妥，不善交往但善于忍耐，注意稳定，有较强的自制力；感情不易外露，深沉含蓄，不大容易发脾气，对人平和，动作缓慢，但具有坚韧精神	医生、法官、管理人员、会计、出纳员、播音员、秘书、办公室职员、翻译员、档案管理员、统计员、打字员、纺织工、印刷工、机床工等
抑郁质	情绪兴奋性高，敏感，体验深刻，各种心理活动的外部表现都是缓慢而柔软	化验员、实验工作者、自然科学研究者、报关员、机要秘书等

了解气质类型及其特征就可以大致判断出一个人的气质倾向。这里需要指出的是，在现实生活中，纯粹属于某一类型气质的人是很少的，由于人们受教育程度、身体状况、生活阅历和年龄等因素的影响，其固有的气质类型会发生不同的变化，大多数人的气质类型都是属于混合型的，气质类型在实践中也是可以改变的。

三国时期，吴国的吕蒙本是一介武夫，作战勇敢，但不善于用脑，是个典型的四肢发达、头脑简单的大汉，很让人瞧不起。吕蒙很苦恼，后来他听从了鲁肃的建议，发愤读书。当3个月后鲁肃再见到吕蒙时，不由惊呼“士别三日，当刮目相看”。为什么会有这样的结果呢？吕蒙通过读书改变了自己的气质，已非昔日了。

所以，初入社会的年轻人，可以根据自己的气质类型选择职业；反过来，不同的职业活动也可能会改变其气质。

思考与训练

1. 什么是气质？气质具有哪些类型和特点？
2. 如何培养良好的职业气质？
3. 案例分析

请假

下面是下属向上司请假的两个结果相反的案例。

职员：今天我有点急事，不来了。

经理：今天公司有好多重要业务要处理。

职员：但是我今天确实是有急事啊！

经理：那你昨天怎么不事先打招呼呢？不然，我会事先安排别人顶替你的业务。

职员：不是急事嘛？我又不是神仙，怎么能未卜先知？

职员：谁家里能没点急事？

经理：当然。那你就以家为重吧。（重重地扔下电话）

职员：经理，您好！非常抱歉，今天家里有点急事，实在没办法，只能向您请假了。

经理：可是，今天公司有一项非常重要的业务要你处理啊！

职员：经理，这个我知道。不过经理啊，我的情况您也知道，不是万不得已，我是从不在紧要关头向您开口请假。您一向都非常关照我，我也不忍心在紧要关头给您添麻烦。

经理（犹豫了一下）：那这样吧，你给小王打个电话，将你准备好的材料发给她，我再跟她打个招呼，让她辛苦点，今天替你挡一阵。

职员：经理，您真是体贴下属的好领导！太感谢您了！改天请您吃饭！

经理（愉快地轻笑一声）：别拍马屁了。那就这样吧，拜拜！（轻轻地挂上电话。）

思考题：

（1）两个下属在向上司请假时的沟通方式有何不同？各自产生了什么效果？为什么？

（2）本案例对你有哪些启示？

主要参考文献

[1] 涂远娜，邹萱萱．舞蹈与幼儿舞蹈创编．北京：人民邮电出版社，2015.

[2] 李旭旦．职业气质．成才与就业，2015（2）.

[3] 朱列文，李薇．服务礼仪与形体训练．北京：中国轻工业出版社，2014.

[4] 赵晓玲，张潇云．形体塑造与训练．重庆：重庆大学出版社，2014.

[5] 黄咏．形体训练．武汉：武汉大学出版社，2013.

[6] 吴昆．风度．思维与智慧，2013（16）.

[7] 熊妍．中国民族民间舞文化内涵探究．大众文艺，2013（24）.

[8] 李霞，胡红霞，甘琛．秘书礼仪实务．杭州：浙江大学出版社，2012.

[9] 鲍日新．社交形象礼仪．上海：上海浦江教育出版有限公司，2012.

[10] 顾筱君．21 世纪形象设计教程．北京：机械工业出版社，2012.

[11] 陈康荣．舞蹈基础．上海：复旦大学出版社，2012.

[12] 朱明华．职场人士的气质培养．转业军官，2012（11）.

[13] 王晶，等．形体训练与形象塑造．北京：清华大学出版社，2011.

[14] 关洁．个人形象设计．北京：中国戏剧出版社，2011.

[15] 唐满城，金浩．中国古典舞身韵教学法．上海：上海音乐出版社，2011.

[16] 张桂兰．形体训练．北京：国防工业出版社，2010.

[17] 王佩英．中国古典舞身韵．北京：北京舞蹈学院出版社，1998.

[18] 张华莹．浅谈形体训练的内容及常见的形体运动．运动，2010（9）.

[19] 陈晓洁．浅谈健美操的内涵美．新西部，2010（18）.

[20] 杨坤．芭蕾形体训练教程．北京：高等教育出版社，2009.

[21] 郑彦离．礼仪与形象设计．北京：清华大学出版社，2009.

[22] 徐桂云．形体训练教程．济南：山东大学出版社，2009.

[23] 贾孟喜，陈开梅．职业女性形象设计教程．武汉：华中师范大学出版社，2009.

[24] 向智星．形体训练．北京：高等教育出版社，2009.

[25] 李晓帆，张绍荣．形体训练三要素：综合性、科学性和艺术性．湖南税务高等专科学校学报，2009（4）.

[26] 岳婷婷．浅谈芭蕾基础训练及其重要性．成功（教育），2009（6）.

[27] 吴雨潼．职业形象设计与训练．大连：大连理工大学出版社，2008.

[28] 陈宝珠．形体训练与形象塑造．北京：清华大学出版社，2008.